京剧艺术大师梅兰芳研究丛书

吴开英 著

梅兰芳若干史实考论

名誉主编 梅葆玖
主　编　王文章
副主编　秦华生

文化艺术出版社
Culture and Art Publishing House

图书在版编目（CIP）数据

梅兰芳若干史实考论 / 吴开英著 . —北京：文化艺术出版社，2014.10
（京剧艺术大师梅兰芳研究丛书）
ISBN 978-7-5039-5878-6

Ⅰ.①梅… Ⅱ.①吴… Ⅲ.①梅兰芳（1894—1961）—人物研究 Ⅳ.①K825.78

中国版本图书馆 CIP 数据核字（2014）第 230071 号

梅兰芳若干史实考论
（京剧艺术大师梅兰芳研究丛书）

著　　者	吴开英
责任编辑	齐大任
装帧设计	姚雪媛
出版发行	文化艺术出版社
地　　址	北京市东城区东四八条 52 号　100700
网　　址	www.whyscbs.com
电子信箱	whysbooks@263.net
电　　话	（010）84057666（总编室）　84057667（办公室） （010）84057691—84057699（发行部）
传　　真	（010）84057660（总编室）84057670（办公室） （010）84057690（发行部）
经　　销	新华书店
印　　刷	北京荣宝燕泰印务有限公司
版　　次	2015 年 11 月第 1 版 2015 年 11 月第 1 次印刷
开　　本	700 毫米 ×1000 毫米　1/16
印　　张	24.75
字　　数	180 千字　插图 280 幅
书　　号	ISBN 978-7-5039-5878-6
定　　价	58.00 元

版权所有，侵权必究。如有印装错误，随时调换。

编 委 会

名誉主编 梅葆玖
主　　编 王文章
副主编 秦华生
编　　委（按姓氏笔画排序）

王建东　王馗　刘文峰　刘祯　李世跃　李祥
吴江　吴开英　沈梅　张涛　钮骠　俞冰
贾志刚　徐福山　高显莉　屠珍　董瑞丽

总　序

王文章

今年是梅兰芳艺术大师诞辰120周年。为了总结他的艺术成就，回顾他卓越的艺术创造，学习和继承他的艺术遗产和高尚精神，中国艺术研究院在院图书馆和梅兰芳纪念馆珍藏的丰富文献资料的基础上，编辑出版《京剧艺术大师梅兰芳研究丛书》，其中包括：

1.《梅兰芳演出剧本选集》
2.《梅兰芳演出戏单集》
3.《梅兰芳演出曲谱集》
4.《梅兰芳往来书信集》
5.《一代宗师梅兰芳》
6.《齐如山谈梅兰芳》、《父亲梅兰芳》、《忆艺术大师梅兰芳》、《梅兰芳若干史实考论》、《品梅记》、《梅兰芳京剧艺术研究》

上述书籍之外，《梅兰芳访美京剧图谱》也将同时增订再版。以上书籍中有许多资料是第一次公开面世，如"演出戏单"和"往来书信"等。还有第一次翻译出版的1919年梅兰芳首次访日演出后由日本汇文堂出版的日文版《品梅记》，还有法籍华人傅秋敏博士根据其1998年在法国出版的法文版专著《梅兰芳戏剧艺术研究》和博士论文翻译撰写的《梅兰芳京剧艺术研究》等。这套系列丛书的出版，会从梅兰芳表演艺术本体及社会人文历史的变迁中，从艺术史的角度整体性地反映出梅兰芳与京剧及社会演变的关系。这些文献资料的出版，相信会为研究一代京剧艺术大师梅兰芳开拓更加宽阔的社会人文视野。

梅兰芳作为一代创立完整表演艺术体系的京剧艺术大师，首先是他在艺术上深入继承传统，并勇于改革创新，发展、提高了京剧旦脚乃至京剧艺术的整体水平，形成了具有标志性、代表性的京剧梅派艺术。他出身梨园世家，从小经过严格的戏曲艺术基础训练，11岁登台演出，20岁左右即形成轰动性的舞台艺术影响，但这时也是他进行艺术革新尝试、创演时装新戏的开始。正是他继承传统又发展传统，锐意革新，在不断超越前人和超越自己的过程中，把京剧旦脚艺术开创到前所未有的艺术高峰。

梅兰芳作为一代具有广泛性群众影响的京剧艺术大师，不仅是因为他具有精湛的表演艺术，更因为他品德高尚，德艺双馨。他把为观众演好戏放在心中至高无上的地位；他扶危济困，提携同仁，待人诚恳，仁爱宽善。正是他对广大观众的无私奉献，才赢得观众的竭诚拥戴。

梅兰芳作为享誉世界的京剧艺术大师，还因为他以建立在对京剧艺术深入理解基础上的文化自信，抱着极大的热情，筚路蓝缕，在世界艺术舞台上努力传播京剧艺术。梅兰芳于1919年、1924年、1956年三次去日本，1930年去美国，1935年和1952年两次去苏联访问演出，其精湛的表演无不引起巨大轰动。这些演出，特别是1930年的访美演出，梅兰芳和他的剧团做了艰苦、细致的筹备，个中艰辛，外人难以体会。梅兰芳以自己的表演，真正让世界了解了中国戏曲的独特魅力，打破了当时欧美戏剧界把写实主义戏剧视作唯一正统舞台艺术的格局，增强了中国人对以京剧为代表的中国戏曲艺术的自信力和自豪感，加强了中西文化艺术的交流。

梅兰芳作为中国人爱戴并引以自豪的京剧艺术大师，还因为他在民族危亡之际，将个人安危置之度外，蓄须明志，不为敌伪演出，以大义凛然的爱国情怀，彪炳青史，为人景仰。梅兰芳先生正是以这样的气节，表现了一位艺术家对祖国和人民的真挚情怀。

梅兰芳大师为我们留下了珍贵的艺术遗产和精神遗产，在今天我们按照习近平总书记提出的立足中华优秀传统文化，培育和弘扬社会主义核心价值观而努力之时，梅兰芳大师的艺术遗产和精神遗产尤其值得我们珍视。梅兰芳曾是中国艺术研究院前身之一的中国戏曲研究院的首任院长，使我们作为今天中国艺术研究院的一员，更对梅兰芳大师怀有一种特殊的感情。在他诞辰120周年之际，我们整理编辑出版《京剧艺术大师梅兰芳研究丛书》，正是表达对他留下的这份丰富戏曲遗产的珍视，以及对他艺术实践和思想精神的研究、继承和弘扬。

2014年10月13日

序

2012年6月中旬，吴开英先生从北京给我寄来他的新作《梅兰芳若干史实考论》（以下简称《考论》）的清样。读罢《考论》，我突出的印象是，这是目前我所看到的一部颇有特色和较有深度的梅兰芳研究专著。

《考论》最大的特色可用两个字概括：新颖，即视角新，材料新，观点新，该书所配图中的近200幅图片也是首次与新中国成立后出生的读者见面。可以说，该书的出版为喜爱和研究梅派艺术、喜爱和研究中国戏曲的读者提供了一本不可多得的具有较高史料和艺术价值的参考书。据我所知，由于该书着眼于梳理史实，厘清疑点，从一个全新的视角解读梅兰芳，故备受媒体关注，《人民艺术家》、《大舞台》、《艺术界》及香港的《华夏纪实》等刊物在该书完稿之前已分别摘要部分内容予以发表，曾引起很大反响。该书的问世也预示着艺术界、学术界对梅兰芳的研究，正在从一般的记述其生平事迹、分析其表演技巧为重点，转向以梅兰芳的艺术思想、身世家世、"梅党"何以能形成和主要成员及其对创立梅派的贡献、梅兰芳表演体系的形成与内容、梅兰芳开创的对外艺术交流模式的文化意义、梅兰芳的经验对当下艺术教育的启示等多层面的更深层次的探讨。

我与吴开英先生相识源于书画活动。在一次书画笔会上，我见到先生的书画作品集，并观看他现场创作。他的书法功力深厚，绘画则清雅脱俗，给我留下了深刻的印象。后来，我又读到先生2011年荣获第三届中华优秀图书奖的《中国古戏台研究与保护》及《中国古戏台匾联艺术》、《梅兰芳回忆录导读》、《耕来云集》等学术专著，方知先生于书画以外，也是我国著名的艺术理论家。先生在撰写此书期间曾来南通实地考察，使我有机会向先生当面请教。先生治学态度严谨，沿着梅兰芳当年的足迹一路追寻，一路考证，挖掘到很多鲜为人知的历史资料，"独家披露梅兰芳曾祖之谜，首次考定梅兰芳祖籍之地，细心匡正梅兰芳若干史实，还原了一个真实的梅兰芳"。

梅兰芳与南通有缘。晚清状元、南通实业家张謇在梅兰芳年轻时对其多有激励奖掖。诚如已故著名戏剧理论家张庚所说："对于青年时代的梅兰芳，张謇先生亦当是最可宝贵的一面镜子，一盏明灯。"1920年至1922年期间，梅兰芳应张謇之邀，三次到南通演出。1959年秋，南通市举行"梅欧阁"落成40周年纪念活动，梅兰芳专赋一长诗祝贺，抒发他对张謇和南通的深厚感情。如今，梅兰芳、张謇两位大师虽已作古，但张謇所建的更俗剧场和"梅欧阁"仍留存于世且成为南通的历史建筑，张謇所编《梅欧阁诗录》也广为流传，成为见证张謇、梅兰芳、欧阳予倩友情的重要文献。

吴先生亦与南通有缘。先生在南通探寻梅兰芳的遗存，并在启东对本书稿进行润色修订。我由衷期望先生把南通作为学术生涯的一个重要驿站，常到此考察、采风，不断推出更多更好的作品。由此我也有一个设想，如果先生同意，我们将把本书的手稿及书中所介绍的实物收藏于启东的博物馆内，并长期举办梅兰芳艺术展览，让梅兰芳的艺术精神永传于世，让张謇助力梅兰芳、梅兰芳情系南通的事迹广为人知，让尊重文化、尊重人才的优良传统发扬光大。

值此《梅兰芳若干史实考论》付梓之际，草成此文，谨向先生表示诚挚的祝贺。

是为序。

孙建华

2012年夏于南通

（作者系南通市人民政府副市长、中共启东市委书记）

| 目　录 |

壹　梅兰芳祖籍与曾祖考 …………………………………… 1
贰　梅兰芳成名时间考 ……………………………………… 53
叁　《天女散花》剧本作者考 ……………………………… 75
肆　徐悲鸿缘何绘制《天女散花图》 ……………………… 99
伍　梅兰芳鲁迅并无恩怨 …………………………………… 121
陆　梅兰芳赴台和留沪事件考辨 …………………………… 135
柒　梅兰芳迁回北京的时间及其故居之原貌 ……………… 145
捌　唐德刚《梅兰芳传稿》史实勘误 ……………………… 165

附录

附录一　梅兰芳和中国戏剧　胡适 ………………………… 213
附录二　游俄记　梅兰芳　遗稿 …………………………… 215
附录三　梅兰芳在苏联　戈公振　戈宝权 ………………… 246
附录四　在《舞台生活四十年》以外谈梅兰芳　吴性栽 … 265
附录五　梅兰芳艺术走进巴塞尔文化博物馆　吴开英 …… 280
附录六　民国时期梅兰芳专辑专刊目录 …………………… 303
附录七　插图 ………………………………………………… 345

参考文献	374
后记	376

壹　梅兰芳祖籍与曾祖考

最早记载梅兰芳祖籍的文献为咸丰五年（1855）的《法婴秘笈》，此秘笈记载梅之祖父梅巧玲的籍贯为江苏吴县；同治十二年（1873）有人在其撰写的《菊部群英》中，首次称梅巧玲的原籍为泰州。自此，一个多世纪以来，关于梅兰芳祖上籍贯的问题一直未有定论，民国时期还增加了安徽、维扬（扬州）等说法，直至1956，泰州为梅兰芳找到所谓"本家"之后，关于其祖籍的争议方有一个相对一致的说法。不过梅兰芳"认亲"后又衍生出一个更大的疑团：原来文献记载的梅兰芳曾祖父梅鸿浩，却被一个叫梅天才的取而代之。孰真孰假，半个多世纪以来又众说纷纭，莫衷一是。梅兰芳祖籍到底在哪儿？曾祖究竟是谁？如此重大之事何以久拖未解？这些就是本文要回答的问题。

一、清代与民国之史籍记载准确无误

下面的《梅兰芳家谱表》是梅兰芳的幼子、今年81岁高龄的京剧艺术家梅葆

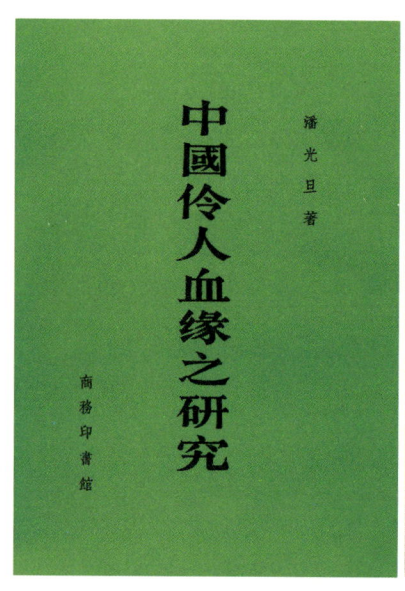

《中国伶人血缘之研究》封面　　　　《梅兰芳与故乡》封面

壹　梅兰芳祖籍与曾祖考

玖先生整理的，此表与本文关系密切，需要在此先做介绍。

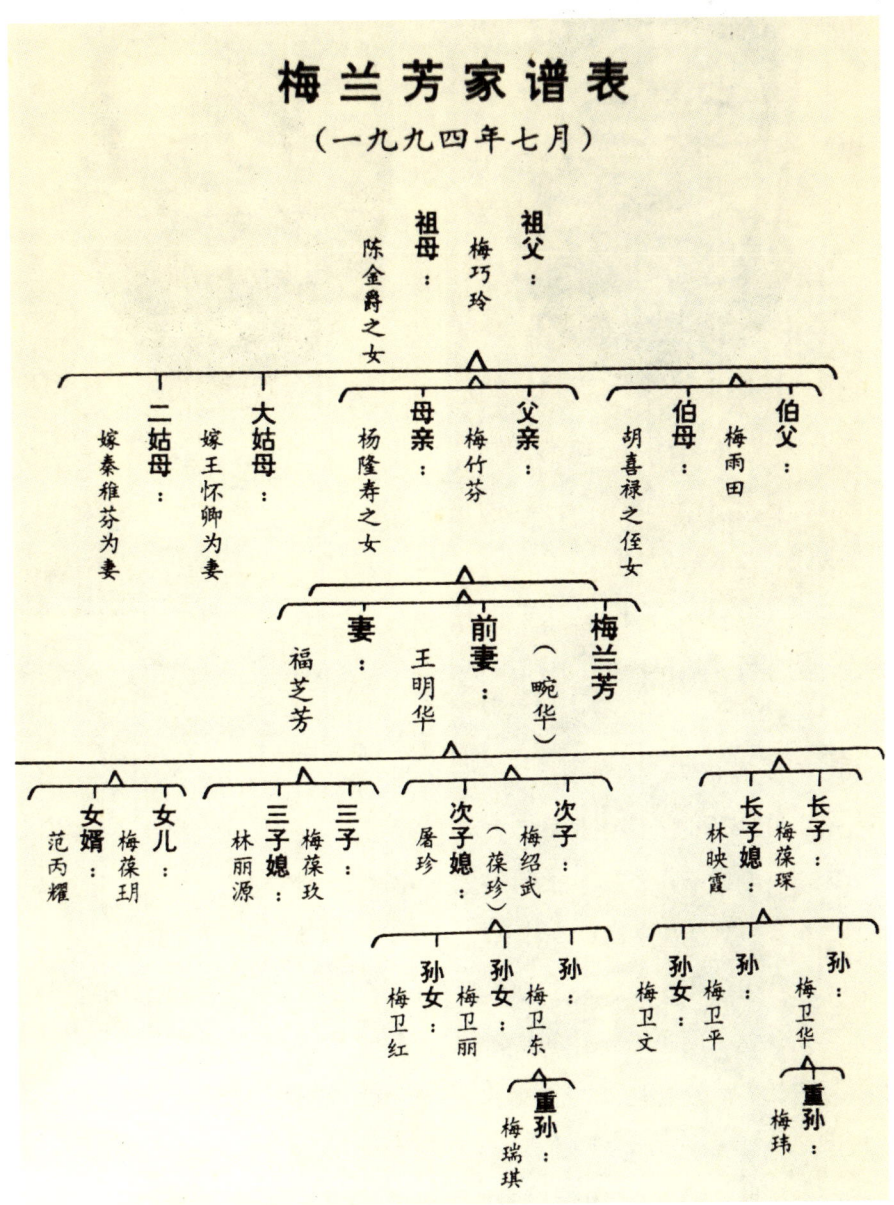

梅葆玖整理的家谱表，载《德艺双馨艺术大师梅兰芳》，山东大学出版社1994年版。

祖父梅巧玲
（1842—1882）

祖母陈氏
（1841—1924）

梅兰芳（1894—1961）出生于北京，生前共生育子女11人，其中与前妻王明华生育一男一女（均早殇），与福芝芳生育子女9人（5人早殇）。表中其子女的排列顺序，系以子女成年后的顺序排列，实际出生顺序为梅葆琛（行四）、梅绍武（行五）、梅葆玥（行七）、梅葆玖（行九）。此表载于梅葆玖等人撰写、山东大学出版社1994年出版的《德艺双馨艺术大师梅兰芳》一书。此表与其他书籍所载之梅兰芳家谱表明显不同，其他书籍所载之表通常都列有梅兰芳的曾祖父，但此表中梅兰芳祖上只列至祖父梅巧玲，往上就没有再列了。

由于年代久远和一些相关的史籍湮灭，现在查考梅兰芳祖籍的确是比较困难的。而要解决这个问题仍然需要依靠对史籍的挖掘和解读。因此，只有尽可能多地寻找到记载梅兰芳祖上的文献史料，方能通过前人的文字记述剔抉爬梳，解开这一难题。

下面就是搜集到的清代和民国时期记载有关梅兰芳祖籍的著述。

清代和民国时期记载有关梅兰芳祖籍的主要著述一览表

（以成书或出版时间为序）

作者	标题或书名	记述籍贯之地	成书或出版时间	报刊或出版社
双影庵生	《法婴秘笈》	苏州府吴县	1855 清咸丰五年	曾编入《双肇楼丛书》，民国时期由邃雅斋书店印行
升平署	《清内廷升平署档案》（第五卷）	苏州府吴县	清同治年间	《清内廷升平署密档》（国家图书馆收藏）
升平署	《清内廷升平署档案》（第六卷）	苏州府吴县	清同治年间	同上
小游仙客	《菊部群英》	苏州	1873 同治十二年	曾编入《双肇楼丛书》，民国时期由邃雅斋书店印行
罗摩庵老人	《怀芳记》	泰州	1880 光绪六年	同上
汪兰皋	《梅陆集》	维扬	1914	中华实业丛报社
穆辰公	《梅兰芳》	苏州	1915	《国华报》、《群强报》
穆辰公	《伶史》（卷一）	安徽	1917	发行人：何卓然 总发行所：汉英图书馆
梅社	《梅兰芳》	安徽	1918	上海梅社印行
穆辰公	《梅兰芳》	苏州	1919	盛京时报社
春缪	《梅兰芳与文化名士频相接触》	扬州	1920.4.26	申报
李释戡	《梅兰芳小传》	泰州	1923	1926年版《梅兰芳》，庄铸九、杨右辛、赵君豪、潘毅华编纂刊
福地信世	《中国剧简介》	江苏	1926	日本东京帝国剧场
周明泰	《道咸以来梨园系年小录》	苏州府吴县	1932	商务印书馆
潘光旦	《中国伶人血缘之研究》	江苏	1941	商务印书馆
朱春绅	《同光朝名伶十三绝传略》	泰州	1943	三六九画报社

注：1.《菊部群英》记载梅巧玲为"苏州人"，并另称梅巧玲"原籍泰州"，这是清末和民国时期梅巧玲籍贯有泰州之说最早的出处。
2.李释戡撰写的《梅兰芳小传》，民国时期国内有10余种有关梅兰芳的书籍、演出特刊，国外有5种（日、美、苏）书籍采用，这些书籍不另单独列出。
3.戏剧史论家王芷章的《中国京剧编年史》记载梅巧玲为苏州人，该书搜集史料、撰写虽始于民国时期，但完稿较晚（2003年始由中国戏剧出版社出版），故未列入。

梅兰芳的祖父梅巧玲生于清道光二十二年（1842），卒于光绪八年（1882），系同治光绪年间著名的京昆旦脚演员，曾为我国京剧艺术的成熟作出过积极的贡献。民国时期三六九画报社朱书绅社长藏有清代画师沈容圃的巨幅工笔人物画《同光十三绝》（即同治光绪年间13位著名演员舞台造型之写真画像，此画于民国晚期经王瑶卿介绍，由朱转让给梅兰芳，梅去世后，其家属捐献国家，现藏梅兰芳纪念馆），梅巧玲就位列其中。梅巧玲10岁时随母从泰州（一说苏州）赴京谋生。由于他离家较早，其母在他进京后不久也离开了他，故他长大后对其家世知之甚少，也没有留下有关他本人及其家世情况的片言只字。不过他年轻时曾被挑进宫中承差，《清内廷升平署档案》中有关于他基本情况的文字记载。清升平署成立于道光七年，是清宫戏曲演出的管理机构，隶属内务府，和清宫其他衙署一样，升平署也有详尽的档案，记录清宫内廷排戏、演戏、赏赐、内学之人名等内容，极为详尽。

《清内廷升平署档案》第五卷有这样的记载：

梅巧玲，江苏苏州府吴县籍，皮黄旦角。①

《清内廷升平署档案》第六卷也有记载，文字略有增加：

梅巧玲，即胖巧玲，苏州府吴县人，皮黄昆曲旦角。②

---

①② 北京图书馆藏：《清内廷升平署档案》，见王染野《响竹斋散墨》，百花文艺出版社1999年版，第154～155页。

除清宫档案外，目前发现比较早记载梅巧玲身世的文献史料有撰写于咸丰乙卯秋（1855）的《法婴秘笈》。《法婴秘笈》的作者为双影庵生，此系一篇伶人名录，作者按照姓名、字、籍贯、年龄和所在的堂号等项，记录当时学戏伶人的基本情况。关于梅巧玲的记述如下：

江巧龄，字慧仙，苏州人，年十四岁（虚岁——笔者注）。醇和堂。①

此处的姓写作"江"，原因是梅巧玲8岁时给苏州一江姓人家做义子，故从其义父之姓。在梅兰芳的口述回忆录《舞台生活四十年》中，第二章专门有一节记述梅巧玲夫人陈氏于1908年除夕的晚上给年仅14岁的梅兰芳讲述梅家的旧事，其中就讲到梅巧玲生前定下的一个例子，为江姓义父设立牌位，逢年过节要和梅家祖先一起祭祀。②1908年除夕晚上，梅家按照惯例，也是先祭祀祖宗后再吃年饭的，算起来此时距梅巧玲去世已经26年，梅家仍坚持这一惯例，可知这位江姓义父生前对梅家是有恩德的。《法婴秘笈》内容虽然简略，且所记载之伶人只是当时京城各私寓中20岁以下的艺人，但通过仔细分析，可从中获取两点与梅巧玲有关的重要信息：一是该名录共载62人，其中苏州籍40人，占64.5%，其他籍贯为顺天籍11人，安徽籍8人，扬州籍3人，这说明当时京城戏班主要招收苏州籍的小孩学艺；二是秘笈所载人员中年龄最小的为13岁，梅巧玲当时14岁（虚岁——笔者注），在秘笈所载人员中属年龄较小者，与他同龄的有9人，小一岁或大一岁的有7人，这16人清一色为苏州籍，很可能是与梅巧玲同期进京的。名录中还有罗巧福，年20岁，后来他成为了梅巧玲的师父。

撰写于同治十二年（1873）的《菊部群英》也属于比较早的记述梅巧玲身世的著述。《菊部群英》晚于《法婴秘笈》19年，作者为邗江小游仙客，里面有这样的内容：

---

① 双影庵生：《法婴秘笈》，咸丰乙卯秋；见张次溪编纂《清代燕都梨园史料》（正续编），中国戏剧出版社1988年版，第409页。
② 梅兰芳口述，许姬传记：《舞台生活四十年》，平明出版社1952版，第13页。

景和主人梅巧玲，正名芳，号慧仙，又号雪芬。苏州人，原籍泰州。壬寅八月二十一日生。掌四喜部，唱旦，兼昆乱。工隶书，镜鉴金石。出醇和。本师福盛杨三喜。传载《明僮合录》（《明僮合录》载有梅巧玲艺事，但未记载其籍贯——笔者注），名生陈金爵之婿。住李铁拐斜街。①

从清代咸丰、同治年间记载梅巧玲籍贯的史籍来看，都明确讲梅巧玲为吴县籍或苏州人，这一点非常肯定、非常明确。按照宫廷档案系官府文献的性质分析（宫中登记备案人员之姓名、籍贯等情况时，凡弄虚作假者，一经发现将被治罪），《清内廷升平署档案》所记应当是最权威的，也是最可靠的，加上又有民间两种著述相互佐证，梅巧玲为吴县籍当毋容置疑。那么对《菊部群英》称梅巧玲"原籍泰州"又做何理解呢？由于目前对《菊部群英》所依据的资料来源尚不清楚，称梅巧玲"原籍泰州"也未找到可以佐证的史料，故对作者所说的"原籍"，只能按文句的意思来解读。《现代汉语词典》对"原籍"的解释是："原先的籍贯（区别于寄籍、客籍）。"该词典对"祖籍"的界定更为简明，"祖籍"即"原籍"。据此，《菊部群英》称梅巧玲"原籍泰州"当是指梅巧玲"祖籍泰州"。不过作者未讲梅巧玲祖上始于何时自泰州迁到苏州府吴县，这就成了一个待解之谜。但有一点需要指出，《菊部群英》讲梅巧玲"原籍泰州"，乃是此后各路作者撰述时称梅巧玲"籍贯"为泰州的出处，这是混淆了"原籍"与"籍贯"的区别，甚至还有的作者将"原籍"篡改为"泰州人"，如光绪五年印行的《怀芳记》记述梅巧玲就谓之"泰州人"。1929年所编的《泰州县志稿》除摘录《怀芳记》有关记述外（文中讲梅巧玲为泰州人以及梅之艺事采自《明僮合录》、《怀芳记》），还杜撰了"梅巧玲有祖墓在泰州东门外鲍家坝，巧玲于光绪初曾微服回里祭扫"等内容。1929年正是梅兰芳表演艺术的鼎盛期，不仅在国内甚至在国际上都享有盛名，而梅巧玲既是同光十三绝之一，同时又是梅兰芳的祖父，泰州人自然希望他们是泰州人，故《泰县志稿》的

---

① 小游仙客：《菊部群英》，同治十二年，见张次溪编纂《清代燕都梨园史料》（正续编），中国戏剧出版社1988年版，第495、496页。

壹　梅兰芳祖籍与曾祖考

祖父梅巧玲在《雁门关》中饰萧太后

编纂者就有意将梅巧玲"原籍泰州"改为"泰州人"。但志书毕竟要严谨有据，若讲梅巧玲是"泰州人"，还必须要有些根据，于是又编出了梅巧玲有祖墓在泰州等话语。光绪初年，梅巧玲若到泰州扫墓，这么大的事，他的夫人陈氏必然知道，但陈氏在给梅兰芳讲梅家旧事时并未提及。据陈氏回忆，梅巧玲自出师后直至他去世，都没有到过泰州。此外，编写梅巧玲事迹者既然知道梅巧玲的祖墓，自然也会知道其祖墓墓碑上的文字，这当是最有力的证据，那为何不写出来呢？由此可知《泰县志稿》中所写的梅巧玲有祖墓在泰州，曾微服回里祭扫等内容是不真实的，1996年版的《泰州志》"人物篇"未采用这些内容，也说明其不可靠。不过应该肯定，《菊部群英》称梅巧玲"原籍泰州"虽然存疑，但其他内容还是具有很高的史料价值，而且有关梅巧玲的情况比之《清内廷升平署档案》和《法婴秘笈》更为丰富，作者关于梅巧玲之身世，从字、号到掌四喜部、住所以及所演之剧目等增加了许多内容，这对了解梅巧玲是大有帮助的。

另从上面的一览表还可以看出，梅巧玲于1882年去世后至民国时期的四五十年间，特别是随着他的孙子梅兰芳在梨园界迅速走红，介绍和宣传梅兰芳的书刊也逐渐多了起来，作者在其著述里总要提到梅兰芳的祖籍，但由于其作者所依据的资料来源不同，故关于梅家祖籍又多了一些新的说法，除吴县（苏州）说、泰州说之外，又增加了维扬（扬州）说和安徽说。据《吴县志》记载，清代吴县和长洲、元和同城而治，均隶苏州府。民国元年，江苏都督府颁令废府、州，并县、厅，故苏州改称"吴县"。因此，清代和民国时期的史料记载称苏州人或苏州籍，实际上也是吴县人或吴县籍，反之亦然。另，泰州原隶属扬州，故有的著述也称梅兰芳籍贯为扬州或维扬。

民国中期出版的有关著述，由于作者努力搜集，深入调查，对梅巧玲的身世又有一些新的补充，如民国二十一年（1932）出版的周明泰的《道咸以来梨园系年小录》（以下简称《系年小录》），其记述既讲梅巧玲的籍贯，同时还讲其出生之地，其父亲的名、字与职业以及梅巧玲何时入京、从哪儿入京、跟谁学戏，等等，内容更为翔实：

> 道光二十二年（1842年——笔者注），壬寅。青衣梅巧玲生。八月二十一日丑时生，正名芳，谱名恺，字筱波，号慧仙，一字雪芬，小名阿昭，别号蕉园居士，原籍江苏苏州府吴县，寄籍扬州府泰州，生于苏州。父名鸿浩，字月坡，曾为宦，故后家道中落，巧玲10岁随母曹氏由泰州入京，随福盛班主杨三喜（号双莲）习旦兼昆乱，隶四喜部，后从师兄醇和堂罗巧福为徒，出师后自营景和堂于李铁拐斜街，后掌四喜部，授徒甚众，如余紫云、张瑞云、孙福云、陈啸云……①

该书在"梅兰芳"条目下，包括梅兰芳情况在内也记述甚详：

> 光绪二十年（1894年——笔者注），甲午。青衣梅兰芳生。九月二十四日生，名澜，字畹华，字鹤鸣，小名群儿……曾祖名鸿浩，字月坡，由优贡生考取二等教职，选授安徽安庆府桐城县教谕，升授宁国府泾县知县，后调安庆府怀宁首县。曾祖母曹氏，江苏扬州人，宦家之女。祖即巧玲，一作巧龄，别号蕉园居士，有蕉园别墅，后改且园，在李铁拐斜街路南，即今望园地址。祖母陈氏，陈啸云之姑也。父竹芬，小名二琐，母杨氏，杨龙寿之长女，武生杨长寿之胞姊也。……兰芳妻王氏，长兰芳一岁，即名花衫兼青衣、焦雪堂王顺福号佩仙又名琪官小名二哥外号半仙之次女也（半仙为刘赶三之徒即武生王毓楼之父老生王少楼之祖父），又于民国十年阴历十月初四日纳坤伶青衣、旗籍福芝芳为外室。②

关于梅巧玲的籍贯，《系年小录》非常明确地讲"原籍江苏苏州府吴县"，此与《菊部群英》说法截然不同，此外对梅巧玲身世的记述，作者连其出生的时辰、谱名、小名等都说得如此清楚，可知这些情况非梅巧玲最亲近之人是无法提供的。由此可以判断出最先提供这些情况的人很可能就是他的母亲曹氏。也就是曹氏将

---

①② 周明泰：《道咸以来梨园系年小录》，商务印书馆（代售），1932年版，第10~11页、65页。

伯父梅雨田　　　伯母胡氏　　　父亲梅竹芬　　　母亲杨长玉
（1865—1912）　（1866—1930）　（1874—1897）　（1876—1908）

梅巧玲带到北京并典与戏班时，戏班班主藉由曹氏对梅巧玲基本情况的介绍并将其记录在案（相当于为梅巧玲建档），这些情况也就由戏班留存下来并成为后来向清宫升平署官员禀报和向他人介绍的依据，《清内廷升平署档案》、《法婴秘笈》等关于梅巧玲的记载为我们现在所知，可以肯定还有一些著述不为我们所知，但却被周明泰搜集到手，故他在著作里有比较详细的记述。笔者曾读过民国时期我国著名史学家朱希祖1935年为戏曲史研究专家王芷章的专著《清升平署志略》所作的一篇序言，文中讲述他于10年前购得清升平署档案及钞本戏曲千有余册，曾撰有整理《升平署档案记》行世，后因忙于明季史事而无暇顾及整理，遂将所藏出让于北平图书馆。之后即有秋浦周明泰君之《清升平署存档事例漫抄》及平山王芷章君之《清升平署志略》，此二书皆取材于此，各成巨著，补余有志未迨之伟业。从这一段文字可知，周明泰搜集梅巧玲身世史料可谓是不遗余力。朱希祖在序末还讲，升平署档案史料甚广，王君能努力迈进，更成其他精深著述，故所深望。① 王芷章果然不负其厚望，自20世纪40至60年代用20余年时间搜集资料

---

① 朱希祖：《清升平署志略序》，王芷章：《清升平署志略》，国立北平研究院史学研究会1937年版。

和撰写了《中国京剧编年史》巨著，该书于2003年由中国戏剧出版社出版。《中国京剧编年史》以搜罗详尽、查证有据为戏曲界所称道，该书与周著一样明确认定梅巧玲为苏州人。

周明泰所著《系年小录》出版于1932年，由商务印书馆发行，此书系周明泰的《几礼居戏曲丛书》四种之第三种，所集资料自嘉庆十八年（1813）起至1932年止，后来又续补至1944年并将书名改为《京戏百年琐记》再版。1985年，中国戏曲艺术研究中心将其作为《中国戏曲资料丛书》之一再版发行，我国著名戏曲理论家张庚题写了书名。中国戏曲艺术研究中心在《出版说明》中高度评价该书"是一本'信而可证'、史料丰富的资料书"。《系年小录》的资料来源，书后没有列出参考书目，但通过朱希祖文章和周著初版《自序》和《再版自序》，以及中国戏曲艺术研究中心编纂《中国戏曲资料丛书》的《出版说明》，可知其资料来源广泛、有据。《中国戏曲资料丛书》的《出版说明》文字十分精炼，且有关于周明泰的介绍，现摘录部分内容如下：

> 戏曲，是中国传统文化的结晶，是中华民族高度文明的艺术体现。
> 　　周明泰先生是著名的戏曲史家，字志辅，别号几礼居主人，安徽东至人，现居（1985年——笔者注）美国华盛顿。周先生自幼爱好文史，潜心古籍，对戏曲尤为酷爱，常与著名戏曲演员往还（20世纪50年代，他曾赠送500多张老的戏曲唱盘给梅兰芳——笔者注），收集了各种戏曲资料。他早年曾摄制过杨小楼《宁武关》的电影片段，1932年刊行了《几礼居戏曲丛书》四种。《道咸以来梨园系年小录》为该丛书之第三种。……
> 　　《道咸以来梨园系年小录》的材料均按年编列，它辑录了130多年间近450名京剧、昆曲、秦腔、河北梆子等剧种各种行当的演员、票友以及琴师、鼓师的生平事略、艺事活动、流派师承、亲朋关系等等。此外，该书还叙录了这一时期重要的戏曲班社、茶园、上演剧目等。
> 　　《道咸以来梨园系年小录》不失是一本"信而可证"、史料丰富的资料书。

故而我们把它编印出来奉献给同志们。①

在《系年小录》出版两年后即1934年,另一著名学者、清华大学社会学系教授潘光旦完成了一部很重要的著作《中国伶人血缘之研究》(以下简称《伶人研究》),但由于当时时局混乱,该书到1941年才由商务印书馆出版。由于该书史料丰富,论证严谨,自成一说,成为从社会学角度研究我国戏曲史的开山和奠基之作。该书本论的第三部分"血缘的分布"之"十个血缘网的脉络"一节,对梅氏家系有更为详尽的记述:

(三十一) 梅氏家系(秦氏附)

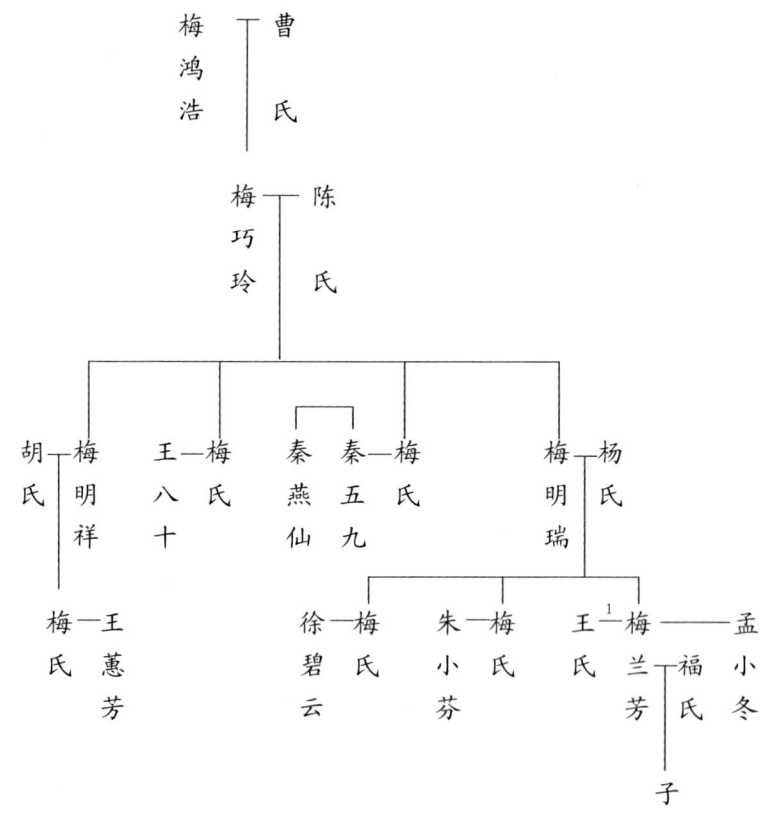

---

① 中国戏曲艺术研究中心编纂:《中国戏曲资料丛书·道咸以来梨园系年小录》,内部资料,1985年。

梅鸿浩，兰芳曾祖父，外行（曾任怀宁县知县）。

曹氏，鸿浩妻，扬州宦家女。

 梅巧玲（一作巧龄），鸿浩子，旦角。

 陈氏，巧玲妻，陈金爵女。

  梅明瑞，巧玲子，旦角，早卒。

  杨氏，明瑞妻，杨隆寿女。

  梅氏，巧玲女，嫁秦五九。

  秦五九，巧玲婿，旦角。

  秦燕仙，五九兄或弟，旦角。

  梅氏，巧玲女，嫁王八十。

  王八十，攀桂子，武生。

  梅明祥，巧玲子，琴师。

  胡氏，明祥妻，胡喜禄女。

   孟小冬，兰芳妾，孟鸿群女，已离。

   福芝芳，兰芳妾，女伶，旦角。

   梅兰芳，明瑞子，旦角。

   王氏，兰芳妻，王顺福女。

   梅氏，兰芳妹，一说姊，一说堂妹，嫁朱小芬。

   朱小芬，梅兰芳姊丈（旦角——笔者注）。

   梅氏，明瑞女，兰芳妹，一说堂妹，嫁徐碧云。

   徐碧云，明瑞婿（旦角——笔者注）。

   王蕙芳，明祥婿，八十子（旦角——笔者注）。

   梅氏，明祥女，嫁王蕙芳。①

---

① 潘光旦著：《中国伶人血缘之研究》，商务印书馆1941年版，第142~145页。

《伶人研究》与梅巧玲有关的内容在其附录三"六十二个移殖的例子（移入地为北平）"中还有一则记载：

姓　名	移出地	移出原因	附　注
梅巧玲	江苏苏州		十岁时到平

此可与周明泰记述互相佐证（梅巧玲母亲为安顿另外两个儿子，在从苏州启程后先到娘家泰州，然后再从泰州赴京，故潘讲其从苏州入京）。潘著对梅巧玲、梅兰芳之籍贯虽然没有作出定论，但他确认其移出地为"江苏苏州"，当是有可靠依据的，此从作者书后所附详细的参考书目可见一斑。《伶人研究》参考书目有经史集类书29种，国内外优生理论与人才研究20种，笔记与小说40种，诗词话、曲话、剧话、曲录、戏剧史28种，剧本作者及伶人传记55种，共计172种。

潘著附录一还附有一项关于《系年小录》中的伶人详细籍贯统计，所列江苏籍共59人，具体分布吴县42人、扬州与江都3人、无锡2人、武进2人、镇江2人、海门2人、淮阴2人、吴江1人、江阴1人、淮安1人，不详1人，统计中泰州籍一个都没有，说明梅巧玲确实不是泰州籍。

周明泰、潘光旦均系当时有影响的著名学者，他们学养深厚，学风严谨，其著述以客观、翔实著称。周当时所见史料比较多并有条件访问梨园界了解梅家家世的老前辈，潘时任清华大学教授兼图书馆馆长，有条件博览群书，所以他们的研究都做得非常深入、细致和扎实，故他们著作中的记述应是可靠、可信的。

通过对以上史籍的解读与分析，完全可以确定梅巧玲的籍贯为苏州（吴县），出生地也在苏州（吴县），据此也可判断梅巧玲父亲梅鸿浩的籍贯也是吴县。但梅鸿浩祖上系何时从何地迁到吴县，以及他于何年以优贡生资格考取教职而被选授安徽安庆府桐城县教谕和何时升授宁国府泾县知县等史事仍有待查考。

另从搜集到的文献史料中，笔者还发现民国初期有一位记者对梅巧玲籍贯也曾做过深入的查证，此人年长于周明泰，写作时与周一样能见到较多的史料，有机会向梨园界了解梅氏家世的前辈查询，故其查证结果很值得重视。这个记者名

1919年,日本名伶在东京招待梅兰芳夫妇(前排左二为王明华,左三为梅兰芳)。

梅兰芳妻子王明华(1894—1928),1900年结婚,育有一男一女,均于幼年夭折。此像系梅兰芳亲自挑选,用于他的口述回忆录1952年第1版。

叫穆辰公,于清末留学日本,归国后在北京当记者。当时的名流、与梅兰芳有交往的何卓然(何与梅兰芳1920年有一合影刊于《国剧画报》)曾这样评价穆:"余友辰公,积学士也。尝负笈东瀛,精研法政,旁及秦西文学,每有撰述,能言人所不能言。"① 穆辰公留学归国后立志撰写中国第一部《伶史》,为此广泛搜集资料并访问伶界人士,梅巧玲是他调查、了解的重点对象(后在《伶史》中专列"梅巧玲世家第一"一章)。穆在撰写《伶史》期间,正值梅兰芳走红,他遂将搜集和访问获得的关于梅巧玲、梅兰芳的资料和素材写了一篇题为《梅兰芳》的长文,1915年开始在《国华报》连载,《群强报》同时转载,他对梅巧玲之家世是这样记述的:

  梅巧玲,字慧仙,原籍苏州,为避发匪乱(系指1851年太平天国起义,有的

---

① 何卓然:《伶史序》,穆辰公《伶史》,何卓然发行,民国六年(1917)五月一日。

史料也称"洪杨之乱",此时间与梅巧玲1852年离家入京高度吻合——笔者注)流落京师,无以为生,不得已把巧玲典与福盛堂私寓,该堂主人杨三喜有七八个徒弟,皆为一时俊杰。

  景和主人梅慧仙,少主人二锁,字竹芬(即梅兰芳父亲,"锁"一作"琐"——笔者注),苏州人,唱昆生。

  兰芳姓梅氏,字畹华,先世苏州人。梅慧仙,别字巧玲,北京著名演员,住李铁拐斜街,开景和堂。慧仙有二子,长名大锁,擅拉胡琴,次名二锁,擅歌。每有苏州同乡来,梅巧玲便极力招待,遇有贫困者,还供柴米,送盘缠。故苏州人时时感念他,称梅氏父子才算得真正的同乡。①

  穆文除了记述梅巧玲的籍贯外,另披露了梅巧玲"是为避发匪乱流落京师,无以为生,不得已把巧玲典与福盛堂私寓,该堂主人杨三喜"等情况,并讲述他们父子在京热情接待来自苏州同乡,同乡时时感念他们的情景。

  该文发表后,穆辰公仍继续写作《伶史》(卷一)。此时,穆辰公可能又新见了一些有关梅巧玲籍贯的资料,如1915年梅兰芳去上海演出的说明书就讲梅兰芳为安徽人,穆在后来的调查中还得知清末民初有不少伶人自安徽移入北京,根据这些情况,穆辰公对原稿中梅巧玲的籍贯做了修改,表述为:"梅巧玲者,皖人也。"演出说明书发送范围较小,《伶史》(卷一)为正式出版物,此可能就是当时和之后有一些著述称梅兰芳为"安徽人"最早的出处。

  《伶史》(卷一)于1917年在北京出版,在此期间,穆辰公在沈阳找到了一份新的工作,任《盛京时报》记者。此时梅兰芳在梨园界如日中天,且原同在北京的《顺天时报》副刊主持人、著名剧评家辻听花(日本人)经常发表有关梅兰芳的评论,并发表日本大财阀大仓喜八郎以重金聘梅将于1919年4月赴日演出和日本友人村田乌江为配合梅赴日演出正在撰写《中国剧与梅兰芳》一书的消息,于是穆辰公将旧稿重新整理、补充,于1919年由《盛京时报》出版发行(该书封面见

---

① 穆辰公:《伶史》,何卓然发行,民国六年(1917)五月一日。

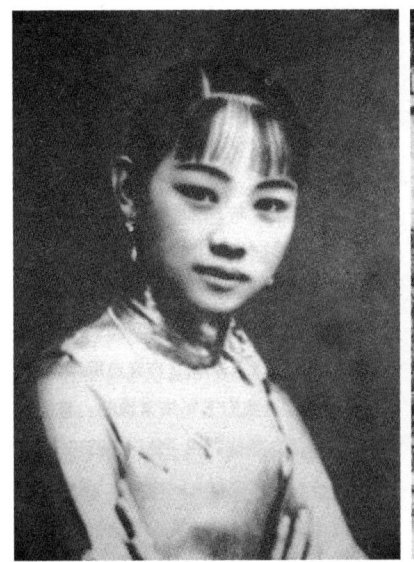

新婚时的福芝芳（1905—1980），满族，1921年结婚，育有五男四女，其中两男三女早殇。

梅兰芳与福芝芳合影

本书第320页）。该书对1915年在《国华报》和《群强报》连载的原稿做了较大的修改、补充，全面记述梅兰芳从学艺、成名到筹备赴日演出之艺事，颇引人瞩目，尤其对于梅兰芳的祖籍，他经过深入了解，最终确定为苏州人，并对《伶史》中所称"皖人"的写法重新做了更正。很有意思的是，上海"凤笙阁主"编撰的《梅兰芳》一书刚于1918年出版，此书对梅兰芳籍贯正是以穆辰公《伶史》中"梅巧玲者，皖人也"为依据而称梅兰芳为"安徽人"，还论述道："他人每称为苏州人者，非也。"穆辰公此时推出《梅兰芳》并将梅兰芳祖籍改定为苏州，此举除具有"纠错"的意味外，也体现了他考证梅兰芳祖籍持有的严谨的态度。穆辰公最后的考证结果，也应该是确认梅兰芳祖籍的一个重要的依据。

二、对梅家自述与文献记载不同之处的解析

考证梅兰芳家世最主要和最可靠的依据是史籍之记载，但梅家关于其家世的

自述，有些说法当是梅巧玲生前所讲，故也应予以重视。不过口耳相传的方式由于传、授者之阅历和记性等方面的原因，难免会有所遗忘或不够准确，诚如俗话所说"好记性不如烂笔头"。当然，口头相传的事情若时隔不远且有史料记载佐证，则应值得高度重视。由于梅巧玲及其子女没有留下这方面的文字资料，有关梅家家世的情况主要是梅兰芳祖母和姑母口述，她们的说法又是经过梅兰芳的回忆而转述的，这样就需要结合文献的记载做一些综合分析。

梅兰芳的《舞台生活四十年》第二章第二节以"祖母的回忆"为题，比较详细地记述了他14岁时听时已68岁的祖母陈氏讲"梅家旧事"，这也是梅家关于其家世比较全面的文字记录。以下摘录的就是有关的内容：

> 除夕的晚上，照样要等祭完祖先，才吃年饭。我看见供桌上当中供着梅氏祖先的牌位，旁边又供着一个姓江的小牌位。这我可就不懂了。一个天真的小孩是压不住好奇心的，我就抢着过去问我祖母："为什么姓梅的要祭姓江的？"我祖母说："这是你爷爷在世就留下来的例子。依着我的意思是不该供他的。说来话长，吃完饭再细细告诉你吧。"……
>
> "你曾祖在泰州城里，开了一个小铺子，仿佛是卖木头雕的各种人物和佛像的。他有三个儿子，你祖父是老大，八岁就给江家做义子。江老头子住在苏州，没有儿子。……
>
> 后来有一种专买小孩子去学戏的人贩子到了苏州，江老头子先跟贩子接洽好了，就问你祖父是否愿意学戏，你祖父一口答应愿意。……
>
> 你祖父运气真坏。他11岁就从这贩子手上辗转卖给福盛班作徒弟。班主杨三喜是出名的虐待徒弟的。从此早晚打骂，他又受尽了磨难。
>
> 他的第二个师父叫夏白眼，也是个喜欢虐待徒弟的，你祖父在他那里，又挨了多少次毒打。受的苦楚，谁听了也要不平的。
>
> 第三个师父罗巧福，他本是杨三喜的徒弟，早就满了师。他也开门授徒。罗巧福待徒弟非常厚道，教戏也认真，尤其对你祖父是另眼相待。一切饮食寒暖，处处当心，你祖父这才算苦尽甘来，有了出头的希望了。

  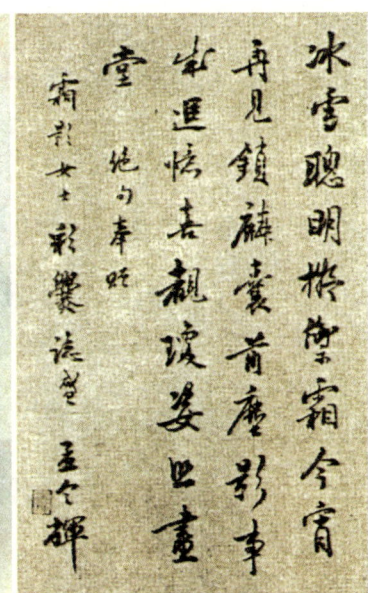

梅兰芳与孟小冬合影（1928年）
孟小冬，原名若兰，字令辉。1908年生于上海。著名京剧演员，饰老生，有"冬皇"之誉。1927年2月与梅兰芳结婚，1931年7月离婚。1949年4月随杜月笙赴香港，1950年秋与杜在港补行婚礼。1951年杜病逝。孟于1967年赴台湾定居，1977年在台湾逝世。此合影照刊于民国时期出版的第一卷第三十四期《十日戏剧》（吴开英藏）。

孟小冬剧照（《李陵碑》中饰杨继业）

孟小冬的书法作品

他出台的人缘就好。自他满师出来自立门户以后，马上就派人去到了家乡，接你曾祖北来同住。谁知他离家太久了，家也不晓得搬到哪里去了。所以你祖父到死也没找着他的父母和两个弟弟。

你祖父跟我定亲，是在咸丰十年（1860年——笔者注）。

我嫁过来，他就渐渐地红起来了。最后他掌管了四喜班。"①

---

① 梅兰芳口述，许姬传记：《舞台生活四十年》，平明出版社1952年版，第13—15页。

梅兰芳与祖母陈氏合影　此合影系梅兰芳为庆祝其祖母80岁生日而拍摄，最早刊于1920年印行的《梅母陈太君八十寿言》。为筹备庆祝祖母80岁寿诞，梅兰芳于1915年开始向国内诗书画家及梨园界征集诗词楹联书画作品，共征得樊樊山、易顺鼎、吴昌硕、姚茫父、陈三立、张謇、林琴南、余叔岩、徐悲鸿等名流作品300余件（其中文6，诗206，词20，联156，画26），梅兰芳将其辑为《梅母陈太君八十寿言》。本书附录七插图所附李释戡文章有记述："祖母陈氏尚健在……己未上巳八秩生辰，遍征文词以为寿，以自效报刘之私，人皆称其孝。"

梅兰芳记述祖母的回忆，所讲梅巧玲之身世与文献记载大多相吻合，尤其所讲梅巧玲的师承关系以及后来他掌管四喜班的情况完全与文献记载相符，还有她讲梅巧玲8岁时给苏州江家做义子，这与《法婴秘笈》将他写作"江巧玲"可互相佐证。另从《法婴秘笈》1855年印行时，梅巧玲仍叫江巧玲来判断，可知他将姓改回姓梅比较晚，这个时间很可能是他出师之时（梅巧玲于咸丰十年即1861年与陈氏定亲，其时梅巧玲刚出师不久，年19岁，陈氏20岁，此时已改回梅姓）。然而有一点比较特别，这就是陈氏回忆中涉及梅家祖上情况诸如梅巧玲生父的名字、家庭背景，梅巧玲生母的姓氏、名字和籍贯等均只字未提，这可能是年代太久已经遗忘，或者是梅巧玲生前没有跟陈氏讲过，抑或梅巧玲自己也不清楚，总之，陈氏对这些是一点都不知晓，所以这些事她也就无法告诉梅兰芳。正因为她对梅家祖上情况了解有限，加上年老记忆力衰退等原因，陈氏回忆梅家旧事时有关梅兰芳曾祖之身世的内容甚少，仅仅只有梅兰芳曾祖在泰州城里开铺仿佛是卖木头雕的以及梅兰芳曾祖有三个儿子梅巧玲是老大这么几句话。头一句话既可以理解为其曾祖是本地人，在城里开铺，也可以理解为其曾祖系从外地来泰州开铺，上海有位京剧研究专家叫翁思再，他在2009年出版的《非常梅兰芳》一书中对陈氏这句话有另一种解释：梅兰芳曾祖"从安徽的官场上退下来后，来到夫人曹氏的原籍泰州（当时属扬州府）安家，并做起生意来了"①。不过由于翁先生讲这番话时没有证据予以证明，所以他的说法只是推测而已。又比如陈氏话里面的"仿佛是"三字也不是十分肯定的说法，所以陈氏所讲关于梅巧玲父亲的话因过于简略和语焉不详，所描述的梅巧玲父亲的身世比较模糊，陈氏所讲梅巧玲父亲的籍贯和职业与后来周明泰、潘光旦等学者的记述也完全不同，所以需要做深入的分析。

上文曾提到梅巧玲在世时已有史料记载其籍贯的情况，但梅巧玲可能因忙于演出和经营景和堂，没有时间去关注这方面的记载，或偶有耳闻却没有特别留意，故而也未对陈氏提及他的籍贯还有吴县一说。梅巧玲之所以跟陈氏讲他是泰州

---

① 翁思再：《非常梅兰芳》，中华书局2009年版，第10页。

人，究其原因，当是他母亲接他到泰州至离泰赴京前短暂生活的那段时间正是他记事的年龄，但由于他尚年幼，他母亲未给他讲梅家籍贯和祖上情况，母亲将他送到京城后又很快离开了他，而且到梅巧玲去世时也再没有见面，故在他的记忆深处就将泰州当成了他的籍贯，梅巧玲成名之后有的著述称他"原籍泰州"或"泰州人"，其材料来源或系梅巧玲自述，或系他人据梅巧玲所讲而转述。梅兰芳祖母陈氏不识字，又因系家庭主妇不便太多过问公公之事，所以有许多事情不知道也在情理之中。再说《法婴秘笈》成书时，陈氏才14岁，尚未与梅巧玲结婚，自然也不会关注还有文字材料记载他实际籍贯之事。她给梅兰芳讲的内容应是她嫁到梅家后从梅巧玲那里听到的情况。

此外，梅巧玲离开江苏这一段经历，陈氏所讲与文献记载也稍有不同，文献记载梅巧玲于10岁时系由母亲带着从泰州入京典与杨三喜，而陈氏则讲系江家将做义子的梅巧玲卖给人贩子，之后由人贩子带到北京，卖给戏班。综合两者的说法，可梳理出这样一种情况：梅巧玲8岁时给江家做义子，很可能是此时梅家发生变故，诚如周明泰书中所讲梅巧玲父亲"故后家道中落"，梅巧玲母亲无力抚养三个孩子，遂将梅巧玲给江家做义子。梅巧玲9岁时即1851年，南方发生太平天国起义（即穆辰公所称"发匪乱"，潘光旦所称"洪杨之乱"）并波及苏州，其时送小孩进京学戏以谋生在苏州一带比较盛行（《法婴秘笈》所记伶人其苏州籍占绝大多数以及潘光旦著作对此有详尽之记述均可佐证），为了使梅巧玲长大后能自立，梅巧玲的义父在和梅巧玲的母亲商量并征得梅巧玲同意后，找了专门介绍进京学戏的中间人（即陈氏所说的"人贩子"）联系进京。由于孩子小，曹氏放心不下，遂陪伴其一起进京，这就是《江苏戏曲志·扬州卷》等文献史料有"咸丰二年（1852）梅巧玲随母曹氏离泰州入京从福盛班习青衣"之记载。另据梅兰芳回忆，梅兰芳14岁时（此时距梅巧玲去世已26年），其家中过年祭祖仍祭祀梅巧玲的义父，于此可见其义父有恩于梅家。1918年印行的《梅兰芳》一书开篇有这样的记述：

  梅兰芳父二琐，亦业伶而艺不高，江叔海最眷之，二琐早逝，兰芳幼孤，恃

壹　梅兰芳祖籍与曾祖考

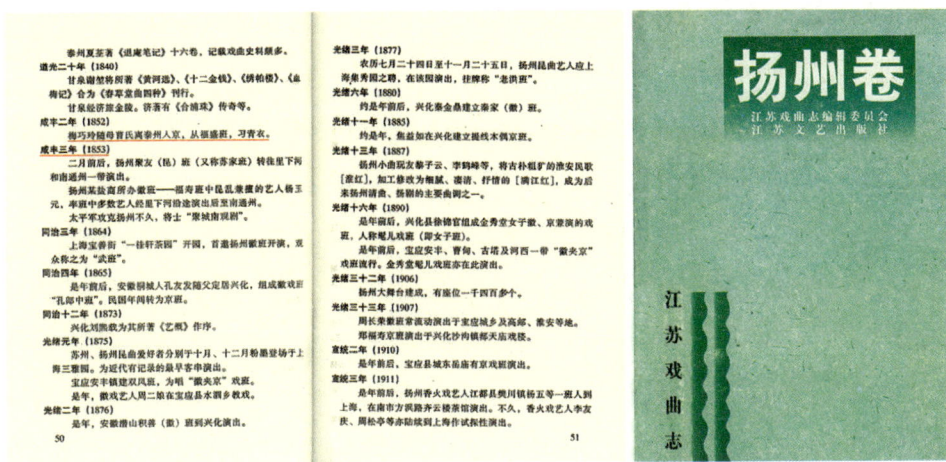

《江苏戏曲志·扬州卷》内页与封面

其伯父大琐抚育之，大琐即梅雨田，都中胡琴第一手，曾为谭叫天操琴。（琐一作锁）①

这里提及最欣赏二琐的"江叔海"会不会就是梅巧玲的义父呢？梅兰芳的父亲系1897年病故（时年24岁），梅巧玲生于1842年，若推算梅巧玲到江家时，其义父28岁，则长梅巧玲20岁，即生于1822年，那么梅兰芳的父亲病故时，梅巧玲的义父为75岁，以此来分析，江叔海系梅巧玲之义父的可能性是很大的。《梅兰芳》一书的作者能提及"江叔海"，可知此人也是有些背景的，只是我们目前了解不多，无法做更多的介绍。

梅兰芳的祖母所讲梅兰芳的曾祖在泰州城里开小铺仿佛是卖木头雕的各种人物和佛像的一句话，也就是后来梅兰芳为什么要委托泰州方面为他寻找祖宗的缘由，同时也是泰州方面帮助他寻找曾祖父的主要线索。遗憾的是，泰州方面未认

---

① 凤笙阁主：《梅兰芳》，上海梅社印行，1918年，第10页。

真查阅史料和做深入考证，结果在为梅兰芳寻亲的过程中造成了张冠李戴的现象，此将在下文详述。

从现在掌握的情况来看，梅巧玲及其夫人陈氏以及梅家后人并无一人知晓梅巧玲父母之身世，也无一人知晓早在清代和民国时期，已有文献史料记载他们祖上家世的情况。梅兰芳的口述回忆录《舞台生活四十年》是1950年10月16日才开始在上海《文汇报》连载的（1952年始结集出版第一集），而在这之前，梅兰芳也写过不少文章，但基本上没有提到其祖籍。至于在一些场合讲话或与朋友交谈中，梅兰芳除了讲他是泰州人以外，也曾跟陈师曾、田汉和徐铸成等文化界朋友说过他是苏州人，甚至有时还用苏州腔说"伲苏州格人"①，这说明梅兰芳1949年前对其祖籍并非只讲泰州一地，而这也是有些演出宣传册、梅兰芳专刊或有关梅兰芳的书籍介绍梅兰芳祖籍比较混乱之原因。到梅兰芳撰写回忆录时，他已年过55岁，有些事诚如他在《舞台生活四十年》前记里所讲，"自己过去的经历已经有不少逐渐淡忘了"，1954年梅兰芳剧团到南京演出时，曾在其演出办公室工作的剧作家王染野说，梅兰芳解放前跟文化界朋友常讲他是苏州人，或许就是早年的往事包括家中前辈跟他讲过的祖籍之事在其记忆深处交集所致。

解析陈氏回忆中关于梅巧玲父亲的籍贯、职业的讲述与文献记载的不同之处，目的是要作出最符合实际情况的判断。如果说《清内廷升平署档案》、《法婴秘籍》等史籍只记载梅巧玲之籍贯而未写明其父亲籍贯尚存疑问的话，那么，清末民初安徽安庆有个名叫三爱的作者，在其所撰《三爱庐随笔》中记述梅兰芳之曾祖父梅鸿浩道光年间在皖江怀宁（即今安庆市所在地）为官时"因与满官不睦，遂挂冠而去返姑苏定居"②之内容，则可以佐证梅兰芳曾祖后来系在苏州定居而并非到泰州开铺子。

总之，陈氏所讲梅兰芳曾祖在泰州开店铺卖木雕制品这一说法欠准确，所以不能以陈氏这一说法为依据，将梅兰芳曾祖籍贯确定为泰州。

---

①② 王染野：《响竹斋散墨》，百花文艺出版社1999年版，第155、154页。

三、甄别真伪之梅巧玲父亲

在考定梅巧玲籍贯之后，下面将重点甄别梅巧玲之生父也就是梅兰芳之曾祖父。与查考梅巧玲籍贯相比较，甄别梅兰芳之曾祖父应该说是比较简单的事情，原因很简单，在所见的民国文献史料里面，对梅兰芳之曾祖父和曾祖母已有非常明确的记载：曾祖父梅鸿浩，曾祖母曹氏。而且这一记载直至1956年3月6日以前并无任何异议。那么是什么缘故使此事变得复杂起来且需要认真甄别呢？

要讲清此事的原委，需要先介绍一下另一张泰州梅秀冬家族世系表以及梅兰芳到泰州"认亲"一事的始末。

这张泰州梅秀冬家族世系表①是泰州梅秀冬整理的。上面按手写表原样录出之表阅读时需从右至左。这张世系表为梅秀冬及其后来许多撰写梅兰芳传记的作者称之为《泰州梅氏族谱》。

此一世系表与梅葆玖整理的表不同，表上有梅巧玲的父亲"梅天才（1771—1832）"，祖父"梅万春"及其曾祖"梅世贤"。

此表整理者梅秀冬（1888—1967），谱名松山。祖父梅占时（1829—1924），谱名志魁。

另有两个人与梅兰芳认亲事件关系极为密切，此处也略作介绍。一个是刘粲夫，时任泰州市人民委员会办公室主任，梅兰芳到泰州演出接待组组长，并在梅兰芳到泰州前负责泰州梅氏家族系统情况调查，是梅兰芳到泰州认亲、演出的主要策划者和组织者；另一个是朱君冶，时为泰州县文教科干部，梅兰芳到泰州前与刘粲夫一起负责泰州梅氏家族系统情况调查，是梅兰芳到泰州认亲、演出的组织者之一。他们是帮助梅兰芳找到所谓"本家"与"祖宗"的主要工作人员，也是负责泰州梅氏家族系统情况查证并写出调查报告送交梅兰芳的作者。

---

① 吴开英：《梅兰芳艺事新考》，中国戏剧出版社2012年版，第84页。

梅氏迁泰始祖在清乾隆五十四年

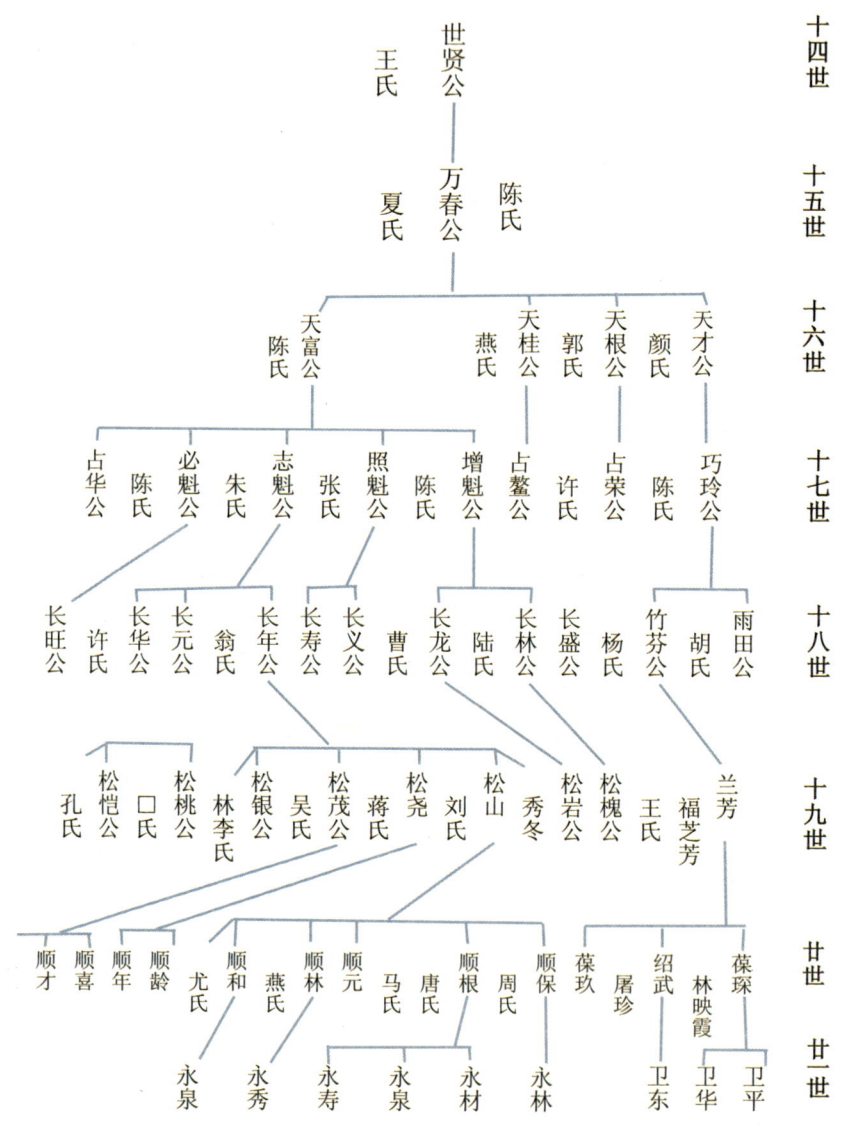

壹 梅兰芳祖籍与曾祖考

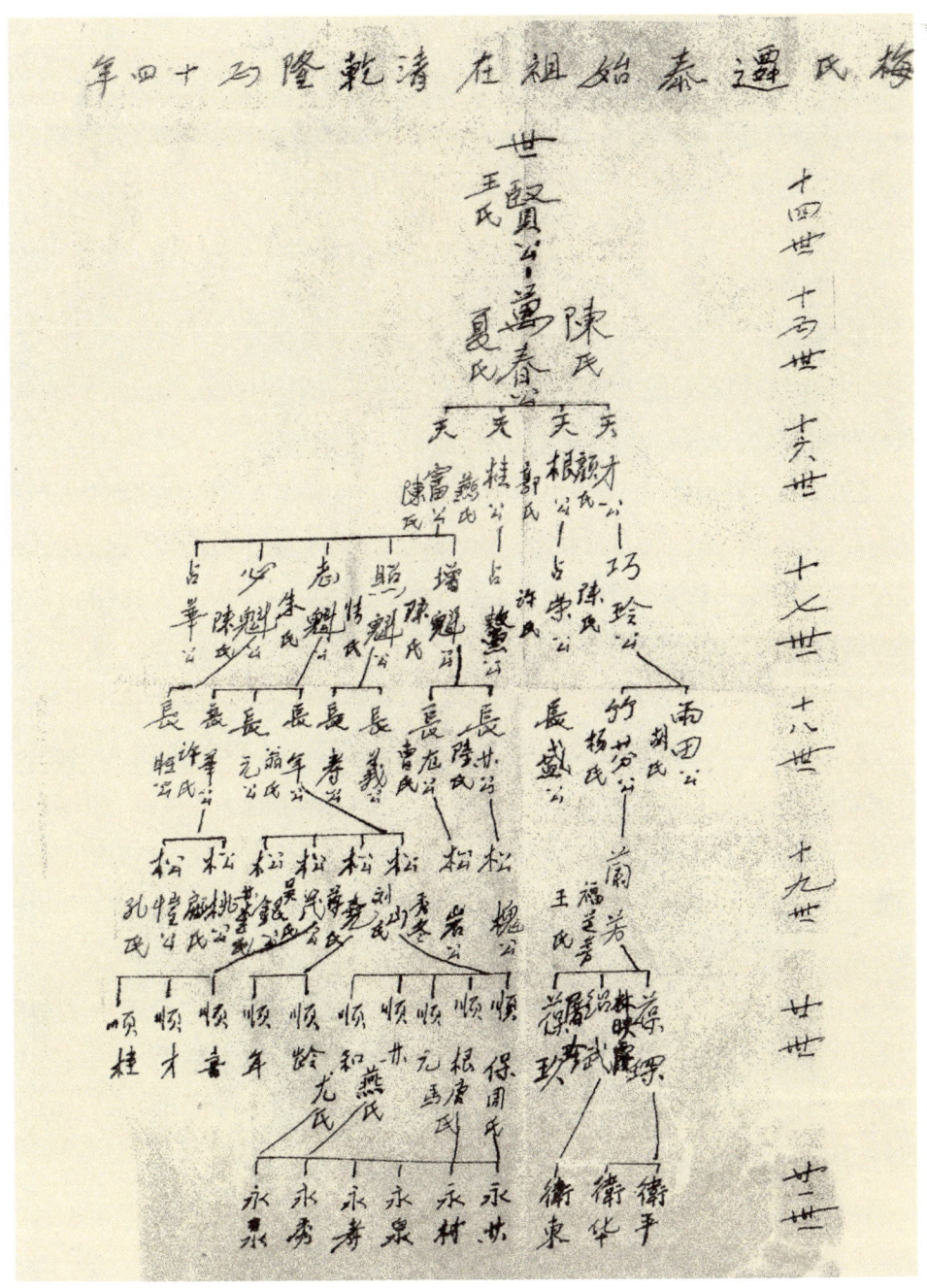

泰州梅秀冬家族世系表影印　梅万春有四子，梅天才排行第三，但不知何故此手写世系表将其排在第一的位置。从字迹以及对梅天富一脉记录较详分析，此表当出自1956年主动给梅兰芳写信认亲的梅秀冬之手。（此系梅兰芳生前保存之原表，梅兰芳纪念馆藏）

下面再回顾一下梅兰芳到泰州认亲的过程。

根据泰州学者王长发、刘华编撰、河海大学出版社1994年出版的《梅兰芳年谱》和梅兰芳返乡访问演出工作委员会《关于梅兰芳返乡访问演出工作计划》以及有关当事人回忆,梅兰芳到泰州认亲和演出的过程如下:

时间:1956年3月7日至14日

主办:泰州市人民委员会

临时接待机构名称:梅兰芳返乡访问演出工作委员会

1956年3月1日前成立工作委员会,下设秘书、宣传、保卫、演出四个股,股长分别由刘粲夫、王深甫、王长友、姚斌担任。

《关于梅兰芳返乡访问演出工作计划》第五个问题第五点规定:"派专人负责将梅兰芳先生祖先史料整理成文字,要确实可靠,有足够的考证。"① 这个专人就是秘书股的刘粲夫和演出股的朱君冶(参与调查工作的还有泰州市文教科陈科长、姚斌副科长以及政协阚江东等人)。

梅兰芳自1956年3月7日下午5时许到达泰州后至14日的日程安排如下:

3月7日,下午5时许到达泰州,泰州市党政领导、群团组织负责人、梅兰芳同宗兄长梅秀冬及各界代表500余人迎接,与当地领导和梅秀冬见面、照相,工作人员将事先所写《梅兰芳在泰州的族系调查报告》交给梅兰芳,然后出席泰州市委市政府的招待晚宴。9时30分,在当地领导陪同下,前往梅秀冬家看望梅秀冬全家并上香祭祖;

3月8日,上午8时,泰州县领导及各界代表到梅兰芳住处乔园招待所看望梅兰芳;下午,梅兰芳夫妇及儿子梅葆玖在梅秀冬陪同下去东郊六十亩畦地(当地习惯称"鲍家坝")梅氏祖茔扫墓;晚8时,出席泰州各界人民两千人在人民剧场举行的欢迎大会,市委书记兼政协主席宗宇致欢迎词,梅兰芳致答词;

3月9日,上午到泰州革命烈士祠参观并敬献花圈;晚,在人民剧场开始首场

---

① 《关于梅兰芳返乡访问演出工作计划》,泰州市梅兰芳研究会编:《梅兰芳》,2006年第6、7期。

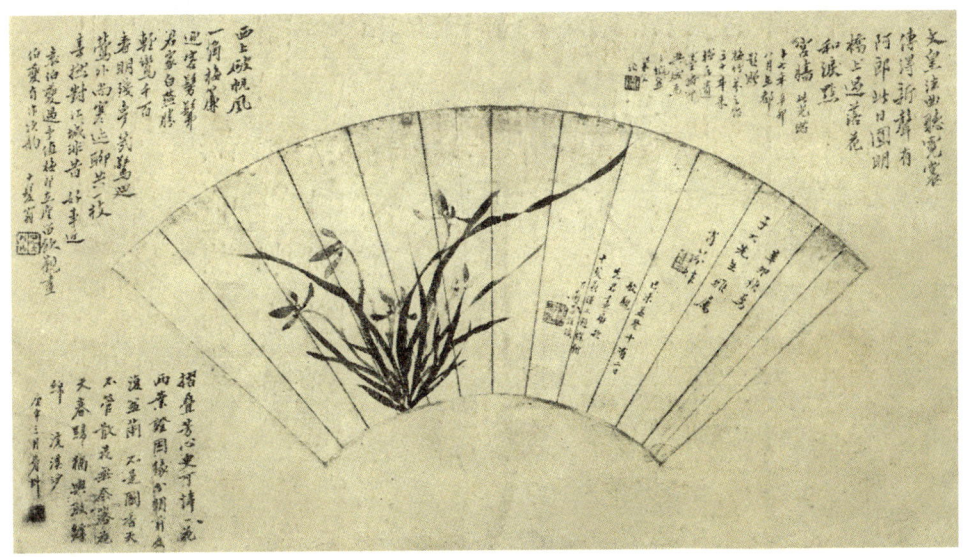

梅竹芬的绘画作品

演出,剧目是梅兰芳的拿手戏《贵妃醉酒》;

3月10日,上午,由王石琴副市长陪同参观东郊鲍家坝高级农业社;晚,演出《奇双会》;

3月11日,下午,梅葆玖演出《玉堂春》;晚,梅兰芳、刘连荣、姜妙香演出《霸王别姬》,王琴生演出《捉放曹》,徐元珊演出《英雄义》;

3月12日,演出《凤还巢》;

3月13日,演出《宇宙锋》;

3月14日,下午,出席座谈会,并与接待人员合影;晚,应观众要求,加演一场《霸王别姬》,演出结束后,举行了闭幕式。

3月15日,离开泰州赴扬州。

梅兰芳到泰州认亲和演出,当地不少人写了回忆文章,下面摘录一些有代表性的记述。

时任泰州市人民委员会办公室秘书、梅兰芳到泰州演出接待股股长刘粲夫回忆:

当时我负责接待工作，与梅先生接触较多。

乔园招待所的大门那时还在殷家巷内，汽车开不进巷里，在巷首图书馆门前停了车。下车后，前来欢迎的党政负责人、各界知名人士以及梅氏族中父老，都向前和梅先生一一握手。当有人介绍梅秀冬老先生是他的再堂兄时，梅先生上前一把握住梅秀冬的手说："大哥！我终于回家看你们来了！"随即呼夫人福芝芳和儿子梅葆玖与梅秀冬见面，并对梅葆玖说："葆玖！快喊大爷！"并挽着梅秀冬让记者照相。梅秀冬身穿长棉袍，头戴毡帽，一个典型的平民百姓形象。在这样盛大欢迎场合上，梅先生对这位从未见过面的再堂兄表现出来的如此热情，在场的人无不为之感动。

中共泰州市委应梅先生之请，曾派出专人对梅先生在泰州的宗族系统做了调查。当工作人员将《梅兰芳在泰州的族系调查报告》送交梅兰芳时，梅先生高兴得紧紧握住工作人员的手说："感谢泰州市委帮助我理清了家谱，找到了祖先，实现了我多年的愿望。"并喊："葆玖！快来谢谢大家！"①

时任泰州市人民委员会文教科科员的王顺堂回忆：

1955年，我在泰州市人民委员会文教科负责戏剧管理工作。我们一直想邀请梅兰芳到泰州演出。11月，我在南京参加全省戏剧规划会期间得知梅兰芳在无锡演出，我先给人民委员会办公室刘粲夫汇报，刘让我请文教科姚斌科长一起向市领导请示。第二天姚斌科长安排我去无锡见梅兰芳院长，不巧梅兰芳已回北京。我从无锡回来后，市领导决定由姚斌赴北京邀请。梅兰芳热情接待了姚斌，并确定春节后即3月7日到泰州演出。②

---

① 刘粲夫：《忆梅兰芳回乡演出二三事》，泰州市梅兰芳研究会编：《梅兰芳》，2006年第6、7期。
② 王顺堂：《刻骨铭心的记忆》，泰州市梅兰芳研究会编：《梅兰芳》，2006年第6、7期。

梅兰芳之子梅绍武回忆：

  1956年，父亲率领梅剧团到泰州演出。泰州市委领导根据父亲的要求，在父亲到达之前一个月就做了大量的调研工作，帮助找到了梅氏本家梅秀冬老人。梅秀冬家已有四代人都是世代相传的雕刻艺人，一直住在鲍家坝的一所老宅子里。

  父亲登门拜访，秀冬老先生便取出家谱，告诉父亲说他家祖代确有一支在太平天国年间失散，常听家中老人说那房寡母携幼子辗转江南，将孩子卖给苏州一个人家，从此再无消息，家谱上面那一支由此而中断了记载。梅秀冬所讲情况与父亲幼年听他姑母所说"梅家祖代是雕刻佛像的手艺人"恰相符合，他判断那个诞生在这所老宅子里的幼儿就是祖父梅巧玲，遂拜梅秀冬为族兄，并随同他前去祭扫了祖坟。①

梅秀冬之子梅顺和回忆：

  我家座落在泰州陈家桥西街，梅兰芳叔叔到我家认亲时，我家中当时有父亲梅秀冬和母亲梅刘氏，还有8个子女。我们分别从事佛像木雕、油漆等手艺。1956年3月7日下午，梅兰芳叔叔率剧团来到了泰州。当晚9时半，梅兰芳叔叔偕同夫人福芝芳及梅葆玖等在市政协和统战部的领导陪同下来到我家。我父亲立即迎了上去，两双手紧紧握在一起。梅兰芳叔叔说道："大哥，今天我回来认祖归宗了。"在我家堂屋的桌上（神柜）供奉着历代祖宗的牌位，烛台上点着两支大红蜡烛，火焰撩得很高。在香炉和烛台前面，摆放水果糕点等祭祀供品。梅兰芳叔叔恭敬地点了三支香，向祖先行了祭祖礼仪。第二天，梅兰芳叔叔又在我父亲陪同下前往位于泰州东郊六十亩畦地的梅氏祖茔祭扫。②

---

① 梅绍武：《寻根记》，《新华日报》1986年9月24日。
② 梅顺和：《梅家亲缘代代传》，泰州市梅兰芳研究会编：《梅兰芳》，2006年第6、7期。

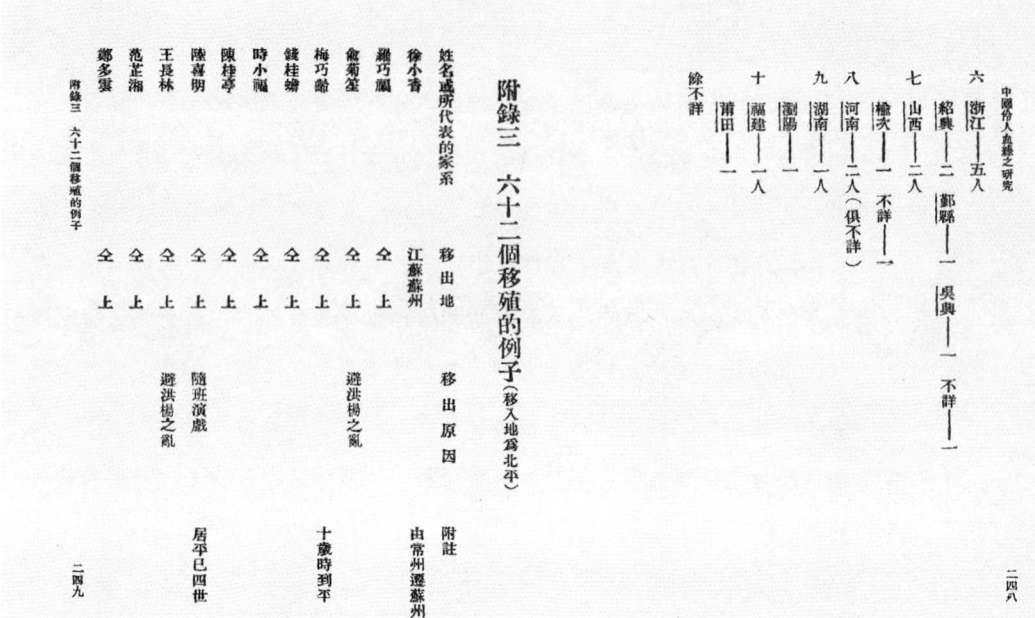

《中国伶人血缘之研究》记载梅兰芳家世内容之书影

以上是梅兰芳1956年3月到泰州认亲和演出的完整过程。

上面的引述中有这样两点非常清楚：

一是梅兰芳到泰州之前，泰州方面已经找到了梅兰芳的"本家"，确定梅天才为梅巧玲的父亲，也即梅兰芳的曾祖父，此从参与认亲和演出的梅葆玖的回忆中也得到了证明，梅葆玖是这么说的：一到泰州，就找到了梅氏族亲梅秀冬。①

二是在迎接梅兰芳时，当地领导已将梅秀冬作为梅兰芳的族亲，在梅一行刚抵达泰州时就介绍他们认了亲，之后梅兰芳于当晚到梅秀冬家祖宗牌位前上香祭祖，次日到梅氏祖茔扫墓献花。

---

① 梅葆玖：《故乡情》，泰州市梅兰芳研究会编：《梅兰芳》，2006年第6、7期

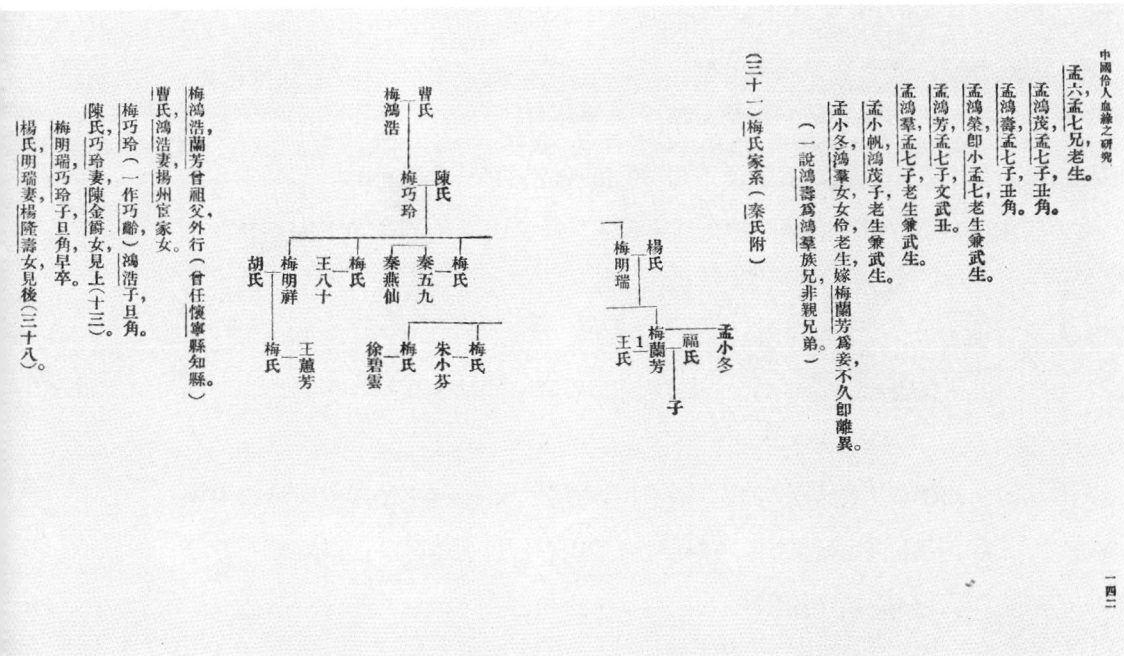

此外,《梅兰芳与故乡》一书所载的全部回忆文章,在环环相扣的认亲过程中,未见到只字提及泰州市的领导或者负责查证梅兰芳家世的人员给梅兰芳讲他们将梅天才确定为梅巧玲父亲的依据和经过的情况。

那么泰州到底是如何帮助梅兰芳开展寻亲工作的呢?由于现在无法找到当时工作人员交与梅兰芳的《梅兰芳在泰州的族系调查报告》,现在只能从调查报告的作者于1994年,也就是事过38年之后所写的文章《梅兰芳在泰州的族系考略》和有关人员的回忆中理出基本情况。

一是派人走访。刘粲夫、朱君冶说:"我们于1956年初春,在梅先生回泰州作访问演出之前,根据泰州市委的指示精神对此作了调查,访问了仲一侯、凌心支、凌筱松、许杏农、陆铨、李蕴生、梅开华等地方耆老和梅秀冬等梅氏亲族;还查阅了梅氏祖先牌位和《泰州志》。"①

二是召开座谈会。梅葆琛在他撰写的《怀念父亲梅兰芳》一书中有这样记述：他父亲告诉他见到梅秀冬时，梅秀冬跟他父亲说：1956年初，有位泰州市文教科的陈科长到我家来，说我是本乡人，知道的情况比较多，要我好好回忆一下梅兰芳祖上居住在泰州的情况，他们曾先后来我家三次。为了慎重起见，以后又在一起召开了有关梅氏家族的会议，陈科长和市政协的阚江东同志也参加了，其他参加的人员有我（即梅秀冬），还请来郊区鲍家坝、蒋家庄、老龙河、梅花地等处的代表。经过几天的开会讨论、回忆、核实，最后得出的结论是梅秀冬是梅兰芳的直系亲属，其余的都是远房本家。②

泰州方面的调查工作十分顺利，他们根据走访、开座谈会情况很快就写出了《梅兰芳在泰州族系的调查报告》。在梅兰芳到达泰州后，泰州方面就按事先安排好的认亲、祭祖、扫墓、演出的计划进行。

行文至此，有一个关键问题需要提出：泰州方面究竟根据什么将梅天才确定为梅巧玲生父的呢？据刘桀夫、朱君冶《考略》中所讲，主要依据有两点：

其一，梅天才是木雕手工艺人；

其二，梅秀冬说他祖父梅占时晚年曾对他说过，梅兰芳"是天才的后人他们全家逃荒到江南流落异乡卖与人家唱戏的"。

为什么以这两点做依据呢？原因一是梅兰芳在他的回忆录中曾记述祖母陈氏跟他讲过其曾祖在泰州城里开店铺卖木雕佛像这样的话，二是伪托梅秀冬祖父的话可以增加说服力。其实以此两点做依据去寻找梅兰芳"本家"，实际上就是"按图索骥"和"对号入座"，即以梅兰芳口述回忆录中提及的线索，首先是设法在泰州梅姓中查访出条件与之基本相符之人，然后"对号入座"，对得上号的这一人家就是梅巧玲的"本家"。但由于他们未对陈氏讲述的梅巧玲之身世进行考证，不知道陈氏所讲不够确切，也不了解在此之前即民国时期已有文献明确记载梅

---

① 刘桀夫、朱君冶：《梅兰芳在泰州的族系考略》，见《梅兰芳与故乡》，江苏文史资料编辑部，1994年出版，第29～33页。
② 梅葆琛：《怀念父亲梅兰芳》，中国社会出版社2005年版，第140页。

巧玲身世的情况，所以他们以这种"按图索骥"、"对号入座"的方法确认梅巧玲的父母自然是靠不住的，其结果也必然是张冠李戴。至于梅秀冬讲他的祖父梅占时晚年所说梅兰芳"是天才的后人他们全家逃荒到江南流落异乡卖与人家唱戏的"这番话，则是不折不扣的杜撰。据梅兰芳之子梅绍武回忆，梅兰芳于3月7日晚去梅秀冬家认亲祭祖时，梅秀冬告诉梅兰芳，他家"祖上有一支在太平天国年间失散，从此再无消息，家谱上面那一支由此也中断了记载"。既然"从无消息"，在那兵荒马乱和极为封闭的年代，梅秀冬的祖父连梅巧玲和梅巧玲的子女都一无所知，怎么能够跨越几代人反而知道"梅兰芳是梅天才的后人"呢？假若真的知道的话，那为何不记入本家家族世系表？可知编出此话完全是一种投机行为，说穿了就是为了对应梅兰芳回忆录里陈氏所说的话。据了解，在泰州市文教科陈科长第一次去梅秀冬家访问时，梅秀冬尚不知道梅兰芳是何许人，此也从侧面证实了他的祖父压根儿就不知道梅巧玲、梅竹芬、梅兰芳为何许人。从梅巧玲的父亲算起到梅兰芳这一辈，已历整整4代人，加上梅天才早于1832年去世，在既无消息也无联系的情况下，梅秀冬的祖父就是"神仙"也无法得知"梅兰芳是梅天才的后人"。不过有一点可以确定，梅天才的妻子颜氏是在梅天才死去15年后即1847年去世并葬于本地西茶庵大路旁，梅秀冬的祖父梅天富当时18岁，按常理他们应该有来往，梅天才是否有后代、颜氏死后为何不与丈夫合墓等情况，他肯定是知道的，至于他们家的世系表上没有梅天才后人的记录，说明梅天才身后很有可能没有子女。

　　帮助他人寻找本家、确认祖宗是极为严肃的事情，从严谨的角度来讲，除了查访之外，还有一项不可缺少的工作，那就是必须查阅有关的文献史料。从目前知道的情况来看，泰州有关工作人员在这方面有着明显的缺失。而造成这一缺失的原因，从主观上讲是承担此项工作的人员缺乏这方面的经验，缺乏查阅文献史料和主动向有关专家请教的意识，而是把事情看得过于容易，以为通过调查就可以解决问题；从客观上讲则是当时的泰州图书馆、文化馆没有收藏周明泰、潘光旦等人的书籍和其他相关史料，但如此重要的事情，也应该派人前往收藏有丰富史料的南京或上海图书馆查阅。此外就调查工作而言，自梅巧玲1852年离开泰州至1956年，已时隔达104年，此时知道梅巧玲的人或知情者早已无人活在世上，接受访问的人其年龄最大者不过80岁左右，他们若8岁开始记事的话，则此时距梅巧玲离开泰州也已经40年，何况那时梅巧玲乃一临时居住泰州之普通儿童，并无特别之处，人们是不会去关注他并代代相传议论他的。所以，接受访问的人不可能讲出任何有价值的线索，即便能讲出一些有关联的事情，因不是直接证人，所讲也是听别人传说而已，故可以断定是没有太大的价值的。事实上也是这样，在刘、朱后来根据他们当时查证情况所写的《梅兰芳在泰州的族系考略》一文中，就没有提到有关确定梅天才为梅巧玲生父的任何有价值的依据。下面笔者列了一个文献记载的梅巧玲父亲与泰州查找的梅巧玲父亲身世对照表，通过对比，孰真孰假当可一目了然。

历史文献记载的梅巧玲父亲与泰州查找的梅巧玲父亲身世对比

区　分	文献记载的梅巧玲父亲	泰州查找的梅巧玲父亲
姓名及生卒时间	梅鸿浩，约1820—？	梅天才，1771—1832
配偶及生卒时间	曹氏，约1822—？	颜氏，1773—1847
籍贯	吴县（苏州）	泰州
出身	优贡生	农民
配偶籍贯与出身	泰州，官宦之家	泰州，农民
子女数	子三，长子梅巧玲	有遗腹子即梅巧玲，家谱记载谓之"喜丁"
职业	知县	木雕匠人
梅巧玲离家时年龄及其离家之原因	离家时10岁，为避"洪杨之乱"赴京谋生	离家时8岁，遇水灾逃荒到江南
梅巧玲学戏之缘由	习艺谋生，由母亲和义父通过中间人联系进京学戏	逃荒到江南途中，由母亲卖与苏州江家，后江家卖给人贩子，再由人贩子转卖给戏班

> 注：梅巧玲出生于1842年，泰州方面查找的梅巧玲父亲梅天才死于1832年，以此推算，梅巧玲是梅天才死去10年后方出生，由此可断定梅天才和梅巧玲之父子关系不成立；另据梅巧玲夫人陈氏讲，梅巧玲有两个弟弟，由此可知泰州方面所称梅巧玲为梅天才之"遗腹子"也系伪托。

仔细比较不难看出，泰州方面寻找的梅巧玲的父母，除木雕匠人这一点与梅兰芳的祖母所讲有些许接近以外，其他的都不符合实际情况，如逃荒途中卖与苏州江家后由江家转卖给人贩子，看似与陈氏说法接近，实际上也根本不同。梅巧玲8岁时并非卖与江家，而是给江家做义子，《汉语大词典》对"义子"是这样界定的："因抚养或拜认而成为亲属的。"人口买卖实质是"商品交易"，被卖者与买者之间是商品关系，而非"义父"、"义子"关系；又如梅巧玲出生于1842年，泰州方面寻找的梅巧玲生父"梅天才"死于1832年，人都死去10年了，怎么还会有孩子呢？这一点连负责查找的工作人员都无法自圆其说（参见刘粲夫、朱君冶《梅兰芳在泰州的族系考略》）。

当局者迷，旁观者清。在事情过去整整58年之后，作为旁观者，有些事情现在可以看得比较清楚了。梅兰芳当时之所以误认，笔者认为也是有一些可以理解的原因：一是泰州人民委员会安排的工作人员在梅兰芳到达之前已做好了各方面的准备工作，特别是已经找好了梅兰芳的"本家"，可以说是"木已成舟"；而梅兰芳在到达泰州之后，面对热情、隆重欢迎他的泰州市委、市政府领导和众多的群众，加上被确定为梅兰芳之"族兄"梅秀冬不离左右的陪同，既使梅兰芳有一种荣归故里的感觉，同时也使梅兰芳深感盛情难却；二是梅兰芳当时对泰州市委、市政府以及负责查证其家世情况的工作人员高度信任，相信他们的工作不会有任何的差错，另一方面，认祖归宗一直是他心中最强烈的愿望，当时他的心情完全可以用"认亲心切"来形容，正是在这种情感和心理因素的共同作用下，他毫不迟疑地认同了泰州方面为他找到的"本家"。参与接待梅兰芳的泰州市主要领导之一、时任泰州市副市长的王石琴曾这样回忆："这天，梅兰芳极度兴奋，好似

'少小离家老大回'的游子投入亲人的怀抱。"① 其他有关人员也在回忆中说：在工作人员将调查报告送交给梅兰芳时，他不暇思索表示："感谢泰州市委帮助我理清了家谱，找到了祖先，实现了我多年的愿望。"而当给他介绍梅秀冬时，他十分激动地说："大哥！我终于回家看你们来了！"随即呼来夫人福芝芳和儿子梅葆玖与梅秀冬见面，并挽着梅秀冬让记者照相。②随后的上香祭祖、扫墓献花则完全就是一种"顺其自然"的既定程序了。

结论：1956年泰州方面组织的梅兰芳认亲一事，因为依据不足，工作不周，致使梅兰芳认错祖宗扫错墓，应该予以纠正。

五、对三种讹传的调查与澄清

通过以上引证和分析可知，在1956年3月以前关于梅兰芳之曾祖并无任何异议，后来之所以发生争议，实为泰州方面工作不细、查考无据而造成的。因此事已过去半个多世纪，当年参与为梅兰芳寻亲的工作人员绝大多数也已经作古，今天再去追究造成梅兰芳误认祖宗事件的责任者也没有什么意义，现在需要做的主要是设法弥补泰州方面当时工作之不足，用充分和可靠的证据来正本清源，以还历史之真相。那么为何要在这里专门提出需要澄清一些讹传呢？原因是这些讹传不但混淆视听，而且对梅兰芳本人也产生了很大的负面影响，所以很有澄清之必要。

一是一些文章和梅兰芳传记里说，梅兰芳到泰州认亲时曾对负责调查他祖上家世的工作人员说过，梅天才去世的时间和梅巧玲出生的时间前后相差10年，可能是梅巧玲自己把他出生的年龄记错了。

这一说法最早出自泰州人刘粲夫、朱君冶1993年合写的《梅兰芳在泰州的

---

① 王石琴：《回忆梅兰芳返乡访问演出》，见《梅兰芳与故乡》，江苏文史资料编辑部出版，1994年。
② 刘粲夫：《忆梅兰芳回乡演出二三事》，泰州市梅兰芳研究会编：《梅兰芳》，2006年第6、7期。

族系考略》一文，作者称梅兰芳认为前后年代的相差对这一氏族的准确性毫无影响，梅巧玲的出生时间仅是他长大后听人所说，可能是记错了。另有2013年出版的《江苏历代名人传记丛书》之《梅兰芳》的作者胡莲玉在她的书里也有相同的说法，虽然作者没有给出这一说法的来源，但从其引用的内容来看，应该是采自刘、朱的文章。为了查证此话的真实性，笔者曾专程赴泰州调查，访问过梅兰芳纪念馆和泰州梅兰芳研究会的几位老先生，曾三次拜访过1956年3月梅兰芳在泰州期间曾经给梅当贴身警卫（梅兰芳7—14日在泰期间一直跟随其左右）、如今还健在的闻德诚先生，所有的被访问者都表示，他们当时没有听说过梅兰芳曾有这样的说法。闻先生还分析说："梅兰芳的著述对其祖父梅巧玲出生年龄写得很清楚，从未说过是1832年出生，刘、朱二位在时隔38年后写文章特别提及此事，可能是他们也感到梅天才和梅巧玲前后年代对不上，将梅天才定为梅巧玲父亲的理由太牵强，所以后来写文章就用了这一说法来帮他们自圆其说。"笔者十分赞同闻老的说法。从一般常理上分析，梅巧玲当时若把年龄记错了或有意把年龄说小一些，则他在刚进入福盛堂学戏时实际年龄已经20岁，而10岁与20岁，比狐狸还精的戏班班主杨三喜难道看不出来？梅巧玲当时别说20岁，就是14岁都不见得杨三喜会收留做他徒弟的。再从戏曲教学的特点上看，只有年幼时入道方可学有所成，梅巧玲若是20岁后才开始学戏，无论如何也不会有他后来的成就的。为了确认梅巧玲的生卒时间，笔者于2014年清明节和梅巧玲裔孙梅玮先生一起前往北京香山拜谒梅巧玲之墓，这位为我国京剧的成熟作出积极贡献的梨园前辈的墓石上，清楚地镌刻着这样的文字："梅巧玲之墓，1842—1882。"刘、朱于事过38年后写文章拿所谓梅兰芳的话来说事，其主观上无论出于什么愿望，但在客观上都起到了很不好的作用，若这一说法为正式出版物所征引，则其消极的影响也势必扩大，所以必须予以澄清。

二是近年有作者在出版的梅兰芳传记中称，当时参与调查泰州梅氏家族情况的工作人员主要是依靠泰州梅氏祖传族谱确认梅天才为梅巧玲的父亲，这部家谱对梅氏世系有详细的记载，并在梅天才名下有"喜丁巧玲"的记载。

家谱记载家族的历史，它和方志、正史一起构成了中华文化的三大支柱。我

1956年3月，梅兰芳到泰州认祖扫墓时所住乔园"因巢亭"（时为泰州市政府招待所）。

国民间修谱兴盛于明、清，但有的名门望族于唐宋时就编修家谱。我国最早的一部梅氏宗谱就是编修于宋代，其名称为《宛陵宦林梅氏宗谱》，此也使安徽宣城梅氏成为现今国内历史最长、世系最清楚的文化世家。正因为家谱对了解家族传承有至关重要的作用，故而有的梅兰芳传记在讲梅兰芳家世时，为了证明梅兰芳祖籍在泰州，大都说确认梅天才为梅巧玲生父主要靠梅秀冬家的一部祖传的《泰州梅氏族谱》作为依据的。但笔者经过多方调查了解，当时泰州梅氏家族并无这部祖传的族谱（1956年，刘粲夫、朱君冶等有关人员查找梅氏家族情况，若有梅氏族谱肯定是重要依据，但刘、朱和有关人员所写的回忆文章均未提及，泰州历史学会会长刘华在其编撰的《梅兰芳年谱》中也未提及，2009年7月8日《泰州新闻》报道泰州梅兰芳纪念馆决定帮助泰州梅氏家族修谱，也证明泰州梅氏家族此前没有族谱），有的只是前面提到的梅秀冬手写的世系表，而且该表上有关梅巧玲及后人的内容，还是梅兰芳到泰州认亲后才添加进去的。后来有人称梅秀冬家有一

梅兰芳夫妇在泰州乔园"因巢亭"下榻时睡过的红木床

部祖传的《泰州梅氏族谱》，实为将梅秀冬家这张家族世系表误传为《泰州梅氏族谱》。另据2009年7月8日《泰州新闻》报道，泰州梅氏系明永乐年间其世祖梅乾元为避"靖难之乱"由安徽宣城避居泰州。为此，笔者于2014年1月2日打电话向宣城中华梅氏文化研究会梅铁山副会长查询。梅铁山先生自20世纪70年代起就致力于梅氏史料的收集与研究，是宣城博物馆界有名望的专家。他对笔者提出的宣城中华梅氏文化研究会是否保存有与泰州梅氏尤其是梅兰芳祖上资料、梅巧玲系梅天才死后10年才出生是否可以构成父子关系等问题都一一做了回答，特别解释了宣城中华梅氏文化研究会成立比较晚（2010年5月成立），目前尚无梅兰芳祖上资料，至于梅巧玲出生时，梅天才已去世10年，可以断定其父子关系不成立。笔者也向梅铁山先生提及文献记载梅兰芳曾祖梅鸿浩的情况，询问宣城梅氏清代是否有"鸿"字辈，梅铁山先生说宣城梅氏清代没有"鸿"字辈，但散居周边地区的梅氏可能有"鸿"字辈。随后笔者在网上仔细搜查，从《全国各地梅氏家谱文献》中搜索发现，有一部道光二十九年（1849）重修的《江苏江都梅氏族谱》（崇文堂活字印本，两册，国内无存，日本东京博物馆和美国犹他州家谱学会有藏本），主持编修者为梅鸿；另有一部光绪二十八年（1902）编修的《江阴梅氏宗谱》（文学堂木刻活字印本，十二卷，现藏中国家谱网站档案馆），主持编修者为梅鸿

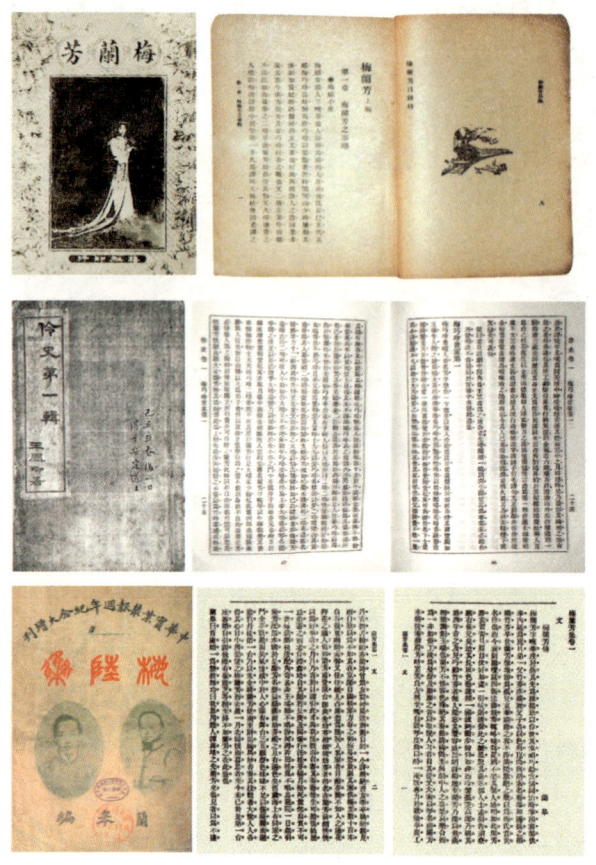

记载梅兰芳祖籍为安徽和江苏维扬的民国版书籍：
上图：《梅兰芳》，梅社印行，1918年。
中图：《伶史》（第一辑），穆辰公著，1917年。
下图：《梅陆集》，兰皋编，1914年。

知等人，从这两位主持编修者的名字来看，可知清代江苏的梅姓中确有"鸿"字辈。若梅鸿浩与江阴梅鸿知或江都梅鸿同属一支，那么这两部家谱中有一部很有可能载有"鸿"字这一支祖上迁徙、分布、族中有功名者等许多重要信息，甚至可能还会有梅巧玲和他父亲的记载（若真有记载的话，则《菊部群英》所讲梅巧玲"原籍泰州"之谜自然也就迎刃而解），这有待于进一步查证。

既然1956年时泰州梅氏并没有一部《泰州梅氏族谱》，那么所谓族谱上"梅天才名下有喜丁梅巧玲"的记载也就子虚乌有了。编造"喜丁梅巧玲"的人实际上犯了两个常识性的错误：一是编造者不懂旧时族谱既不记载胎儿，也不记载女儿（未出世之胎儿也有可能是女性），二是编造者不知道"巧玲"系梅巧玲学戏后的艺名，假如真有这个胎儿的话，那1832年时是如何知道20年后即梅巧玲1852年所起的艺名呢？故"喜丁"之说完全是凭空编造的，其动机无非是想为确定梅天才是梅巧玲父亲多找一些依据罢了。

还有一点也须申明，2011年4月18日曾有网名"智者无疆"在"泰兴论坛"发一帖子，称泰兴发现一部1948年《延令梅氏重修宗谱》，经考证，梅兰芳先祖在泰兴生活十余世。谱载梅氏一支迁居延令（今泰兴）的始迁祖"本原公"叫梅乾元，是安徽宣城梅氏后裔，于明代永乐年间迁泰。梅兰芳曾祖父梅天材，生于乾隆五十六年（1792）二月初八日子时，配顾氏，生于乾隆五十五年（1791）五月廿三日戌时，伯祖父梅泰祥生于嘉庆癸酉年（1813）十一月廿七日申时。泰兴市历史文化研究会骆崇泉会长考证，该族谱之所以无梅巧玲记载，原因是梅巧玲出继江家和加入伶籍，出于维护封建族权需要，故族人将梅巧玲等人"削籍"不载入族谱。该帖子还标示出"梅兰芳世系图"和排行字辈。

"梅兰芳世系图"如下：

本原（乾元）→滋生（从龙）→承先（绍业）→世道（询）→志宁（安静）→一村→如林→少溪→凤川→振诠（正川）→书章→开先→世贤→长松→天材（天才）→巧玲→雨田→澜（即梅兰芳）

排行字辈为一首五言律诗，共40字，自"本"字始，但无"鸿"字：

本兹承世志，绍继克丰昌，富贵荣华盛，光明永远芳，存仁有余庆，积德显祯祥，尊祖家声振，敬忠福泽长。

1948年的《延令梅氏重修宗谱》所载梅乾元是否系泰州梅氏之祖，谱上的梅天材是否就是泰州的梅天才，笔者不敢妄言（谱上梅天材的"材"字、梅天材的出生时间和梅天材之妻的姓氏、生辰以及梅天材之弟的名字、生辰等与梅秀冬家的记载均不相符），但这一族谱的发现却证明泰兴以及泰州一带的梅氏和梅兰芳

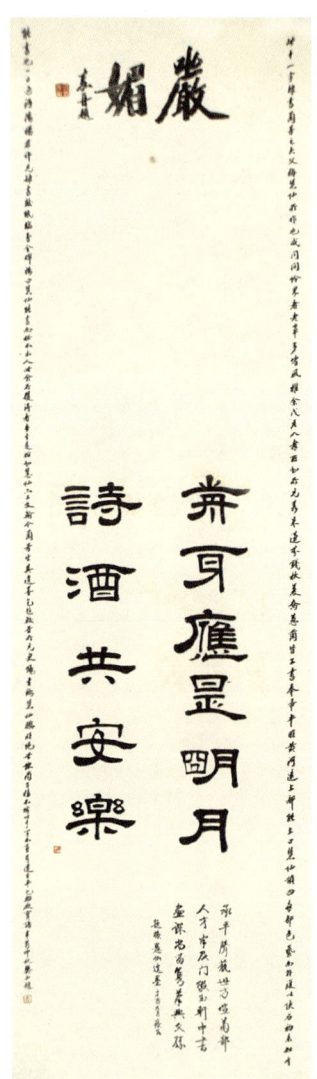

梅巧玲的书法作品 此为梅家传世之物，书法内容为"前身应是明月；诗酒共安乐"，作品上题跋者，一为樊樊山，一为罗瘿公，时间系1921年。樊樊山在题跋中既评论字，也评论人，称"慧仙聪明绝世，饮酒百榼不醉，此十二字，不啻自道生平也"。罗瘿公所题是一绝句："承平声艺世方喧，菊部人才半及门。缀玉轩中书画课，尚留隽笔与文孙。"

祖上不是同一支。

三是有很多著述称梅巧玲是由其母亲卖给江家的。

近几十年来，有关梅兰芳的出版物在叙述梅巧玲身世时基本上都持这种说法，而且还有人编了这样一个背景："从道光十年至咸丰十年左右（1830—1860）30年间，苏北里下河一带水旱频仍，连年大荒。特别是在道光十二年间，更是民不聊生，吃树皮草根以度命。在这段时间内梅天才故去，其妻颜氏带领长子梅巧玲等三兄弟，逃荒到江南苏州一带谋生。一个妇女在那黑暗时代，是难于养活三个孩子的，不得已将长子梅巧玲卖于苏州江家。"这是刘粲夫、朱君冶写于1993年的《梅兰芳在泰州的族系考略》中颇为"生动"的记述，这段话后来被许多的撰写梅兰芳传记的作者所引用，有的在引用时还添油加醋，借题发挥。据闻德诚先生介绍，刘、朱1956年撰写并交给梅兰芳的《梅兰芳在泰州的族系调查报告》中也有这样的内容。笔者查过1956年任泰州市副市长王石琴1982年写的《回忆梅兰芳回乡访问演出》、1956年任江苏省文化局局长李进1980年写的《梅兰芳在泰州》（《艺术世界》1980年第1期）均有同样的说法，这说明刘、朱1956年所写的关于梅兰芳家世的调查报告曾分送市委、市政府和上级机关领导，不然王石琴、李进等人不会知道这个内容的。另从上文引证可知，梅巧玲生于1842年，到他

8岁进江家时应为1850年，那么道光十二年即1832年距梅巧玲8岁时尚有18年，何来梅巧玲随母逃荒并被卖给江家？而且梅天才1832年已经死去，即便像有人杜撰的他有"遗腹子"，那梅巧玲的两个弟弟又是从哪里来的呢？可见漏洞百出。再说梅巧玲夫人陈氏对梅兰芳讲，梅巧玲是8岁时给江家做义子的，并不是卖给江家，做义子和卖给江家这是性质完全不同的两码事。而且在陈氏关于梅巧玲身世的讲述中只字未提梅巧玲曾随母亲逃过荒。显然，无论从梅巧玲的出生时间看，还是以陈氏的讲述来验证，称梅巧玲系其母亲在逃荒途中卖给江家显然是没有任何根据的杜撰。

以上三种假话由于无人质疑，久而久之，人们就信以为"真"，并被大量有关的梅兰芳著述所引用、复制，以讹传讹，不但严重误导了读者，而且对梅兰芳本人以及真正的梅兰芳曾祖父、曾祖母也有很大的伤害，因此必须予以纠正、澄清。

六、余论

若从1873年印行的《菊部群英》算起，即关于梅巧玲籍贯开始有泰州一说算起，至今已经有141年了。若从1956年泰州方面确定梅天才为梅巧玲父亲，即围绕梅巧玲生父出现争议算起，也已经有58年了。通过以上引证，关于梅兰芳之祖籍、梅兰芳之曾祖的问题应该说已经真相大白、水落石出。不过面对这个结果，人们可能会提出这样一个问题：如此重大之事，艺术界、学术界为何不组织人员去查证呢？笔者认为，因为此事牵涉到很多方面，首先是要推翻泰州当时负责梅兰芳家世调查者所做的结论，而这却是一件非常复杂、非常棘手的事情。因为这个结论当时已为泰州市委、市政府的领导所认同，之后又得到了梅兰芳的认可并行过拜祖大礼，一旦予以推翻，就会出现一系列的连锁反应，诸如梅兰芳的家谱需要重新修改、梅家祖上牌位需要重新制作、近几十年正史的记载需要重新更正、梅家与泰州梅秀冬家自1956年建立起来的族亲关系需要重新定位、泰州市政府投巨资修建的以梅兰芳名字命名的纪念设施需要重新命名，等等。此外，若否定梅天才为梅巧玲的父亲和否定泰州不是梅兰芳的祖籍地，泰州的民众恐怕在

 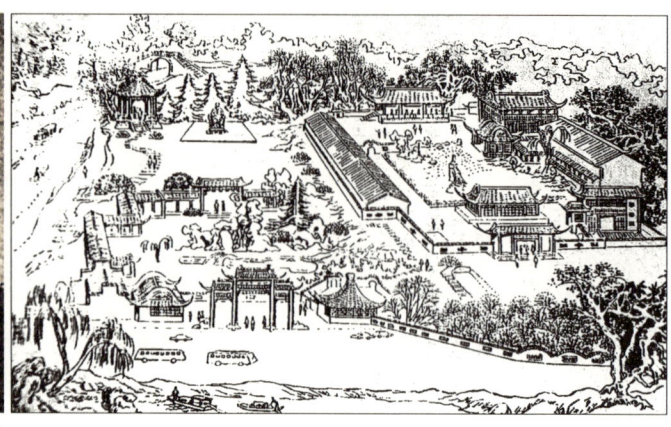

《伶史》作者穆辰公　　"梅园"鸟瞰图　梅兰芳去世后，泰州市政府于1988年在其风景区凤凰墩建立梅兰芳纪念园和梅兰芳史料陈列馆，时任国家主席李先念为陈列馆题写馆名（1997年易名为梅兰芳纪念馆，之后与北京梅兰芳纪念馆结为姐妹馆），梅兰芳纪念园也易名为"梅园"。

情感上也难于接受，所以说事情比较棘手和难办，绝非只是一个简单的厘清事实真相的问题。

艺术界、学术界知情者确实不乏其人。对梅兰芳祖籍和曾祖问题，梅兰芳在世时和去世后的十几年里，有些知情者尽管了解情况，然而出于对梅兰芳的尊敬故默不作声。但自1980年后，情况就发生了明显变化，随着人们思想的解放，公开质疑者和支持周明泰、潘光旦说法的人逐渐多了起来，兹举数例如下：

1980年，北京京剧院编辑的《京剧艺术》第3期上，编者在介绍同光十三绝时明确称梅巧玲为苏州人。当时有一叫居涌的泰州人看到此期报纸后，给编辑部写信要求更正，编辑部当即回复居涌，指出称梅巧玲为苏州人的依据，并告诉居涌，梅兰芳之子梅葆玖现在我院工作，他未提出异议，亦可见不错。

1998年，江苏戏剧研究者、剧作家王染野撰写了一篇题为《梅巧玲乃吴县人氏》的论文，从多方面论证梅巧玲的籍贯为江苏吴县。王染野1929年生，安徽六安人。1954年，梅兰芳剧团到南京演出时曾在其演出办公室负责宣传工作，期间有机会经常聆听梅兰芳讲述梨园旧事。此文后被他收入《响竹斋散墨》一书，于1999年由百花文艺出版社出版。2014年10月6日，笔者在无锡陈玟维夫妇陪同下前往苏州拜访王染野先生，王先生不仅为我们提供了他多年寻找到的有关梅兰芳祖籍的资料，还专门为笔者书写了一份1954年梅兰芳在南京演出时曾跟他说过他本人是苏州人的证言。

2002年，戏剧史学者谭帆在《优伶》一书中介绍梅兰芳时不随波逐流，坚持自己的见解，认定其曾祖为梅鸿浩。①

2008年，上海京剧研究者翁思再应邀在中央电视台《百家讲坛》开讲《梅兰芳》，他在讲梅兰芳身世时明确指出其曾祖为梅鸿浩，而非梅天才。央视《百家讲坛》当时很热，听众过亿，故影响甚大，之后翁思再又将演讲稿整理为《非常梅兰芳》一书，于2009年由中华书局出版在国内外发行5万册，受众面也更为广泛。

2011年，笔者也曾以《梅兰芳曾祖之谜》、《还历史本来面目——关于梅兰芳若干史实的重新考证》为题，撰写过考证梅兰芳祖籍及其曾祖的论文在报刊发表（香港《华夏纪实》2011年总第35、26期连载，大陆《艺术界》2011年连载）。2012年，中国戏剧出版社专门约请笔者对连载的文章进行修改、补充，形成学术专著《梅兰芳艺事新考》于当年9月首版、次年3月再版（由于当时占有资料不够充分，在对梅兰芳曾祖考证时，未能揭示其籍贯，关于梅巧玲籍贯的结论也欠准确，谨在此向读者致歉）。2013年12月，日本早稻田大学邀请笔者出席一个国际学术研讨会，笔者在会上发表了梅兰芳祖籍的研究结果，引起了与会的世界各国梅兰芳研究专家的极大兴趣。

2011年，中央编译出版社在其出版的《中国京剧艺术百科全书》中对梅巧玲籍贯的介绍，完全按照周明泰的"原籍苏州"说法进行介绍，作为由国家权威艺术研究机构中国艺术研究院主要领导任主编、由国家资助出版的规模宏大的工具书，这一举措多少具有一些拨乱反正的意义。

从上面这些事例可以看出，越来越多的人已经意识到只有还历史本来的面目，才是对历史文化名人真正的尊重。

作为梅兰芳本人以及他的后人，认祖归宗乃是非常重大的事情，而认错了祖

---

① 谭帆：《优伶》，百家出版社2002年版，第115页。

"梅园"里的梅兰芳纪念馆与梅兰芳雕像

宗同样也是非常重大的事情。笔者相信，假如梅兰芳仍健在的话，以他的识见和修养，若发现在这么大的事情上有误，他肯定会根据事实予以更正的。遗憾的是，依靠梅兰芳亲自纠正已经不可能了，此事只能由其子孙来解决。笔者也相信，梅家后人会有勇气和智慧妥善解决好这个问题的。而自1956年梅兰芳到泰州访问演出后，泰州为宣传、弘扬梅兰芳的艺术精神曾做了大量富有成效的工作，受到中央领导和文化艺术界的交口称赞，两任中共中央总书记、国家主席江泽民、胡锦涛都曾经到泰州梅兰芳公园参观、视察，江泽民总书记去过两次，并在梅兰芳史料馆（现改名为纪念馆）题词"弘扬民族优秀文化，振兴京剧艺术"。泰州与梅兰芳确实有着十分密切的关系。作为梅巧玲母亲曹氏之家乡，梅巧玲及其子孙身上也流淌着泰州人的血统，而且梅巧玲曾寄籍泰州，梅兰芳也曾去过泰州访问演出，泰州也有充分的理由纪念梅巧玲、纪念梅兰芳，泰州市政府投巨资修建的梅

壹　梅兰芳祖籍与曾祖考

"梅园"里的梅兰芳纪念亭　　"梅园"里的仿古戏台　本组照片由吴开英摄于2011年11月

兰芳公园、梅兰芳纪念馆和梅亭，仍是人们缅怀梅兰芳大师最好的去处。虽然有很多人，尤其是梅家后人和泰州民众不愿意接受泰州不是梅兰芳的祖籍地、梅天才不是梅兰芳的曾祖父的考证结果，然而事实毕竟不以人的意志为转移，即便现在无人进行查证工作，以后终究也会有人去厘清的。正因为如此，无论是泰州人民，还是梅家后人，抑或是热爱梅派艺术的广大读者，笔者认为对此事都应以平常之心对待。从另一种意义上讲，梅兰芳已经属于整个人民共和国，已经属于整个中华民族，所以无论他的祖籍在哪儿，他都是我们国家和民族的骄傲。

贰　梅兰芳成名时间考

梅兰芳是我国唯一一位世界级戏剧大师，也是国内外罕见的自成名至辞世多年后仍为人们津津乐道的传奇式人物。梅兰芳自他成名的那一年起，就以他美丽的扮相、精湛的技艺在国人心中竖起了一座不朽的艺术丰碑。因此，查考梅兰芳成名的时间，寻觅梅兰芳创立"梅派"艺术的轨迹，这对于深入研究梅兰芳，探究民国早期京剧艺术何以能够兴盛，都是很有意义的。

梅兰芳究竟是哪一年成名的呢？至今尚无一致的说法，有说1913年，有说1914年，也有说1927年，而影响比较大的说法，则是徐城北先生所说的"民国十年"（1921）。之所以讲徐说影响较大，是因为徐所写《梅兰芳与二十世纪》自1989年起曾分别在大陆和台湾出版并先后重印4次，后又改名《梅兰芳艺术谭》于2006年由江苏教育出版社出"点校版"。在徐写的这本书中，第一章第一节就用梅兰芳"成名于'小年'"①做标题，开宗明义论述梅兰芳成名的时间。

> 有一种误解，认为"四大名旦"是在1927年因北京《顺天时报》的评选产生而同时成名。事实上，是梅兰芳率先成名，其次才是尚小云、程砚秋和荀慧生。我向梨园界的老人了解梅成名的具体时间，他们先是困惑地想了许久，然后又不约而同地答曰："民国十年。"②

这段文字讲了三层意思：一是否认梅兰芳成名于1927年《顺天时报》组织的"四大名旦"评选活动；二是认为梅兰芳成名比另三位名旦尚、程、荀要早；三是认定梅兰芳成名于民国十年。对徐先生所说的前两点，笔者完全同意，但其第三点则不敢苟同。

徐城北先生所访问的梨园界老人有哪些？年龄都有多大？他们认定梅兰芳成名于民国十年的依据是什么？这些徐城北先生在书中没有具体说明，书中只有两

---

① 作者这里的"小年"，系指1921年。"这年在京剧发展史上，又偏属'结果儿'不多的'小年'。"参见徐城北《梅兰芳艺术谭》，江苏教育出版社2006年版，第5页。
② 徐城北：《梅兰芳艺术谭》，江苏教育出版社2006年版，第5页。

贰　梅兰芳成名时间考

《梅兰芳艺术谭》书影

梅兰芳与启蒙老师吴菱仙合影

句话似乎可以将其理解为梅兰芳成名于民国十年的根据：一句是梅于这一年与著名老生王凤卿共组"崇林社"和"并挂头牌"；一句是自1921年之后，梅把各种门类的"技"都置于严格意义的"戏"的统率之下。①

一个演员的成名乃是一个演员成功的标志。圈内人常说"十年辛苦无人问，一举成名天下知"，讲的就是这个道理。但艺人的成名又属于没有具体、统一的衡量标准的社会评价，故对某演员成名时间、名望大小的认定也自然存在着仁者见仁、智者见智的现象。因此，对历史上某一演员是否成名、名望如何，必须要全面、综合地进行品评，方可作出较为符合客观情形的判断。民国早年是京剧艺术发展的一个兴盛时期，名角多，流派多，票友多，学习戏曲的艺人也多。当时，条件较好的演员出名并非难事，一些偶然因素诸如某一出戏切合观众口味、广告和宣传工作做得好、有权有势有闲的"豪客"和剧评家的捧场，等等，都可以使演员一

---

① 徐城北：《梅兰芳艺术谭》，江苏教育出版社2006年版，第32页。

梅兰芳的老师［左起：陈德霖（青衣戏）、王瑶卿（花衫戏）、秦稚芳（花旦戏）、路三宝（刀马旦）、茹莱卿（武工）、乔惠兰（昆曲）］

炮走红，一举成名。不过必须指出，那种依靠偶然因素出名的演员，倘若没有真本事、真玩意，或出名后墨守成规不思上进，则其声名毕竟不能保持长久，最终仍会被无情地淘汰出局。故而演员的成名与演员成名后要继续保持其名誉、保持其艺术生命力相比，后者更难。一个演员要真正的成名，从根本上讲是必须要有扎实的基本功、高超的技艺、与众不同的绝活和常有新意的拿手戏。因此，衡量一个演员是否"成名"，有几个基本条件是必须要同时具备的：一是该演员要具有成为大家的基本素质、良好的条件和扎实的基本功；二是要有一定数量的拿手戏特别是独创的新剧，要有观众认同的独特表演风格；三是观众认知度高，在崭露头角之后至少连续几年以上其叫座力、影响力、知名度均保持上升趋势。

衡量的条件还可再列出一些，但以上这几项是比较重要的，以此作为参照去看一个演员是否成名，就有了一个相对比较公允的评价尺度。

我们不妨用这些条件来观照一下民国十年前和民国十年时的梅兰芳，并以上面所设的三个基本条件作一基本评估。

民国十年，即公元1921年，这一年梅兰芳27岁。

27岁前的梅兰芳，从他出生到成名，其艺事各阶段如下：

生于梨园世家的梅兰芳，其祖父梅巧玲为清末著名旦脚演员，系"同光十三

绝"之一("同光十三绝"是指同治、光绪年间十三位著名京剧演员),其父亲梅竹芬也是旦脚演员,母亲杨长玉是著名武生杨隆寿之女,伯父梅雨田为著名琴师。梅6岁学戏,11岁登台演出,14岁时在搭喜连成班演出期间,一面继续就教于吴菱仙,一面又向名旦秦稚芬和丑角胡二庚学花旦戏,并刻苦学习昆曲,练武功和跷工,使其从小就具有扎实的基本功、宽广的戏路和多方面出众的才华,诚如专家评价:"京剧到了梅兰芳手里,可说是天与人归,他的祖父伯父都替他做了准备工作,他集三世之大成,再加上一己的天赋,年方弱冠,他便成了举世瞩目的红星了。"① 这些与上面所列的第一个条件完全相符而且较之更出色。

1913年10月,梅兰芳随著名老生王凤卿首次赴上海演出,王为头牌(领衔),梅为二牌,并主演大轴戏《穆柯寨》压台。这次演出非常成功,当时印行的上海《申报》将梅誉为"貌如子都,声如鹤唳","南北第一著名青衣兼花旦"。

1914年秋,梅兰芳第二次赴沪演出,上座经久不衰,还吸引了不少日、美、英等国的观众。两次赴沪演出的成功,使梅兰芳深受鼓舞,从1915年4月至1916年9月,又新排演了11出戏,其中有时装戏《宦海潮》、《邓霞姑》、《一缕麻》;古

---

① 唐德刚:《梅兰芳传稿》,载台北《梨园杂志》第8期,1981年6月15日。

梅兰芳在《穆柯寨》中饰穆桂英（1913年）

装新戏《牢狱鸳鸯》、《嫦娥奔月》、《黛玉葬花》、《千金一笑》；昆曲传统戏《思凡》、《春香闹学》、《佳期拷红》、《风筝误》的《惊丑》、《前亲》、《逼婚》、《后亲》。1916年10月第三次赴上海演出，又再次引起轰动，并被剧评家誉为"开辟剧界新局面之以旦脚为中坚之新局面"①的人物。是年12月31日，日本著名剧作家、诗人木下杢太郎来华，慕其名专门前往观看梅戏并现场绘制梅扮演苏三的舞台形象。②

1917年初，梅兰芳兼搭春合社，再度与谭鑫培合作演出。夏，第三次搭双庆社，排演吹腔老戏《奇双会》并大获成功。12月1日，古装新戏《天女散花》在吉祥园首演，梅兰芳大胆将舞动绸带的舞蹈身段引入京剧，这一创举轰动京城，风靡南北，之后群起而仿效。日本大财阀大仓喜八郎正是看了《天女散花》后决定邀请梅兰芳1919年赴日演出。

1918年，推出《童女斩蛇》、《游园惊梦》、《狮吼记》、《天河配》、《藏丹》、《瑶台》等一批新戏。6月20日，日本著名新闻记者、剧作家福地信世在北京东安市场吉祥园观看梅戏《玉堂春》并绘制梅兰芳扮戏像，同时向日本国内发稿介绍梅兰芳。是年被推为"剧界大王"。

1919年，梅兰芳年初在喜群社担任头牌，新春在总统府演出堂会戏。4月至5月应邀赴日本演出，成为将京剧艺术推向国外的第一人，当时日本剧评家在1919年5月3日的《国民新闻》上发表文章评价梅兰芳的演技为"举世无双"。日本画家、雕塑家纷纷为梅画像和塑像，著名雕塑家朝仓文夫当时创作的两尊雕像，一尊赠梅（现存北京梅兰芳纪念馆），一尊自存（现存日本朝仓文夫雕塑馆），这两尊雕像已成为近代中日艺术交流的见证和两国艺术家友谊的象征。梅兰芳赴日演出后，日本戏剧界还移植《天女散花》一剧，并将该剧的舞蹈称之为"梅舞"。访日归来，梅兰芳又集中排演新戏《木兰从军》、《贞娥刺虎》、《西施》、《洛神》、《红线盗盒》、《花报》、《瑶台》、《凤还巢》、《廉锦枫》、《太真外传》一至四本。农历

---

① 《梅兰芳》，梅社印行，1918年版，第34页。
② 参见《梅兰芳京剧团》，日中艺协株式会社发行，1999年。

1919年底（公历1920年初）赴汉口演出，演出结束时应清末状元、近代实业家张謇邀请赴江苏南通演出。服膺于梅兰芳的声望，"万人之中第一人"的张謇办了四件事①：一是为迎送梅兰芳专门在南通城外建了一座"候亭"；二是为纪念梅兰芳与南方著名演员欧阳予倩在南通同台演出，特将梅演出的更俗剧场门厅二楼辟为"梅欧阁"，同时撰书嵌名联"南派北派会通处，宛陵庐陵今古人"，悬挂于"梅欧阁"匾额两侧，该联借用宋代大诗人梅尧臣（号宛陵）和欧阳修（号庐陵）的籍贯，暗切当时剧界名望最高的"北梅南欧"两位演员的姓，此联至今仍为文艺界传诵；三是为方便梅兰芳常来演出及晚年居住，张謇在梅演出后亲自选址建造一幢占地10余亩的别墅（后因张謇生病而停工）；四是印行梅兰芳演出专号，并将他和梅兰芳以及当地名流观梅戏的诗词唱和之作辑为《梅欧阁诗录》。这些举措一时传为佳话，影响很大。是年，梅兰芳第四次赴上海演出并应上海商务印书馆之邀拍摄《春香闹学》、《天女散花》戏曲影片；这一年还参加蔡元培、李石曾、吴敬恒在京创办中法大学、北京梨园公益总会十六省水灾急赈等义务戏演出；此外还参加怀仁堂、塔王府、安徽会馆、江西会馆、织云公所、东三省欢迎会、张勋特邀演出（在天津英租界耀华里）等十几次大型堂会。这一年3月，梅兰芳编演的新剧目是歌舞戏《上元夫人》。首演后，《大光报》从声调、容貌和技艺三方面评论说："其声色艺之佳可称三绝。"11月21日，在北京新明大剧院演出《杜丽娘》，日本福地信世再次观看梅戏并绘制《杜丽娘》（现藏日本早稻田大学演剧博物馆，图见本书附录七插图）。以上梅兰芳所取得的艺术成就，很明显已大大超过了以上所拟衡量演员成名的第二、三项条件。

由此可以清楚地看出，1921年时的梅兰芳显然不能说是"成名"，而是已经跻身于京剧大家之行列，其时他的声望，若用"如日中天，红得发紫"八个字来形容也一点不为过。

《中国大百科全书·戏曲曲艺》关于梅兰芳的评述，其说法是目前公认的比较公允的说法。承担梅兰芳条目撰写的是梅兰芳生前的挚友、我国著名戏剧家马少

---

① 此系笔者根据史料记载所概括，可参阅本书附录七插图。

张謇与梅兰芳、欧阳予倩等在南通博物苑合影
[左起：薛秉初、张孝若（张謇之子）、欧阳予倩、张謇、齐如山、梅兰芳、姜妙香、姚玉芙]

波。马少波经过深入研究，将梅兰芳一生艺术活动分为早期、中期、晚期三个发展阶段："从他从事舞台活动开始，到1915年前后，是他艺术活动的早期。这一时期是以继承传统为主，演出的剧目多为传统唱功戏，如《祭江》、《二进宫》、《三娘教子》等。""自1915年起至抗日战争前夕，是他艺术活动的中期，这一时期他创造精力最为旺盛。""从抗日战争结束恢复舞台生活起，直至逝世，是梅兰芳艺术活动的晚期。"①马少波这样的区分，脉络清楚，也比较符合实际，他明确将1916年后梅兰芳的艺术活动，划入梅兰芳创造"梅派"艺术并成长为一代大师的时期。可见将早在1916年已与"伶界大王"谭鑫培和京剧大师杨小楼鼎足三分的梅兰芳，说成至5年之后的1921年才"成名"，此说实难于令人信服。

---

① 《中国大百科全书·戏曲曲艺》，中国大百科全书出版社1983年版，第244～246页。

梅兰芳、路三宝合演《金山寺》 路三宝（1877—1918）系清末民初著名花旦演员，也是梅兰芳学习刀马旦的老师，梅兰芳的经典之作《贵妃醉酒》也为路所亲授。此照拍摄于1915年，为梅路早年极少的合影，又系原版照片，故十分珍贵。（吴开英藏）

那么可不可以参照马少波确定的梅兰芳早期艺术活动时间的下限来作出梅成名于1915年的结论呢？不可。原因是考证梅成名时间与对梅一生的艺术活动进行评述，虽然都要涉及梅早期的艺术活动，但毕竟其着眼点不一样，具体情况需要做具体分析。以马少波划分的梅兰芳早期艺术活动时间的下限1915年为例，诚如马少波自己所说，这一阶段梅"还不曾有自己的独特创造"[①]。换言之，梅早期艺术活动阶段的最后一年，并不等于是梅成名的一年，而且事实也确实如此。1915年的梅兰芳，距离他初出茅庐的第一次赴上海演出才一年多，但对照衡量演

---

① 《中国大百科全书·戏曲曲艺》，中国大百科全书出版社1983年版，第244~246页。

员成名的基本标准,此时的梅兰芳只能说已崭露头角但距成名仍有一定的差距。

根据梅兰芳纪念馆和中国艺术研究院戏曲研究所所藏有关梅兰芳早期艺术活动历史资料分析,梅兰芳成名的时间,当是民国五六年间,即1916年、1917年间。主要依据是:

其一,1916年、1917年间,梅兰芳已经显现出成为京剧大家的端倪。

民国七年五月,梅社编辑一本《梅兰芳》,书中收集了大量民国五六年间有代表性的关于梅兰芳的评论,其中有一署名"谷"的评论文章《梅兰芳与谭叫天之比较》(谭叫天即谭鑫培——笔者注),其中有这样一段话:

> 梅郎(旧时文人习惯用郎称呼艺人——笔者注)者剧中之能品也,能品中之第一人也;而叫天则剧家之神品,出神入化,不可思议,故神品,当居第一,而能品次之。
>
> 叫天随意唱来,天然合拍,似勒劣马于绝壁危崖之上,挨巨舵于恶风怒飔之中,神色泰然,如毫不经意者,不知此种本领,实出于千锤百炼之功,此叫天之所以终为神品也。
>
> 梅畹华(梅兰芳,字畹华——笔者注)唱功既极委婉纤徐之致,做工又极募绘熨贴之能,其唱工之佳或者尚有人可以企及,而做工则无人能及也。大抵畹华制胜之处色艺而外,尤在神理,其神理之微妙真至无可形容之地。唱白所不能达者助之以手势身段,手势身段不能达者,助之以态度,直如扁鹊之针灸,达于四肌通于脏腑,凡药力所不能至者,针灸之力无不能至,此梅郎之所以为能品也。①

将崭露头角不久的梅兰芳与已达炉火纯青境界的谭鑫培作比较进行品评,一

---

① 《梅兰芳》,梅社印行,1918年版第六章第15、16页。以"神品"、"能品"对艺术家评定等第,系源于唐代张怀瓘,他在其所著《书断》中,将古今书家分为"神、妙、能"三品。至清代,包世臣撰《艺身双揖·国朝书品》,复将书家分为"神、妙、能、逸、佳"五品,并给各品予以界定:"平和简静,道丽天成,曰神品;酝酿无迹,横直相安,曰妙品;逐迹穷源,思力交至,曰能品;楚调自歌,不谬风雅,曰逸品;墨守迹象,雅有门庭,曰佳品。"

方面说明梅当时已经具有向大师挑战的实力和较高的知名度，另一方面也指出梅离"大师"尚有差距，故只能屈居"能品"。该评论家最后也申明，谭是生脚，梅是旦脚，"各有所长，又未可相提并论也"。不过，该评论着眼于演员的名望和影响力做客观比较，将梅定为"能品"，所评还是比较中肯的。近百年之后，恰恰是这段评论使后人知道了民国五六年间，梅在剧评家心目中的地位以及梅是怎样发愤努力追赶大师的。

其二，自1915年至1917年，梅兰芳不仅编演了大量的新剧，而且还独创了在古装歌舞戏里，将青衣、花旦、闺门旦、贴旦、刀马旦等几种表演有机地结合在一起的表演形式，且在表演、舞蹈、唱腔、念白、音乐、服装、化装等方面均有创新。梅兰芳回忆录《舞台生活四十年》，其中第三章就是他专门讲这一期间编演新戏情况的。他说："从民国四年的四月到民国五年的九月，我都搭在双庆社，一面排演了各种形式的新戏，一面又演出了好几出昆曲戏。可以说是我业务上一个最紧张的时期。"新戏有四类，"第一类仍旧是穿老戏服装的新戏，如《牢狱鸳鸯》；第二类是穿时装的新戏，如《宦海潮》、《邓霞姑》、《一缕麻》；第三类是我创制的古装新戏，如《嫦娥奔月》、《黛玉葬花》、《千金一笑》；第四类是昆曲，如《孽海记》的《思凡》、《牡丹亭》的《春香闹学》、《西厢记》的《佳期拷红》、《风筝误》的《惊丑》、《前亲》、《逼婚》、《后亲》"①。

梅社编辑的《梅兰芳》一书中，有一笔名叫"休莫老人"这样评论梅兰芳的新剧："奔月葬花夐乎尚矣，扮演之新奇、排当之雅密，一一形容，虽数十百言未之能尽，即斯二者品置第一流洵堪骈列，鸳霞二剧唱白烦重，不涉滑头潦草之习，偶拈宇宙锋数句，响遏行云，少许胜多许。""奔月葬花二曲融崑情于时剧，追舞态于古欢，信菊部之大观，为空前之绝技。"该评论家还根据梅的新剧，并结合梅已编演的传统戏，从容、步、腰、念白、发声、作工、笑、啼、态、袖、舞、唱等方面详加评述，颇为精当，兹录数则或可窥见当时剧评家观梅戏时审美感受之一斑。

---

① 梅兰芳：《舞台生活四十年》，中国戏剧出版社2006年版，第254页。

梅兰芳在时装戏《一缕麻》中
饰邓霞姑（1916年）

梅兰芳在古装戏《嫦娥奔月》
中饰嫦娥（1916年）

容：宝镜开奁，乘珠射彩。

化装之容，贵在因物赋物，不拘一格。畹华以静婉之姿具灵通之解比于水也。在盘则方，在盂则圆；又如雪遇园成璧，因方为珪，大抵庄严最上，调笑次之，哀戚又次之。

念白：水清石数，木落山高。

白有四，有正白，有京白，有昆曲之白，莫不字字清，色色到。

作工：针神度绣，塑匠模型。

余问同人，畹君作工美不胜书，可以一细字尽之乎？晦之曰：近之矣，未尽也。须佐以一雅字，更补一缓字，人之解道一肯字，而鲜留意其不肯者，朱砂痣，风筝误，却扇独坐，目不转瞬恭默移时体会微笑矣。

笑：花钿璀璨，环珮丁东。

梅兰芳演《晴雯撕扇》定妆照（1916年）

梅兰芳演《黛玉葬花》饰林黛玉（1916年）

　　有嫣然一笑，有辗然一笑，有干笑，有失笑，莫备于二本虹霓关，莫难于宇宙锋，新剧中亦复娇憨有致。

　　态：云破月来，天惊雨泣。

　　态之愉快者易工，愁苦者难合。雁门关头本之怒，二本之盼之怕，三本上殿之窘，回肠荡气，心战身摇，真化工也，皆实境也。汾河亦有之愉态之工，更难枚举。

　　舞：锦带当风，铢夜回雪。

　　唱：二黄刚健含阿娜，西皮端庄杂流利，二黄高紧见真实力量，近复造新腔，遂有化板为灵之乐。西皮以郑重出之，极缜密极春容。唱工大忌无音无字，畹君倜乎远矣，无虑乎此矣，乃其于难诵之字，字字咬真，难使之腔，曲曲放稳，湘波所谓好听者其在斯乎？畹华文武昆乱绳其祖，武已极五花八门之盛，究以唱工为正格，唱工淹古通今，又以青衣为中宫，青衣中尤以会审起解祭塔蒲关宇宙锋诸剧为至诣。昆曲忌呆唱，皮黄何独不然，抑惟畹华能之至。若祭塔之剧毫无工作，乃于音节中传其哀怨，紫云不得擅美于前矣。

　　昆曲：碧桃初放，新桐欲流。

　　昆曲以按腔合拍应弦赴节为能事，呆相低吟，无人过问。畹君探绝学于久湮之日，转益多师，日见其进。昨一老宗匠谓余曰：听思凡否？居然入彀矣！①

"休莫老人"的评论虽有一些溢美之词，但总体来看，所评言之有物，比喻形象，有很高的专业水准，真实地反映了当时剧评家对京剧的审美取向，也折射出了当时京剧赖于生存的社会文化环境，可谓鞭辟入里，言为心声。

　　其三，1916年、1917年间，梅兰芳的叫座力、影响力和知名度大有扶摇直上之势。

　　据《梅兰芳年谱》记载，1916年初，梅参加了俞振庭组织的春合社，开始与谭鑫培同台演出。这一时期，梅在艺术上已臻成熟，声誉与日俱增，营业戏演出大多排在大轴。

　　梅社编辑的《梅兰芳》，其中第四章专门以《梅兰芳之魔力》为题评述梅1916年、1917年间在国内外的影响。该章分"美日人之倾倒"、"剧界之新纪元"两节，"美日人之倾倒"一节有这样一段话：

　　梅兰芳之艺术，非但足以颠倒吾国人士，即日本报纸亦称道勿辍。自小幡参赞、大仓男爵先后揄扬之后，日本帝国剧场以梅郎艺术精熟又恰值少年时代，当能破浪浮海，拟聘梅东渡演剧以慰东瀛人士之渴望。……又某报载，纽约市中之梅刘一则，谓近有一美国人在中国照相馆购得梅兰芳奔月葬花戏装影二帧，戏装化影一帧及刘喜奎之戏装时装影各一帧，携至纽约由某照相馆印成发售，至今三

---

① 《梅兰芳》，梅社印行，1918年版，第16～23页。

月间已售去五千余张，凡上等之菜馆及旅馆，皆以二人之照像为装饰品，故价值颇钜，每张放大者需美金一元四五角云云。据此，则美国人对于梅兰芳之倾倒，亦可谓至矣。①

"剧界之新纪元"一节有这样的评述：

近日北京剧男之势力，显然以旦脚为中坚，双庆社无梅兰芳，竟无丝毫支持之能力，论者谓三十年前后，剧界变迁之最大痕迹，即须生与旦脚之消长而已。

夫老生一途久占梨园最高位置，自大老板以降，名伶辈出，戏园之台柱子，通例概以老生任之，此外之青衣、花衫、小生、黑头、老旦各角不过为其左右手，供其搭配而已。而何以自谭鑫培死后，梅兰芳应运而起，老生势力一落千丈，旦脚竟执剧界之牛耳，一若老谭为老生结局之英雄，而梅兰芳为开辟剧界新局面之骄儿者，盖梅兰芳以美丽之色，聪灵之姿翻陈出新，进取不息，乃演成今日剧界以旦脚为中坚之新局面，转使须眉丈夫低首于红粉青衣之下，此其力量之伟大，不谓为天纵之骄儿不可得也。②

这本专集的第十章《咏梅诗词》所收39首诗词，如樊樊山《天女散花曲为梅郎作》、易哭庵《和天琴老人天女散花曲》、罗瘿公《观梅兰芳天女散花》、石溪居士《祝梅兰芳当选剧界大王》、片石《贺梅兰芳当选剧界大王》、湘奴《剧界大王梅兰芳当选祝词》、太上馀生《赠剧界大王梅兰芳》、吴天放《赠梅兰芳》，等等，共39首（篇），均系当时诗词界名流之作，其中不少诗词全篇或部分为后人撰写梅的传记或研究文章时引用，如樊樊山、易哭庵、罗瘿公的作品，还有一些佳句则至今仍在传诵，诸如"有梅之淡，具兰之芳，用冠菊部，名实相当。佳话千古，伶史永光。""昆曲久绝，散同广陵，黄钟毁弃，瓦缶雷鸣。惟郎振之，雅乐以兴。

---

① 《梅兰芳》，梅社印行，1918年版，第28~29页。
② 《梅兰芳》，梅社印行，1918年版，第33~34页。

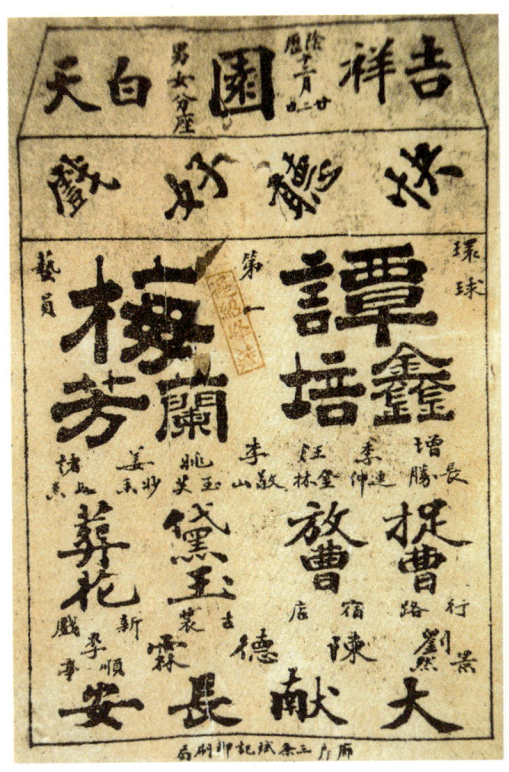

梅兰芳演《黛玉葬花》的戏单（1917年）

1917年12月，梅兰芳初演《天女散花》定妆照 此图刊于1919年日本汇文堂书店出版发行的《品梅记》一书，背景有月亮，系梅兰芳初演《天女散花》之布景及舞台造型。（原版书为吴开英藏）

移风易俗，剧界风行。"（忏红女士《梅郎当选谒胜欢忭谨赘数言以志庆祝》）"梅占百花魁首，兰为王者馨香。"（嵩嵒《西江月》）"梅占花魁应点额，兰为香祖合称王。"（忍仙《咏梅兰芳·七律》）此外，从现在所见民国早年的戏单看，1916年开始，各种戏单和报刊登载的演出广告，凡梅兰芳名字，其字号已明显比其他演员名字要大许多，格外醒目，各种商品如香烟、肥皂等等，也争相用"梅兰芳"的名字、形象为其做广告（附录七插图）。民国四五年距今已近百年，随着熟知梅兰芳的梨园界老人的离世和原始资料的散失，现在已很难全面描述百年之前观众和有关媒体、书刊对梅兰芳的评论，不过仅从所见的梅社所编的《梅兰芳》专集,已经可以感受到梅兰芳在当时的影响力。

1916年前后,梅兰芳叫座力、影响力和知名度扶摇直上还有两件事可以佐证:一是他演出的包银有大幅度提高,已与头牌演员几乎拿一样的包银。1916年冬,上海许少卿再次邀请王凤卿、梅兰芳南下演出,梅的包银已提高至与王不相上下。这次演出的剧场也有变化,由前两次的丹桂第一台改为有3000多座位的天蟾舞台,演出时间也比前两次长,从农历10月6日到11月24日共45天,上海观众对梅兰芳欢迎的程度比之前两次也明显提高,梅兰芳在上海的名气"如日中天",演出期间"每天座无虚席"。①梅兰芳在《舞台生活四十年》中回忆这次上海演出也说:"尤其是《嫦娥奔月》和《黛玉葬花》,这两出戏的叫座能力最大。……差不离天天满座,常常拉铁门,把个许老板高兴得心花怒放,笑口常开。"②也正是这一期间,梅兰芳用两千多两银子在芦草园买了两座四合院打通为一个共有30多间房的大宅院,又置备了专用的骡车和"跟包",这也标志着梅兰芳的物质生活水平也开始跨入"名角"行列。二是北京东安市场有"吉祥"、"丹桂"两个戏园子,梅常在吉祥园演出。1916年夏末,丹桂茶园以重金约请谭鑫培演出,吉祥园老板俞振庭恐谭演出影响他的生意,故在谭演出的四天里,专门安排梅兰芳在吉祥园演出,这无形中是让梅与谭打对台。可是梅兰芳并不知情,以为就是一次常规的演出。结果,梅的叫座能力大有盖过谭鑫培之势,一些研究者如传记作家李伶伶在其撰写的《梅兰芳全传》中,称这次打对台"'丹桂'被'吉祥'打了个落花流水"③。不过梅兰芳知道事情原委后非常自责,他在《舞台生活四十年》中讲到此事时反省说:"我不应该顺着俞振庭的意思来同他打对台,……我让谭老板在他艺术生活即将结束的时候,遇到这样的不愉快,无论如何是说不过去的。"然而从梅、谭这次无意中于同一时间在相邻的两个剧场演出上座情形来看,梅的崛起已经是不争

---

① 李伶伶:《梅兰芳全传》,中国青年出版社2002年版,第184、185页。
② 梅兰芳:《舞台生活四十年》,中国戏剧出版社2006年版,第367页。梅兰芳讲的拉铁门是指剧场的一种临时性安全措施,即某场演出若观众太多,为防止一拥而入影响秩序或挤伤、踩伤人,剧场临时将铁门拉上,以确保安全。
③ 李伶伶:《梅兰芳全传》,中国青年出版社2002年版,第181页。

的事实。也可以这么说,并非本文前面提到的徐城北先生所讲的"1921年之后",实际上是自1916年冬搭入桐馨社与杨小楼同挂头牌同台演出开始(比徐先生所讲自1921年与杨小楼并挂头牌足足早了4年),梅兰芳就已经把各种门类的"技"都置于严格意义的"戏"的统率之下了,并且已达"无技不惊人,无情不动人,无戏不服人"的境界,其声望也扶摇直上,故而在"伶界大王"谭鑫培1917年一去世,梅兰芳就毫无争议被推为新一代的"剧界大王"。

再回到前面针对"成名于'小年'"那段话而提出的三个小问题上来。徐城北先生所访问的剧界老人,按徐写作时间推算,大多应为梅成名后出生的,而且可能也都未读过类似梅社编辑的《梅兰芳》这样的书籍,故他们关于梅成名时间的说法,自然会带有较多的主观色彩和随意性,这一点徐城北先生也很清楚,他在书中就直言不讳地提出疑问:"梅兰芳在此年成名之说又缘何而来呢?……老人们或许是喜凑整数才说出'民国十年'的吧?"①但徐先生在"穷思几至力竭之后"也认可了这一说法,并据此去挖掘"促使梅成名的必然因素"②。(徐城北先生在1999年人民出版社出版的《京剧与中国文化》第一章第一节中对梅兰芳成名时间又表述为:"梅兰芳的成名大体在20世纪20年代,这是一个既约略又准确的时间。")由于对梅成名时间认定有误,故而徐城北先生的"挖掘"也就越挖越偏,可谓差之毫厘失之千里。此事也告诉我们,研究历史名人,对一些年代久远且又比较重要的史实,一定要做深入分析和细心考证,否则就可能会出现失误而误导读者、误导后人。

最后,想特别说明两点:第一,1916年、1917年间乃是一个跨年度的时间段,将梅兰芳成名的时间认定在这样的一个跨年度时间段上,这主要是根据梅兰芳一生的艺术活动的特点来考虑的。梅兰芳的成名与有的依靠某出戏或某种偶然因素一炮走红的演员绝然不同,梅自成名到被尊为"剧界大王",他的成功并非"飞跃"式的一夜成名,而是逐步累积、逐步提升的,在这一点上徐城北先生的分析倒是很中肯,他说梅的经验是从唱"开场"伊始一点一滴地积攒的,梅的戏码

---

①② 徐城北:《梅兰芳艺术谭》,江苏教育出版社2006年版,第5页。

梅兰芳演《天女散花》饰天女（1917年）
此为徐悲鸿1918年绘《天女散花图》参考照片

是一出一出地向后挪移的，梅是通过长时间不停顿的量变而一步一步的走向成功的。①第二，"成名"这一社会评价并无统一衡量标准，确认一个演员成名的时间，自然也会存在仁智互见的情形。笔者将梅兰芳成名的时间认定在1916年、1917年这样一个跨年度的时间段，只能说是有较为充分事实作依据、相对比较合理和为大多数人认同的时间。若衡量的标准稍有不同，将梅成名时间定在1916年或1917年，或者表述为1916年前后或1917年前后，都是可以的。但若认为梅兰芳在1914年以前，或到1921年乃至更往后的20年代以后才成名，则肯定与梅兰芳的成长经历、与历史事实不相符。

追溯梅兰芳成名的经历，寻觅梅派艺术创立的轨迹，我们可以清楚地看到，梅兰芳的成名乃是他艺术人生的重大转折点。正是他成名阶段编演的一系列时装戏、古装戏和红楼戏，奠定了他创立梅派艺术的坚实基础。流派纷呈是我国戏曲艺术生生不息的重要标志，梅派艺术的形成则是京剧艺术发展到一个历史高峰的重要标志。梅派艺术的创立不仅影响京剧艺术中的旦脚艺术，而且影响到老生、武生、小生诸多京剧行当和整个中国戏曲中各剧种的繁荣和发展，甚至还影响到世界剧坛。曾邀请梅兰芳去演出的日本、美国和前苏联等国家的剧评家，无不尊崇梅兰芳，前苏联艺术家、艺术理论家还将他的表演艺术称之为"梅兰芳表演体系"②。我国著名哲学家叶秀山先生曾这样讲过：梅派艺术是经典，是后人学习的楷模与典范，中国人民以有这样一种经典而自豪，以有梅兰芳这样一位艺术大师而感到幸福。③诚哉斯言！

---

① 徐城北：《梅兰芳艺术谭》，江苏教育出版社2006年版，第5页。
② 参见［苏联］拉尔斯·克莱贝尔格整理，李小蒸译：《强大的动力——1935年苏联艺术家讨论梅兰芳艺术记录》，载1992年第一期独联体《电影艺术》杂志。
③ 叶秀山：《论京剧艺术的古典精神》，载《梅韵麒风——梅兰芳周信芳百年诞辰纪念文集》，中国戏剧出版社1996年版，第74页。

叁 《天女散花》剧本作者考

20世纪20年代，梅兰芳（右十一）在北京无量大人胡同宅院接待外宾合影好友冯耿光（左七）、齐如山（左三）等陪同。

《天女散花》是梅兰芳早年编演的一出将歌舞引入京剧的新剧目。这出戏酝酿于1917年春，当年12月1日在北京吉祥园首演，从编写剧本到正式演出，筹备时间用了8个月。该剧一经演出就轰动京城，其后风靡一时，群起仿效。之后，梅兰芳又于1919年将该剧带到日本、1930年将该剧带到美国演出，均获得巨大成功。当时日本剧评家这样评价："精彩的音乐从幕后一传来就引起雷鸣般的欢呼喝彩声。大幕静穆地升起，扮演天女的梅被八个仙女簇拥着登台，又响起一阵震耳欲聋的掌声。"[1] "他扮演的天女踏上飘缈的云路时的舞姿，真是举世无双。"[2] 在日本演出后，日本戏剧界还移植此剧，并将该剧的舞蹈称之为"梅舞"。美国剧评家的评价也很高："梅先生运用他那具有素养的天赋，使整个其他戏剧

---

[1] 《东京日日新闻》1919年5月3日。
[2] 《国民新闻》1919年5月3日。

黯然失色。"①"他创造了一种流派或者一种传统,其中包括戏剧、服装、音乐、现实主义、风格、道白和歌唱等等因素在内。"②《天女散花》等一批脍炙人口的梅派剧目,使梅兰芳一下子成为美国知名度最高的人物,不仅被美国戏剧界誉为"最杰出的演员"③,洛杉矶波摩拿学院、南加利福尼亚大学还授予他文学博士荣誉学位。可见该剧在国内外备受观众喜爱,当之无愧成了梅派的经典剧目。

该剧题材取自佛教《维摩诘经》,故事情节比较简单,讲的是如来佛在莲花宝座讲经说法时,得知维摩居士在昆耶离大城现身有病,便命文殊师利率众菩萨及弟子前去问疾,并传旨天女前往散花,以验结习。天女遵旨乘风驭气携带花篮来到维摩室中,将花片撒在诸人身上,宣完佛旨,回转西方世界。此剧共6场,

---

① 《芝加哥每日论坛报》1930年4月,作者为盖尔·鲍顿。
② 《戏剧艺术月刊》1930年4月,作者为斯达克·杨。
③ 《纽约世界报》1930年2月17日,作者为罗伯特·里特尔。

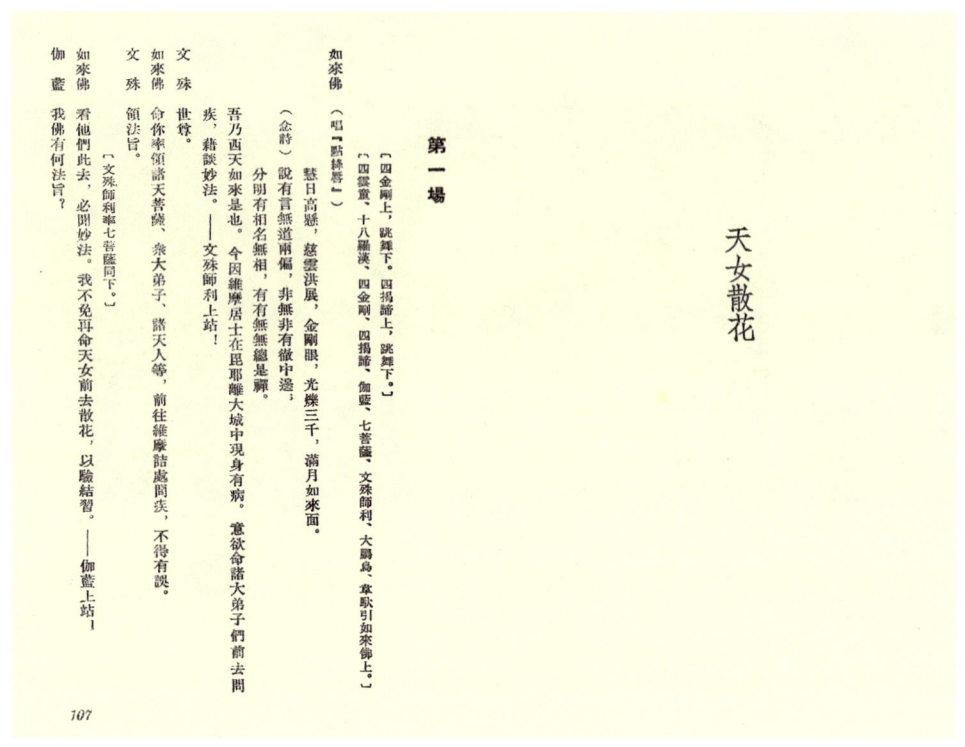

《天女散花》剧本书影

最后的"云路"、"散花"两场为全剧重点。

关于《天女散花》一剧的最初创意、编剧、填词、谱曲、排练、首演等方面,梅兰芳在他的回忆录《舞台生活四十年》第三集第二章中有比较详尽的记述。据他回忆,编演这出戏的起因,缘于他偶尔在朋友家中看到的一幅"散花图",他见画中的天女风带飘逸,体态轻灵,生动美妙,觉得"这样的题材很适宜于编一出歌舞剧",于是就将该画借回去进行研究,之后又请几位好友到他家中商议并着手该剧的创作。关于编剧的步骤,梅兰芳在第二集第三章曾专门讲过这样的内容:

> 我排新戏的步骤,向来先由几位爱好戏剧的外界朋友,随时留意把比较有点意义,可以编制剧本的材料,收集好了,再由一位担任起草,分场打提纲,

叁 《天女散花》剧本作者考

梅兰芳与朋友合影（左起：李释戡、黄秋岳、赵叔雍、梅兰芳、齐如山、罗复堪）

先大略的写了出来，然后大家再来共同探讨。……我们是用集体编制的方法来完成这一个试探性工作的。我们那时在一个新剧本起草以后，讨论的情形，倒有点像现在的座谈会，在座的都可以发表意见，而且常常会很不客气地激辩起来，有时还会争论得面红耳赤。可是他们没有丝毫成见，都是为了想要找出一个最后的真理来搞好这出新的剧本。经过这样几次的修改，应该加的也添上了，应该减的也勾掉了，这才算是我初次演出前的一个暂时的定本。演出以后，陆续还要修改。①

对《天女散花》一剧剧本的编写，梅兰芳说："编剧的步骤还同过去一样，先打提纲分场；只是关于经典部分的考据和修辞，是我和许多位朋友研究，经过一

---

① 梅兰芳述，许姬传记：《舞台生活四十年》，中国戏剧出版社1987年版，第514、515页。

梅兰芳1919年访日前与朋友合影（左起：齐如山、李斐叔、李释戡、梅兰芳、吴震修、许伯明、舒石父）

点一滴的细细推敲才完成的。""最末一场'散花'用了两段昆曲调子'赏花时'和'风吹荷叶煞'，是李释戡和王又默两位填的词。"关于唱腔，梅兰芳说，是他的表叔陈嘉梁制谱整理成工尺。"剧本编写好了以后，关于戏里面的人物形象，我们是参考许多木刻、石雕、雕塑和各种宗教的图画研究出来的。"①梅兰芳在回忆录中涉及《天女散花》一剧的情况的确讲了不少，但遗憾的是他没有明确地讲谁是《天女散花》剧本的主要执笔人。

1954年，中国戏剧家协会为纪念梅兰芳舞台生活50年，编辑了一本《梅兰芳演出剧本选集》并于当年出版发行。该选集《编者附记》说，所选包括《天女散花》在内的10个剧本"均经过梅兰芳细心的校订"。然而该剧剧本也没有注明

---

① 梅兰芳述，许姬传记：《舞台生活四十年》，中国戏剧出版社1987年版，第514、515页。

剧本的作者。

正因为梅兰芳自己没有讲该剧剧本的作者是谁，故对该剧剧本作者曾出现过多种说法。

一、罗瘿公编剧。2004年，为纪念梅兰芳诞辰110周年，由梅兰芳纪念馆组织、由参加梅兰芳纪念馆筹建的资深梅兰芳研究人员成喻言撰写的《梅兰芳画传》，在其记述《天女散花》一剧编演情况时说："此剧由罗瘿公编剧，名为《天女散花》。剧词多涉佛语，经梅兰芳与诸友人逐字推敲，以'云路'和'散花'两场为核心，以歌舞为主。""此剧一经演出，立即轰动四城，同时也使他演的古装新戏步入了一个新的境界。"①该书资料来源，一是以梅兰芳的回忆录作为依据；二是访问了梅兰芳的儿子梅葆玖先生和曾参与记录整理梅兰芳回忆录的资深梅兰芳研究专家朱家溍先生；三是从纪念馆收藏的梅兰芳家属捐赠的包括演出剧本在内的梅兰芳全部资料中进行查证。书稿完成后先由当时梅兰芳纪念馆负责人核对史实，最后由梅葆玖审阅认可并作序。当时的梅兰芳纪念馆负责人也写了序，称"成喻言先生从事梅兰芳大师研究已数十年，对梅兰芳先生及京剧表演艺术有着深入研究，……他以求真务实的态度将梅先生不朽的一生记录下来，向世人展示"。该书出版后，由梅兰芳纪念馆和国家邮政局合作发行的纪念邮票中，介绍《天女散花》一剧也称"罗瘿公编剧"。由于隶属文化部的梅兰芳纪念馆乃专业机构，这一写法又得到了梅葆玖的认可，故罗瘿公是《天女散花》剧本作者的说法在社会上影响比较大。罗瘿公（1880—1924），祖籍广东顺德，早年就读广雅学院，与梁启超、陈千秋同为康有为弟子，辛亥革命后，历任总统府秘书、国务院参议、顾问，集学者、诗人、剧作家、书法家于一身，著述甚丰，民国时期有"诗伯"之誉。罗1916年前曾参与为梅兰芳编戏，系梅党之重要成员，1917年后虽仍捧梅，但主要精力已转向程砚秋，专事为程编戏排戏，程能跻身于"四大名旦"，完全得力于罗的扶持之功。

二、齐如山等拟提纲，李释戡、王又默填词。《梅兰芳与二十世纪》一书的

---

① 成喻言：《梅兰芳画传》，团结出版社2004年版，第54页。

维摩演教图　此图描绘维摩向文殊师利及僧侣讲授大乘教义的情景，维摩侧面的天女正在撒花。南宋画家作品，现藏北京故宫博物院。梅兰芳代表作《天女散花》一剧即取材于此。

作者徐城北根据梅兰芳回忆录中谈到的"编剧的步骤还同过去一样，先打提纲分场"这一线索，又经查阅相关资料，用了一个新的说法："齐如山等拟提纲"。①徐城北原是中国京剧院编剧，后调中国艺术研究院从事戏剧研究，著有《梅兰芳与二十世纪》、《梅兰芳与二十一世纪》、《梅兰芳百年祭》、《梅兰芳艺术谭》、《京剧与中国文化》等专著，其梅兰芳研究成果以史料丰富、持论有据著称。徐的说法比较谨慎。齐如山（1875—1962），河北高阳人，出身书香门第，父亲是翁同龢学生。幼读经史，19岁进同文馆习德、法语，后游学西欧，考察西欧戏剧，辛亥革命后回国，在京师大学堂和北京女子文理学院任教授，著有《中国剧之组织》、《京剧之变迁》、《梅兰芳游美记》、《国剧艺术汇考》、《齐如山戏本》、《齐如山回忆录》等（均收入《齐如山文集》）。李释戡（1876—1961），名宣倜，又字太疏，号蔬畦，晚号苏堂，福建侯官人，清末毕业于福州英华书院，后赴日留学，归国后不久随郑孝胥进京入理藩院，驻节密云古北口，民国后回京，入将军府为将军，经寿子年和冯耿光介绍于1903年与梅兰芳认识，佐梅时间长达半个世纪之久。李著有《己丑重九诗录》、《苏堂诗拾》、《苏堂诗续》。钱钟书与李有交谊，

---

① 徐城北：《梅兰芳与二十世纪》，生活·读书·新知三联书店1990年版，第127页。

钱对李很敬重,对李诗也评价很高,与李诗词唱和、写信时自称为后学。①李释戡于民国时期的文坛、剧坛,乃是一位颇有影响的人物。

三、齐如山编剧。梁燕在《齐如山剧学研究》一书中罗列了齐如山为梅兰芳编写的26个剧目,其中就有《天女散花》一剧。在讲该剧创作背景时,作者这样写道:"19世纪末20世纪初,齐如山在欧洲'德、法、英、奥、比等国很看过些戏……彼时欧洲正风行神话戏',他觉得西方的神话剧'编的排的,都很高洁雅静',而'我们本国的戏,可以说是没有神话剧,有之则不过是妖魔鬼怪,间有讲一点情节的,则又婆婆妈妈,烟火气太重,毫无神话戏清高的意味'。所以回国后'想试着编编理想中的神话戏'。"②《齐如山剧学研究》是作者在其博士论文《齐如山剧学初探》基础上修改加工而成,也是大陆第一部专题研究齐如山的学术著作,戏剧专家郭汉城在其为该书撰写的序言中,评价该书持论客观,时有新见,在大量翔实史料基础上做了相当充分的讨论,最后推出结论。③该书依据齐如山的回忆录认定齐如山是《天女散花》编剧,其说法也颇引人关注。

四、李释戡编剧。《天女散花》首演获得成功后,好评如潮,很多文人墨客

---

① 刘铮:《诗是吾家事——钱钟书与李释戡书二通》,《万象》第7卷第十二期。
②③ 梁燕:《齐如山剧学研究》,学苑出版社2008年版,第214页,序一。

樊樊山赞《天女散花》诗文（1918年）

写诗填词在报刊发表赞美该剧。曾在编剧、填词等方面辅佐过梅兰芳的罗瘿公，也写了一首《观梅兰芳天女散花》长诗，在该诗中"是谁幻遣作天女，小李将军心力聚"句后自注："此剧为闽县李少将释戡制。"此诗收录在民国七年五月梅社印行的《梅兰芳》一书。虽然罗瘿公是参与过该剧本讨论的知情人，但由于该书出版较早，罗后来也转为专门辅助程砚秋并于1924年病故，故现在知道此说的人为数不多。

除了以上四种说法，20世纪二三十年代，还有一些不同的说法。为了便于讨论问题和了解本文开头引述梅兰芳所讲"关于经典部分的考据和修辞，是我和许多位朋友研究，经过一点一滴的细细推敲才完成的"提到的"许多朋友"，这里不妨将梅兰芳编演《天女散花》时都有哪些比较好的朋友也一并作一考查。

孙耀东在《浮世万象》一书中说，当时每个名角的周围都聚拢了一批文人名

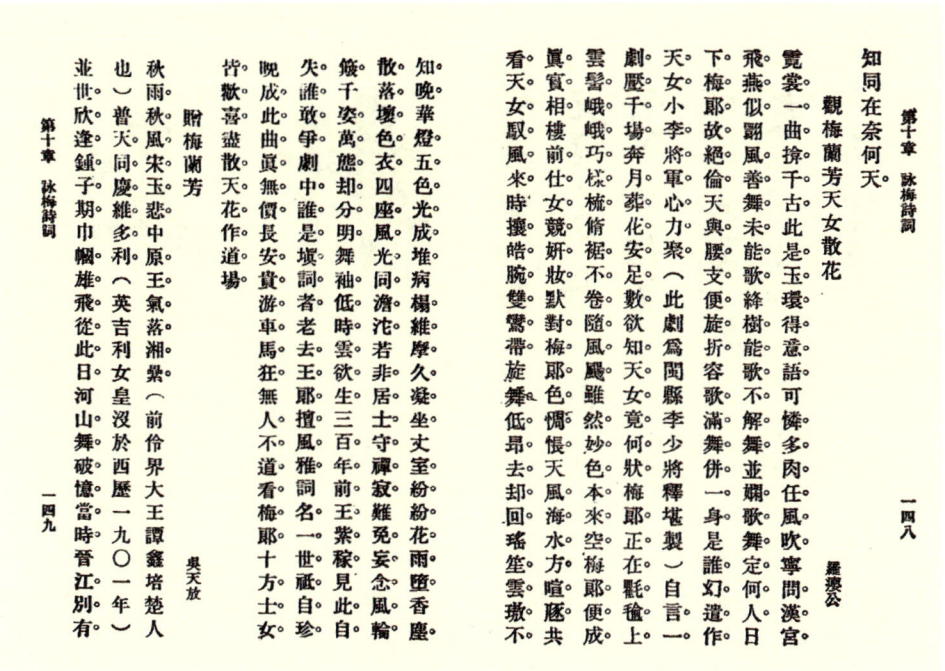

罗瘿公赞《天女散花》诗作（1918年）

士，为之编戏、改戏、出谋划策，那是个文人艺人相联合的大时代。当时围绕在梅兰芳身边的文人最多，这是因为梅家从祖父梅巧玲起就有结交文人的传统。其中冯耿光、吴震修、许伯明、李释戡、黄秋岳、叶公绰、魏铁山、汪楞伯、杨云史、李斐叔、罗瘿公、许姬传等早就与梅兰芳有交往，画家齐白石、陈半丁、汤定之、吴湖帆、吴昌硕、顾鹤逸等亦与之交情颇深。梅兰芳在他口述的《舞台生活四十年》中也说："我那时朝夕与共的有罗瘿公、李释戡等几位先生，他们都是旧学湛深的学人，对诗歌、词曲都有研究。""我跟冯（幼伟）先生认识得最早，在我十四岁那年就遇见了他，他是一个热情爽朗的人，尤其对我的帮助，是尽了最大的努力的。"20世纪30年代出版的《戏剧月刊》第5卷第5期署名"太史公"撰写的《梅程尚荀张李毛宋》一文记述："民国初梅畹华方露头角，实力捧场集团，有梅党之称，若冯幼伟、李释戡、黄秋岳、齐如山诸先生，皆为主力分子，

罗瘿公为梅兰芳题"缀玉轩"书斋名手迹　罗瘿公在"缀玉轩"三字后所题跋语，一是讲"缀玉"二字出处；二是讲此斋名系李释戡所起。"己未"为1919年。另据《张謇与梅兰芳》一书记载，1918年底，梅兰芳因装饰新居请张謇题书斋名，张写了两幅"缀玉轩"供梅选择，据此可知"缀玉轩"斋名最早启用于1918年年底。

聊公张先生（按：张豂子，原名张厚载）亦其中健将焉。或谓梅之成功，实梅党同仁之功，当无疑问。"孙曜东认为，在这帮文人当中最为不易的是黄秋岳，他不仅为梅兰芳参谋演戏，还为他办理文案。"在戏的方面，早期是以黄秋岳为主，黄出事之后才是齐如山。比如梅兰芳演出《霸王别姬》，黄秋岳把那段历史给他讲透了，虞姬的性格也就悟出来了，演起来才得心应手。只是后来黄秋岳在抗战初期因汉奸罪被处死刑，在后来由梅兰芳口述、许姬传整理的自传《舞台生活四十年》中，便完全避开黄秋岳三个字。""以人废言"也导致了真相的模糊。因此近日我们谈梅兰芳的幕后编剧，黄秋岳是不能不记上一笔的。①黄秋岳（1891—1937），名浚，号哲雄，室名"花随人圣庵"。福建侯官人。父亲为光绪朝翰林。黄秋岳年轻时以才名受知于梁启超，并与诗坛领袖樊增祥、陈三立、罗瘿公等人过从甚密，北洋政府时代先后在陆军部、交通部、财政部等处任秘书、参事、国务院参议，北洋军阀覆灭后，曾出任《京报》主笔。1930年前后，曾在《中央时事周报》连载笔记体文章，后成《花随人圣庵摭忆》一书。该书对晚清以降近百年诸多大事议论识见不凡，文笔优美，被誉为民国以来第一流著作。黄秋岳还工

---

① 蔡登山：《梅兰芳与孟小冬》，第九篇文章《梅兰芳的"戏口袋"之二——黄秋岳和李释戡》，时代出版传媒股份有限公司、黄山书社2008年版，第116、117页。

梅兰芳北京无量大人胡同寓所书房"缀玉轩" 梅兰芳于1921—1932年在此居住,书房悬挂的横匾为李释戡题写。

诗文、书法,有杜韩之骨干兼苏黄之诙诡,有《聆风簃诗集》行世。孙曜东在回忆录中说齐如山称其为黄老师,罗瘿公谓之后生可畏。1935年,黄秋岳得到国民政府主席林森引荐,出任行政院高级机要秘书。1937年7月,黄向日本提供军事情报。8月26日,被国民政府处死。陈寅恪、钱钟书都很敬佩其才学。1947年,陈寅恪偶读该书后题跋说:"秋岳坐汉奸罪死,世人皆曰可杀。然今日取其书观之,则援引广博,论断精确,近来谈清代掌故诸著作中,时称上品,未可以人废言也。"黄秋岳死后,其管家王妈就到梅兰芳家当管家,梅家钥匙都归她管,极为尽责。由此也可看出,梅黄关系的确非同一般。日本学者波多野乾一著、鹿原学人译、1926年由上海大报馆为总发行的在日本和中国都有较大影响的《京剧二百年历史》,里面也有许多关于梅兰芳好友的记述:"梅首次赴沪,其容颜虽

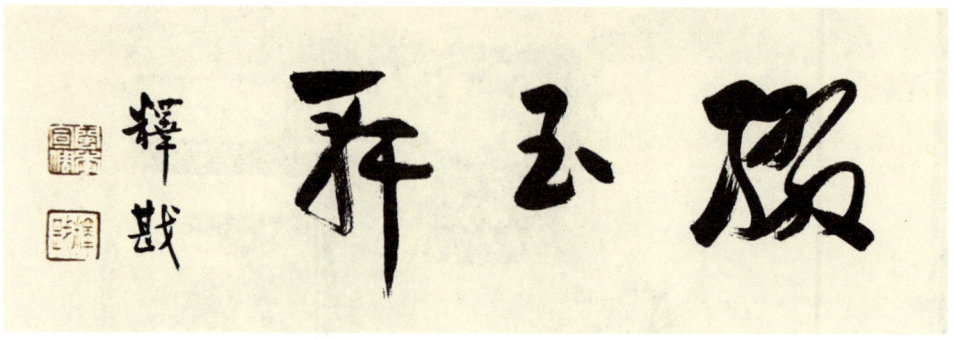

李释戡为梅兰芳题"缀玉轩"书斋名手迹

可以'闭月羞花,沉鱼落雁'形容女性美者形容之,然其艺术不能以纯粹之青衣,即谓为可集大成,于是后援者冯耿光(幼伟)、李释戡、齐如山、张豂子、许伯明、舒石父、文公达、吴震修、胡伯平、赵叔雍诸人(按:时人有称为梅党者),组织'兰芳后援会',名为缀玉轩,专心致志于指导之任,此团体今日犹依然存在者也。""李释戡近著《梅兰芳小传》以'民国二三年间,艺乃大进,色亦愈艳,容光焕发,俯仰如神'形容之。梅独步京剧界,缀玉轩早已虑及将来,谓以独立之角色,趋重于青衣一隅者,非其所利,不若远法紫云,近取瑶卿艺术,合一炉而治之,翻出一种新花样,造出一种新局面。据此,为梅编出多种剧本,如《嫦娥奔月》、《黛玉葬花》、《天女散花》等古装歌舞剧,从而划出一新时代。以上诸剧,成于缀玉轩中坚分子李释戡、齐如山、吴震修诸氏之手。"①缀玉轩乃梅兰芳的书斋名,其斋名是李释戡给起的,取其博采众家之长熔于一炉之意。有学者说:"缀玉轩,即梅大王的军机处。李释戡在缀玉轩中的地位,如说是军机处,则李便是头班;如说是参赞密议,则李便是梅兰芳的文案班头幕僚长。"②另,20世纪30年代的《半月戏剧》上有署名"禅翁"者撰写了《谈梅兰芳之八大名剧》一

---

① 《京剧二百年历史》第218、220、221页。该书由波多野乾一著,鹿原学人译,民国十五年(1926)九月一日初版,民国十五年十月二十日再版,上海大报馆、北京顺天时报馆和东方时报馆总发行。

② 蔡登山:《梅兰芳与孟小冬》,第九篇文章《梅兰芳的"戏口袋"之二——黄秋岳和李释戡》,时代出版传媒股份有限公司、黄山书社2008年版,第123页。

叁 《天女散花》剧本作者考

梅兰芳1945年绘制的《天女散花图》,右上角系著名画家吴湖帆的题字,内容为《天女散花》一剧中的唱词。

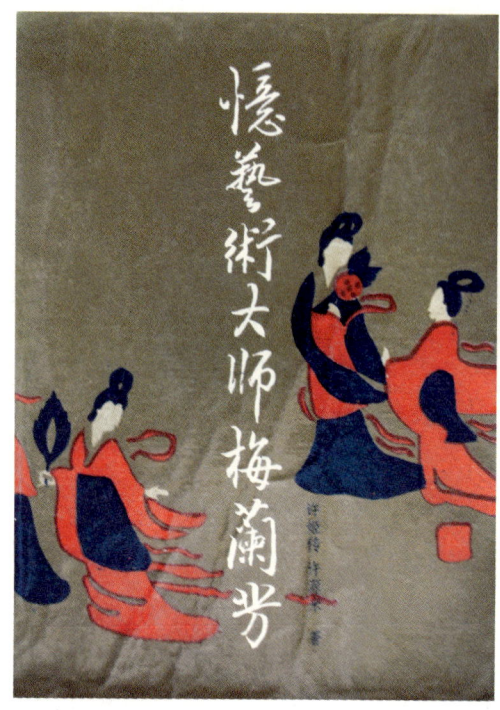
许姬传、许源来著《忆艺术大师梅兰芳》封面

梅兰芳演戏及绘画曾参考过的清代画家费丹旭所画的《天女散花》(载《费晓楼仕女画谱》)

文,文中说:"晚近名角,竟以编排新剧相号召,肇其端者梅畹华也。畹华新剧,其取材选曲、谱词填句,咸出李释戡、齐如山诸名士之手,每一剧出,南北菊部,为之轰动。""兰芳之师,有乔蕙兰、陈德霖十余人,友有李释戡、齐如山、黄秋岳等数十人,或为编戏,或为顾问,或为宣传,或为交际,每一剧编成,对于穿插场子、配置行头、斟酌词句、安排腔调,必群策群力,集思广益,务求善美。兰芳亦从善如流,力求进步,故其成绩如彼。盖唱戏亦如创业之难,非有良师友从而提携,多士从而运筹,不能成功。"①

以上引述的都是梅兰芳《天女散花》演出后报刊上所发表文章的内容,这些文字既涉及梅兰芳当时要好朋友的姓名、分工和相互配合情况,还涉及梅兰芳演

---

① 翁思再主编:《京剧丛谈百年录》,河北教育出版社1999年版,第445页。

出剧本创作的一些细节，而且这些记述，也真实地反映了那个年代的社会文化氛围和艺人与文人交往的情形，对了解《天女散花》剧本创作乃至梅派艺术的创立，都具有很高的参考价值。不过，若将民国期间有人说到参与为梅兰芳编剧的黄秋岳、吴震修算上，再加上前面所讲的罗瘿公、齐如山、李释戡、王又默、梅兰芳等人，那么涉及《天女散花》剧本作者已达7人之多。

在查找资料寻早答案时，无意中又发现了一种说法，这就是自1933年起担任梅兰芳秘书并协助梅兰芳记录整理回忆录的许姬传先生的另外一种说法。许姬传、许源来先生在梅兰芳去世后，曾写过一本《忆艺术大师梅兰芳》的书，书中有一篇题为《梅兰芳表演体系的形成和影响——缀玉轩诸老和梅兰芳》的文章，作者在"创作剧目一览表"一节列出新编的22个剧目后讲："这些戏的创作程序，由缀玉轩诸老想题材，得到梅先生同意，由齐如山写出初稿，集体修改。……李释戡始终是修改剧本的积极分子。由于李先生出版精装本《天女散花》而引起了齐如山先生的不满，梅先生煞费苦心地从中调解斡旋，……"①这段话除了进一步佐证了梅兰芳新编剧目大多由齐如山先写出初稿，然后集体修改定稿史实外，还披露了很重要的两点：其一、在缀玉轩讨论修改剧本时，李释戡始终是修改剧本的积极分子，或者说，在剧本修改加工阶段，李释戡扮演了主要的角色。其二、正因为李释戡觉得他自己为该剧付出较多，而该剧上演后又大受欢迎且有许多观众和爱好者需要剧本，同时也为了更好地宣传梅兰芳，所以李先生专门出版了精装本《天女散花》剧本。因为李先生所出版的精装本《天女散花》剧本现在无法查寻，对剧本作者的署名情况故也不得而知，不过有一点可以肯定，李先生当时出版的《天女散花》剧本若署有作者的名字，一定不会只署齐如山一人，要是只署了齐如山一人的名字，也自然不会"引起齐如山的不满"了。而且他们为此事闹得很僵，若不是梅兰芳"煞费苦心地从中调解斡旋"，其后果

---

① 许姬传、许源来：《忆艺术大师梅兰芳》，中国戏剧出版社1986年版，第15、16页。

恐怕不堪设想，或分道扬镳，或严重不和互相拆台，这都很有可能的，但无论是那一种结果，都会对梅兰芳的演艺事业带来严重的影响。好在梅兰芳及时化解，因此在1932年梅兰芳迁居上海之前都一直友好共事。至于李释戡是哪一年出版精装本《天女散花》剧本，根据李释戡1923年为宣传梅兰芳而撰写《梅兰芳小传》的目的、内容分析，《天女散花》剧本精装本的出版，当是他整体宣传梅兰芳的一个部分，时间上估计不会晚于他为梅写小传的1923年，或者该小传就是专为出版《天女散花》剧本所撰写。现在来看，早期对梅兰芳的宣传，李释戡采用出版《天女散花》剧本精装单行本和撰写、发表《梅兰芳小传》等方式对梅兰芳做全方位的推介，这些举措确实高人一筹。小传中有这样一段，颇能体现李释戡的文笔：

> 兰芳天资敏慧，夙承家学，七八龄学曲，十一登场，雅合青衣节奏。幼白皙美丰姿，稍长，色艺与年俱进，宣统末，誉者已甚众。民国二三年间，艺乃大进，色亦愈艳，容光焕发，俯仰如神，盖异禀也。十年以来，每叹中国乐律沦亡而古舞尤失传，乃与二三同好别制古装新曲，如《天女散花》之袖舞，虞姬之剑舞，西施之羽舞，皆得独抒新得，融化中外，古今舞态，自成一家。时出新声，能令顾曲家荡气回肠而不能自己。歌舞合一，有复古之功，群以梅派尊之。往岁游日本，彼都士女，空巷争看，名公巨卿，每有投缟赠纻之雅，名俊竞效，其舞态谓之"梅舞"。伶官东渡，此其嚆矢。将赴日本，有缀玉轩话别图，中多名作，过沪复有香南雅集图，一时名流题咏殆遍，故石遗赠诗有一世名流，总附君之句。后往香港，欧美人士，倾倒备至，海滨临送者，盖数万人。各西字报极意揄扬，美使曾于总统饯别席次，谓兰芳倘能至美一游，以其绝艺表示中国文化，必能使美人增进爱慕中国之心，明年英伦赛会，预以重币来聘赴英演剧，声名洋溢，匪倖致也。①

---

① 李释戡：《梅兰芳小传》，民国十五年（1926）由庄铸九、杨右辛、赵君豪、潘毅华编纂，吟梅社印行。

叁 《天女散花》剧本作者考

易顺鼎赞梅兰芳诗作《一笑万古春》手迹

从这些言简意赅的文字中确实可以感受到李释戡对梅兰芳了解之深，关爱之切，李梅之深情厚谊由此可见一斑。

从上述引证来看，有一点已非常清楚，即齐如山、李释戡确定无疑是《天女散花》剧本创作的重要参与者。那么齐如山他自己对此事是怎么说的呢？

查《齐如山回忆录》，其中第六章是专写编戏的。在这一章中，他开列的为梅兰芳编写的剧目中，确有《天女散花》一出戏。齐如山回忆说：

> 我给兰芳编这些戏，从前没有对人谈过，所以大家多不知，有的人说编戏者不止我一人，其实并无他人所编，倘他人所编，则我也不该掠人之美，且这种小技，也值不得掠人之美，不过其中也难免有别人一点半点的笔墨，如《木兰从军》的《折桂令》一曲，及《天女散花》的《风吹荷叶煞》一曲，都是福建人王君又默所编。其余尚有几人。然后来都成了头号的汉奸，枪毙的枪毙，逃亡的逃亡，都是极痛心的事情，不过是不敢再提，也不愿再提，也不忍再提了。①

齐如山这里所讲的"其余尚有几人"，所指当是黄秋岳和李释戡。给黄秋岳定为汉奸乃当时国民政府作出的判决（事后也有人为黄鸣冤），不过他出事前参与为梅兰芳编写的剧本，与他后来成为汉奸并没有什么关系，如果因为他后来出事了就一字不提他辅助梅兰芳所作的工作，那是有欠公允的，所以我赞同孙曜东所讲"谈梅兰芳的幕后编剧，黄秋岳是不能不记上一笔的"。齐如山所说"逃亡的逃亡"，是指抗战期间李释戡曾经投奔在东北的任"伪满州国"总理大臣的郑孝胥一事，但李并未"任职"，后来返回了上海，故未铸成大错。不过，作为多年一起共同辅佐过梅兰芳的缀玉轩成员，齐在他回忆其为梅兰芳编写剧本情形时，只字不提李释戡，而且使用如此刻薄的语言予以讥讽，多少也让人深感不解。

综合以上的引证，对《天女散花》剧本的作者可以归纳出以下几点：

---

① 齐如山：《齐如山回忆录》，辽宁教育出版社2005年版，第126、128页。

一、梅兰芳、李释戡、齐如山、罗瘿公、许姬传是《天女散花》剧本创作的知情者，而这五人中梅、齐、罗、许均有相关记载的文字作品传世，是我们确认该剧编剧的重要依据。

二、以上五人中，梅、齐、许均未提及罗瘿公，罗也没有说他本人也参与写作，故可以肯定罗瘿公没有参与过该剧的编写工作。

三、梅、罗、许都共同提到李释戡，许又讲李曾出版过该剧剧本，可以认定李参加了剧本创作。

四、该剧创意梅兰芳，故事构思、草拟提纲齐如山。

五、最后集体讨论修改定稿，讨论时由李释戡主笔进行修改。集体修改参加者其人数现在已无法查证，不过梅兰芳、李释戡、齐如山、王又默、黄秋岳、吴震修、罗瘿公、冯幼伟等人都有史料证明参与了讨论。

梁燕在《齐如山剧学研究》一书中说齐如山编写《天女散花》一剧缘于齐在欧洲看了西方的神话剧受到启发"想试着编编理想中的神话戏"，这一说法与梅兰芳所讲的编演该剧的缘由显然不一样，而该剧也未有一星半点西方神话剧的影子，（胡适先生1930年撰写《梅兰芳和中国戏剧》一文，也说为梅兰芳编剧的都是些旧文人，从没受过西方戏剧的影响。参见本书附录一）因而应该认定是梅兰芳受《散花图》启发而萌发编演此剧的想法（即创意），齐如山、李释戡等人也表示赞同，众人意见统一后，由齐打提纲分场和草拟初稿，由陈嘉梁设计唱腔，李释戡、王又默填词，最后集体讨论由李释戡执笔修改润色和定稿。

还有一点在此也需要澄清：中国梅兰芳研究学会、梅兰芳纪念馆编，中国戏剧出版社1990年出版的《梅兰芳艺术评论集》，收有《梅兰芳与天女散花》一文（作者为徐兰珊），文章说梅兰芳最先是将创作该剧的想法告诉了齐白石，白石老人听了大加赞赏，称"畹华思境极妙，是艺术有所突破"，并拿出许多书画珍品供梅兰芳研究，梅兰芳从佛经中找到了《天女散花》剧情的依据。[①]查梅兰芳、

[①] 徐兰珊：《梅兰芳与天女散花》，载中国梅兰芳研究学会、梅兰芳纪念馆编《梅兰芳艺术评论集》，中国戏剧出版社1990年版，第505、506页。

1917年12月初,梅兰芳演《天女散花》定妆照　此照原载梅社1918年印行的《梅兰芳》一书,是目前极少见的梅兰芳早期照片(原版照片为吴开英藏)。

齐白石回忆录,他们是1920年秋才相识的,而《天女散花》早于1917年已经编演,梅不可能在与齐认识前谈该剧的创意,所以可以肯定这种说法是杜撰的。

根据以上考查的情况,若《天女散花》剧本要署名的话,应为:

剧本创意梅兰芳,剧本执笔齐如山、李释戡。

只填写一段唱词的王又默可用加注的方式予以介绍,参加讨论修改和推敲唱词、戏文的其他人员,如黄秋岳、罗瘿公、吴震修、冯幼伟等,因为人数太多,现在也无法了解他们当时具体参与的情况,故均不列入剧本作者名单。

时至今日,《天女散花》剧本编剧怎么署名其实并不很重要,关键的是要弄清事情的真相。还有一点,李释戡和齐如山在当时都是颇有影响的人物,而且各有千秋。以当时的社会地位和在文坛的影响而言,李似高于齐;从梨园界的声望来看,则齐高于李;李的学识、文化修养比较全面而尤精于诗词与文案,齐则术有专攻,于戏剧、民俗、外语、戏剧文物等方面有专长而尤擅长剧本写作、身段设计。也正是基于此,凡编演新剧,梅兰芳通常都请齐如山先打提纲写初稿,而后请李释戡填词和修改敲定,定稿后又再由齐协助、指导梅兰芳排练(类似于导演角色)。梅兰芳对于辅助他的各位朋友的使用,都是这样非常注意用其所长,并努力营造良好的氛围和做好协调工作,从而使他们心情舒畅,各尽所能,最大限度地发挥其聪明才智。"梅之成功,实梅党同仁之功。"①"冯耿光是梅兰芳的'钱口袋',齐如山、李释戡、黄秋岳是梅兰芳的'戏口袋'。"②"李氏传奇字字香,将军辛苦为花忙。何当下笔开生面,别谱新声配梅郎。"("将军"系指李释戡——笔者注)③这些评价,实恰如其分,经典之作《天女散花》剧本出自他们之手,也是名下无虚、名实相符。

考证《天女散花》剧本作者的过程,在一定程度上也是还原该剧编剧的真相、

---

① 参见太史公《梅程尚荀张李毛宋》,载《戏剧月刊》第5卷第5期。
② 蔡登山:《梅兰芳的"钱口袋"冯耿光》、《梅兰芳的"戏口袋"之一——齐如山》、《梅兰芳的"戏口袋"之二——黄秋岳和李释戡》,见《梅兰芳与孟小冬》一书,时代出版传媒股份有限公司、黄山书社2008年版。
③ 蔡登山:《梅兰芳与孟小冬》,第九篇文章《梅兰芳的"戏口袋"之二——黄秋岳和李释戡》,时代出版传媒股份有限公司、黄山书社2008年版,第128页。

还原该剧编演的过程，既可以厘清几十年以来围绕该剧剧本作者问题上一些张冠李戴、牵强附会的说法，也可以从中感悟出梅兰芳当年之所以能够开宗立派最终成为伶界大王，除了他本人的天赋和努力外，还得益于众多朋友的鼎力相助，而齐如山、李释戡等人数十年如一日无偿地辅佐梅也已经成为艺坛佳话。今天，我们在纪念梅兰芳的同时，也应该记住这些人的名字和他们所作的贡献，也应该向他们致以深深的敬意。

肆　徐悲鸿缘何绘制《天女散花图》

梅兰芳系我国家喻户晓的京剧大师，徐悲鸿（1895—1953）系我国举世闻名的绘画大师，两位大师早年曾有过有一段鲜为人知的交往，他们交往的重要证物就是徐悲鸿1918年3月所画的《天女散花图》。

此图现藏梅兰芳纪念馆，原系梅兰芳收藏，后由其家属捐赠国家。

这是一幅采用水彩颜料和写实手法并结合我国工笔画技法绘制而成的人物画（徐悲鸿研究专家陈传席将徐留学前这类作品称为水彩画）。绢本，立轴，画心高95厘米，宽53厘米，是梅兰芳扮演"天女"的舞台造型：天女花冠高髻，身着云台衣，外披孔雀羽毛缀成之云肩，肩垂两条风带，胯系小腰裙，腰系丝绦，身体向左跽坐，脸部稍偏右侧，双目正视前方，双手合十曲举，表情庄严虔诚，风带随风飘舞。画面背景是浩瀚蓝天云雾缭绕，片片花瓣纷纷洒落。这是画家在观看了梅兰芳编演的新戏《天女散花》和仔细研究了梅的剧照后，创作的一幅生动传神的戏剧人物画。

画的右上方有徐悲鸿用飘逸妍丽的隶书所题自作诗和款识：

花落纷纷下，人凡宁不迷。庄严菩萨相，妙丽藐神姿。甘心坠尘障，莫复问禅机。

戊午暮春为畹华写其风流曼妙天女散花之影。江南徐悲鸿。

在徐悲鸿题字的左侧有罗瘿公的行楷题诗：

后人欲识梅郎面，无术灵方更驻颜。不有徐生传妙笔，安知天女在人间。

戊午三月瘿公题

罗瘿公（1871—1924）乃清末民初诗书双擅之名士，此诗意境深邃，书法刚健道劲，又为画作增色不少。罗本名惇曧，字掞东、敷庵，号瘿盦，晚年号瘿公。祖籍广东顺德，生于北京。早年肄业于广雅书院、万木草堂，与陈千秋、梁启超并称康有为高足。清末曾任邮传部郎中，辛亥革命后，历任北京总统府秘书、国

肆　徐悲鸿缘何绘制《天女散花图》

徐悲鸿1918年3月绘制的《天女散花图》

青年时代的徐悲鸿　　徐悲鸿所画廖静文像（1943年）　《我与徐悲鸿》书影　封面照片为蒋碧微（蒋碧微，又作碧薇，1899—1978），江苏宜兴人。原名棠珍，字书楣，出生书香门弟，早年随父蒋梅笙到上海，"碧微"是徐悲鸿给她起的名字。

务院秘书等职。曾被袁世凯礼聘为其次子、京华名士袁寒云之师。袁世凯称帝后，拒不事之而纵情菊部。有《龙马因缘》、《梨花记》、《菊部丛谈》、《罗瘿公笔记选》等传世。

由于徐悲鸿于1919年3月赴法国留学，专攻油画，这幅画就成为了他留学前现存世仅有的几幅早期人物画代表作之一，也是后人研究徐悲鸿、梅兰芳、罗瘿公等名流交往、研究徐悲鸿早期绘画艺术的一件重要实物。

此画自入藏缀玉轩，除梅兰芳的一些好友观赏过以外，基本上是秘不示人，直至1962年8月，为纪念梅兰芳逝世一周年，文化部在北京故宫博物院武英殿举办"梅兰芳艺术生活展览"时才第一次公开展示。1989年，梅兰芳纪念馆将此画编入《梅兰芳藏画集》由长虹出版公司出版，此作品才广为人知。而此时梅兰芳、徐悲鸿两位大师和罗瘿公先生已分别辞世37年、45年和74年，真是沧海桑田，物是人非！

徐悲鸿1895年生于江苏宜兴，1953年9月因病在北京去世。他生前曾任中

肆　徐悲鸿缘何绘制《天女散花图》

徐悲鸿画作《九州无事乐耕耘》

央美术学院院长、全国美术家协会主席等职。由于他在绘画艺术和美术教育上所取得的巨大成就，他去世后国家专门修建了徐悲鸿纪念馆，并将中国人民大学艺术学院命名为徐悲鸿艺术学院，以此来纪念这位中国现代美术的奠基者和杰出的绘画艺术家。2011年12月5日晚，北京保利拍卖公司上拍徐悲鸿一幅国画人物作品《九州无事乐耕耘》，落槌价为2.32亿元，加上佣金，成交价为2.668亿元，创造了近现代国画人物作品拍卖的最高纪录。徐的画作之所以能拍出天价，原因就是徐在现代画家中具有极高的的声望。与《九州无事乐耕耘》相比，《天女散花图》画的是梅兰芳舞台形象，又是徐存世仅有的几幅早期人物画代表作之一，其史料价值、研究价值和艺术价值当更高。可以说，这是一件堪称梅兰芳纪念馆镇馆之宝的作品。然而，这样重要的作品自公开面世至今，各方面对徐悲鸿绘制此画之缘由却众说纷纭，不禁使人产生困惑。

关于徐悲鸿缘何绘制《天女散花图》，目前见到的说法有以下四种：

一、为罗瘿公绘制。持此说法的是徐悲鸿的第三任夫人、现任徐悲鸿纪念

103

馆长廖静文女士（以下简称"廖说"）。

二、主动为梅兰芳绘制。持此说法的人比较多，最早提出者为梅兰芳五子、时任中国社会科学院外国文学研究所研究员的梅绍武先生（以下简称"梅说"）。据不完全统计，持此说见于相关专著的有八九家，如李松的《徐悲鸿年谱》（人民美术出版社1985年）、刘彦君的《梅兰芳传》（河北教育出版社1996年版）、成喻言的《梅兰芳画传》（团结出版社2004年版）、梅兰芳纪念馆的《梅兰芳纪念馆》（文物出版社2008年版）、李仲明的《梅兰芳的梅风兰韵》（东方出版社2008年版），等等。

三、由罗瘿公出面请徐悲鸿为梅兰芳绘制。持此说法的是徐悲鸿的前妻、台湾已故作家蒋碧微女士（以下简称"蒋说"）。

四、罗瘿公约请徐悲鸿绘制作为程砚秋送给梅兰芳的拜师礼物。持此说的是《罗瘿公对程派艺术形成的作用与价值》一文作者董昕和《程砚秋传》作者陈培仲、胡世均（以下简称"董说"）。此说与蒋说接近，系同一观点。

以上关于徐悲鸿缘何绘制《天女散花图》的各种说法，最早提出的是蒋碧微女士。蒋于1949年5月从大陆到台湾定居，1960年后开始撰写回忆录《我与悲鸿》（上篇）、《我与道藩》（下篇），该回忆录于1964年在台湾《皇冠》杂志连载并引起轰动，随后台湾、香港分别结集出版。20世纪80年代，大陆和台湾关系缓和后，大陆也推出此书。笔者购有岳麓书社出版的《我与悲鸿》、《我与道藩》再版本，该书1986年8月第一版印2万册，销罄后又于1987年3月重印40900册，不知此是否为大陆首次出版。之后又看见江苏文艺出版社、学林出版社等皆出版过该书，可见该书也很受大陆读者欢迎。大陆最早谈及此画的是廖静文女士和梅绍武先生。廖静文女士在1982年出版的《徐悲鸿一生》第八章中，专门记述了徐悲鸿绘制此画的过程。梅绍武先生在他父亲梅兰芳去世后，连续撰写了大量回忆文章，其中有一篇名为《〈天女散花〉与徐悲鸿》，此文写于1983年8月，后收入百花文艺出版社1984年出版的《我的父亲梅兰芳》一书，梅绍武先生在此文中叙述了徐悲鸿和他父亲交往以及徐创作该画的些许往事。目前所见到的有关梅兰芳传记的书籍中凡涉及此事的，基本上都是采信梅绍武先生的说法。

肆　徐悲鸿缘何绘制《天女散花图》

徐悲鸿以蒋碧微为原型创作的油画《箫声》（1924年）

徐悲鸿早期人物画《诸老图》

肆　徐悲鸿缘何绘制《天女散花图》

同一幅画且作品上有画家本人的题字、款识，为何还会出现这么多不同的说法呢？而这些说法当中究竟哪种说法更加确切、更加符合实际？1918年至今已近百年，徐悲鸿当时绘制此画时的直接知情人均已谢世，有关佐证的文字材料也少之又少，要探明个中之奥秘，厘清此画创作之缘由，的确是比较难的事情。在没有发现新的有关资料情况下，要对以上几种说法进行甄别并作出合理的判断，目前唯一可行和有效的方法，只能是进行综合分析、比较。下面试作辨析：

关于廖说。徐悲鸿生前曾有过三次婚姻，第二次婚姻的妻子就是1917年勇敢地与徐"私奔"的大家闺秀蒋碧微。徐蒋婚后先一起赴日本旅行并考察美术，《悲鸿自述》记载："岁丁巳，欧战未已，姬君资吾千六百金游日本。……六月而归，复辟之乱已平。吾因走北京，识诗人罗瘿公、林畏庐、樊樊山、易实甫等人。"徐蒋在北京等候赴法留学至1918年12月，得到官费留学通知并领到旅费后，徐蒋即返回上海（蒋的父母当时在上海）进行准备，1919年3月20日，蒋陪同徐一起从上海乘日本货轮统舱赴法留学，徐攻绘画，蒋学音乐。徐蒋早期婚姻应属美满，育有一子一女。留学期间，徐还以蒋为对象创作过大量油画作品，最著名的有《凭桌》、《吹箫》、《静读》、《韵律》等。徐蒋1945年12月31日签字离婚。廖静文与徐悲鸿于1946年结婚，然婚后仅过7年徐就不幸病故。廖撰写《徐悲鸿一生》涉及徐悲鸿与廖婚前的事情，主要是依据他人有关的资料以及亲友提供的素材。细读书中关于徐悲鸿与罗瘿公交往以及徐绘制《天女散花图》的记述，从其行文可以看出徐生前并未给廖说过此事，廖写作时也未见过《天女散花图》原作。为方便分析，兹录该书中几段有关记述如下：

"悲鸿，时间不早了。"陈师曾提醒说，"今天晚上，我们还要去看程砚秋的戏呢！"

"是呀！"悲鸿这才想起罗瘿公派人送的戏票，于是结束了充满激情的演讲。

当时，罗瘿公为了宣扬程砚秋的艺术，每逢程砚秋演出，他就将戏院的前几排座位都包下来，买了票请朋友们去看戏。罗瘿公爱重程砚秋的才华，亲自教程砚秋书法和诗词歌赋，亲自为程砚秋编写剧本，教程砚秋熟悉剧本的内容和

罗瘿公（1871—1924）

罗瘿公与程砚秋合影　此照片原载《程砚秋传》，说明文字为"十六岁时与恩师罗瘿公合影"。

人物性格。……悲鸿被罗瘿公这种爱才和自我牺牲的精神深深感动，也被程砚秋的艺术所吸引，每逢程砚秋演出，他是必到的，成为最热情的观众之一。……

但是，蒋碧微却对此产生反感，她既不愿和悲鸿一起去看戏，又不愿一人独坐家中，而且她还激烈地非难"罗瘿公捧程砚秋"。

"哼！"她带着不满的口气嘲讽说："罗瘿公捧程砚秋，这说明什么呢？只不过说明文人无行罢了！"

徐悲鸿惊讶地望着妻子："你怎么能这样说？"

"为什么不能这样说？罗瘿公为了捧程砚秋，把家都搅得乱七八糟了，这还不够，他还想搅到别人家里来！"

"碧微，"悲鸿耐心地说，"罗瘿公是真正爱重程砚秋的才华，这和无聊的文人寻欢作乐不一样。他是在培植一颗艺术明珠，培养一位有才华的京剧艺术家，使中国京剧后继有人。"

"艺术！艺术家！看你说得多么冠冕堂皇！"蒋碧微愤愤地说，"你不过是参加捧戏子罢了！"

"唉，碧微……"

徐悲鸿难过地感到有什么东西横亘在他们之间，感到在对待艺术和艺术家的态度上，他们有着多么令人难于置信的距离。……

然而，悲鸿对京剧的浓厚兴趣并未因此而消减。他仍然去看程砚秋的戏，还常去看梅兰芳的戏。他不仅是被精湛的京剧艺术所吸引，而且在内心深处深深地羡慕着京剧界人才辈出。这些后起之秀不仅继承了前辈的优良传统，而且能刻意磨练，推陈出新，创造了一些新的流派，极大地丰富和发展了京剧艺术。……

有一天，酷爱艺术的罗瘿公请悲鸿为他画一幅梅兰芳扮演的天女散花图。悲鸿欣然答应了。在这幅中国画上，既有西洋画的写生技法，又有中国画的线条和勾勒，使婉丽多姿的"天女"栩栩如生。罗瘿公看了，喜不自禁，高兴地在画上题诗一首（诗见本文开头）。①

廖书中这几段描述，有背景介绍，有人物对话，有绘制该画的缘由，有对该画的评价，看似细致生动，然而有一些细节却经不起推敲。根据《程砚秋史事长编》、《程砚秋传》等文献记载，罗瘿公系1917年认识程砚秋，其时程砚秋年方13岁，名艳秋（廖书中的人物对话称"砚秋"，不妥，"砚秋"系1932年才改的）尚未出师，且正处于"倒仓"时期（即演员的变嗓期）。"倒仓"对于戏曲演员来说非常危险，若休息、保养不好，将断送演员演艺生涯。而程之师傅荣蝶仙则不顾"倒仓"期演出对演员的危害，非要程砚秋赴上海演出。罗瘿公得知此消息，深怕程的嗓子被毁，"一方面四处筹钱，一方面调动各方面关系给荣蝶仙施加压力，终于将程砚秋从荣家接出来"。这就是梨园界至今仍流传的罗瘿公"仗义赎身"的佳话。程砚秋出师后，主要是休息静养和学习基本功。据《程砚秋传》记载，"在程14至16岁（1918年至1920年）这三年中，罗瘿公为他制定了周密的计划，订出每日的课程表：上午由阎岚秋先生教武把式，练基本功，调嗓子；下午由乔蕙兰先生教昆曲身段，由江南名笛谢昆泉、张云卿教曲子；晚上到王瑶卿先生家中

---

① 廖静文：《徐悲鸿一生》，中国青年出版社1982年版，第43、44页。

徐悲鸿病逝前与中央美术学院教师合影

学戏，或观摩演出。"①由此可知，在徐悲鸿居京绘制散花图前（1917年12月至1918年3月），程砚秋基本上没有演出，因而不存在廖书中所讲每逢程砚秋演出，徐悲鸿是必到的情形，而此时梅兰芳也刚刚成名，梅当时虽是名角但还谈不上形成"梅派"，那么廖书中所讲年仅24岁的梅兰芳和刚出师年仅14岁的程砚秋此时已"推陈出新，创造了新的流派"，也与实际情况不相符。此外，廖称《天女散花图》为中国画也不确切；还有徐蒋私密的"对话"，蒋书中没有，徐的《悲鸿自述》等著述也没有提及，那么能做这样绘声绘色的描写只有一种可能：虚构。仔细比对廖蒋两书，廖记述此事应该是参考了蒋的著述，这除了相关背景、罗

---

① 董昕：《罗瘿公对程派艺术形成的作用与价值》，载《戏曲艺术》2009年第1期。

程关系描写一致以外，还有一明显的例子是：蒋在叙述此事时，没有提及徐作此画的题字，对画上罗瘿公的题诗，也记错了两个字，即将"无术灵方更驻颜"一句中的"更"字错记为"可"字，将"安知天女在人间"一句中的"安"字错记为"焉"字，廖的书中抄录罗瘿公诗句时，也同样错了这两个字，而且也只字未提徐的题字。若见过《天女散花图》原作，或叙述此事另有其他参考资料，肯定不会出此差错。还有一点，廖写作《徐悲鸿一生》时，绘制《天女散花图》此事除蒋碧微披露之外尚无他说，在无相关资料可作参考的情况下，为了避免对此事叙述时与蒋书雷同，廖根据蒋书中提及罗题诗的内容，遂以个人的主观臆想，作出不同于蒋说的结论，即徐的《天女散花图》系徐悲鸿为罗瘿公所画。由于依据不够充分，兼之许多细节失真，故可以肯定廖的"为罗瘿公所画"说法是值得商榷的。

  关于梅说。梅绍武先生没有继承父业，但他在外国文学研究领域却取得了丰硕的成果。他父亲去世后，他将全部精力投入到对梅兰芳的研究之中，他生前曾先后出版过《我的父亲梅兰芳》第一集和续集，主编《一代宗师梅兰芳》大型画册，还出任文献纪录片《梅兰芳》等影视作品的撰稿，被誉为梅兰芳研究的领军人物。梅绍武先生撰写的有关梅兰芳的文章，最大的特点是严谨准确。那么，他讲《天女散花图》是徐悲鸿主动提出为梅兰芳绘制的是否确切呢？从梅绍武先生撰写的回忆梅兰芳的文章分析，梅兰芳生前似乎给他提及过此画（梅兰芳收藏明清及近现代名人书画达1400多件，因数量较多兼之演出繁忙，故难于一一给孩子讲述每一件作品的由来及相关情况），但讲得比较简略，他只能依据记忆所及和画作上的题字内容，来讲述有关的情况。在梅绍武先生记述中，有三个细节尤为重要：一是徐悲鸿先生先是应邀观看梅兰芳主演的《天女散花》，然后又向梅兰芳索取几幅剧照作为参考（徐悲鸿所画《天女散花图》就是以梅兰芳同一造型戏妆照为蓝本）；二是徐悲鸿绘制此画花了一周时间（这一说法当是梅绍武先生听他父亲所讲）；三是他把画上徐题诗的前四句（题诗共六句）、落款时间、创作缘由和罗瘿公题写的七绝，都准确无误记述了下来。由前两点可知徐悲鸿绘制此画时非常认真、非常投入，第三点则可以帮助人们了解此画的创作背景和创作动机。不过，由于梅兰芳没有给子女详细讲述过此画的来历，其子女对《天女散花图》是什么画种也不太留意，故而在梅绍武先生的记述中，有两点稍有出入：其一，他说徐悲鸿先生看了《天女散花》演出后主动提出要给梅兰芳画一幅天女像，事实上绘制此画的缘起并非是徐悲鸿主动提出来的，这在后面详述；二是他说《天女散花图》系"大型油画"这也有误，此画乃水彩画。由此可知，自梅绍武先生此文发表之后，凡是撰写梅兰芳传记或梅兰芳研究文章者称徐悲鸿主动提出为梅兰芳画天女像和《天女散花图》为油画的，都是没有做深入考证和没有看过原作，然后就照搬梅绍武先生的说法，有的在照搬时为了突出传主，不顾客观实际凭所谓的"想象"又添油加醋增加了许多"描写"，致使此事愈说愈离奇，既歪曲了事实也误导了读者。

　　关于蒋说和董说。自大陆出版蒋碧微回忆录之后，蒋一直是大陆读者热议的一个具有独特个性的女性。一方面，人们对她年轻时敢于冲破封建婚姻的藩篱为追求真爱毅然与已有妻室徐悲鸿"私奔"的举动、对她与徐悲鸿、与张道藩两位名人之间的感情纠葛以及她不惧世俗勇于将其情爱经历公诸于众的精神表示出浓厚的兴趣；另一方面，人们都乐意将她自传中所记述的众多的人与事，作为对那个年代社会状况、文化环境、男女情爱、文人交往、人际关系等方面的参照，特别是书中一些细节的记述真实生动，文笔流畅，颇具史料性和可读性。从时间上看，徐悲鸿创作《天女散花图》时，正是蒋徐新婚期间。其时他们刚从日本旅游、考察归国，经康有为引荐专程从上海到北京来找康的弟子罗瘿公，希望通过罗等知名人士帮助，争取一个到法国官费留学的名额。由于蒋徐没有积蓄，生活艰困，故他们在留学一事没有着落之前，为了解决生活问题，徐又经一个叫华林的朋友介绍认识了时任北京大学校长的蔡元培，并在蔡的关照下在北大"画法研究会"担任导师，每月薪水50元（当时北大教授月薪为300元），蒋则去李石曾开办的孔德学校教音乐，这样蒋徐就顺利在北京安顿了下来。《天女散花图》的创作，正好就是蒋徐刚到北京不久的这个期间。下面摘录的就是蒋回忆录中与此有关的内容：

肆　徐悲鸿缘何绘制《天女散花图》

徐先生拿了康有为先生的介绍信去拜访罗瘿公先生。罗先生是康有为的大弟子，和樊樊山先生、易实甫先生同为当时北京的三大名士，在政教两界说话都很有力量。罗先生对我们非常好，一口答应帮忙，随即写信介绍徐先生去看教育总长傅增湘，请他给徐先生一个公费名额。傅增湘先生看了罗先生的信，立即答允照办，不过当时欧战未停，航线不通，他说只要停战开航，他马上就派遣徐先生以官费生的资格，去法国留学，继续深造。

……

时值民国成立以后第一次小康局面，北京城重又恢复了歌舞升平的气象，罗瘿公和易实甫两位先生都很热衷捧角，他们先捧梅兰芳、尚小云等男角，后来易先生捧仙灵芝，罗先生捧刘喜奎，这两位就都是坤角了。一次罗先生偶尔听到程砚秋演唱，大为激赏，认为他将来必定是可造之才，前途无量。可是当时的程砚秋还没出师，他师傅也在想把他培养成一株摇钱树。于是罗先生半用金钱半用压力，为程砚秋"赎身"，替他租房子成家，全力捧场，程砚秋就此一帆风顺，走红氍毹。

罗先生他们为名角捧场，每天都要包下戏院头几排座位，拿了戏票到处请朋友看戏，徐先生当然也是被请者之一，因此他每天晚上都要出去听戏。散场回家，我必须深夜等着为他开门，那时没有电铃，也没有电灯，我们住在后进，从房间里摸黑到外边开门，心里不免害怕，同时每天晚上独自枯坐几个钟头，也感到非常寂寞，于是我请求徐先生可不可以别再去听戏了，但是他不答应。为了心中不平，一气之下，我也去听戏。谁知北京戏园男女分座，男客在楼下，女客在楼上，座位都是条凳。这一下散戏自己回家，路上更害怕，经此一窘，我便不敢再轻易尝试听戏的滋味了。

罗瘿公捧程砚秋，同时也捧梅兰芳。《天女散花》新剧排演成功，首次演出，轰动遐迩，"梅迷"大为兴奋，于是由罗先生出面，请徐先生为梅兰芳画一幅像，画中服饰就用《天女散花》的戏装。徐先生欣然应允，花了好几天功夫，画了一张《天女散花图》，这是一帧立轴，长约四尺，画成之后，罗先生十分赞赏，他并亲笔题了一首七绝。我依稀记得是："后人欲识梅郎面，无术灵方可驻

罗瘿公、齐如山、程砚秋等合影

颜。不有徐生传妙笔，焉知天女在人间。"①

以上关于当时社会环境、文人交往、听戏捧角、戏园子座位系条凳且男女分座看戏的习俗以及罗瘿公为程砚秋"赎身"、罗瘿公捧梅兰芳、《天女散花》排演成功引起轰动等等记述，与有关史料的记载完全吻合。蒋在回忆录的后记中，也申明她写作此书"最高原则是力求真实"，因为"在我回忆录中出现的人物，大多今仍健在，事实不容许我发生错误"，可见蒋写作的态度以及处事十分严谨和细心。在北京逗留期间，蒋徐新婚燕尔同居一室，徐连续几天在其居室作画，蒋自然知道其详情，兼之她有写日记和保存旧物的习惯（她在回忆录后记中称"一向有保存旧物的习惯，断简残篇，一律掇拾"），故而她对此事记忆尤深，对罗要求画中人物用什么服饰、此画是竖式还是横式、画作的长度、罗瘿公题诗等等，都讲得十分准确，非亲身之经历，纵然有马良之神笔，也难于写出这样的文字。

这段记载，揭示了徐悲鸿绘制《天女散花图》的缘由，是《天女散花》新戏排演成功，"梅迷"大为兴奋，为演出纪盛遂由罗瘿公出面约请徐悲鸿为"天女"造像。蒋这里所讲的"梅迷"，并非是指当时那些喜欢梅戏的广大观众，而是指两种人：一是像罗这样的与梅兰芳有交情的文人墨客、剧评家和书画家；二是梨园界崇梅学梅的年轻演员，如蒋文中提及的程砚秋等。据《程砚秋史事长编》记载，经罗的引荐，程曾专门拜梅为师。那么罗请徐绘制《天女散花图》是否与程也有些关系？董昕的说法对此恰恰是重要的补证。董依据有关史料记载，对民国早期罗瘿公与梅兰芳、与程砚秋的交往有一段翔实的记述：

> 1919年，罗瘿公还疏通各种途径，命程砚秋拜了梅兰芳为师。当时，梅兰芳风华正茂，在舞台上魅力四射，倾倒了无数观众。辛亥后，他在时代潮流的推动和众人的支持下，大胆进行艺术改革的试验和探索，编演了诸多时装和古装新戏。在这些戏中，从头饰、扮相、服装、道具等各方面都进行了大胆的改革。罗

---

① 蒋碧微：《我与悲鸿》、《我与道藩》，岳麓书社1986年版，第46~49页。

瘦公便是梅兰芳艺术革新的热情支持者之一。罗瘿公早就看好梅兰芳，并想借着梅兰芳如日中天的声威和深厚的艺术造诣，给程砚秋带来更好的艺术借鉴。所以，罗瘿公早在1917年就有此打算，他让程砚秋一家搬到北芦草园，与梅家成为近邻，为他们两人来往提供了方便。罗瘿公还时常带着程砚到梅家拜访，为他们提供接触和交流的机会。梅先生见程砚秋清秀聪慧，又得知他十分用功，便有意栽培。罗瘿公见两人投缘，自然欢喜，为了使拜师礼更有意义，他特地请徐悲鸿为梅兰芳精心绘制了一幅《天女散花图》的剧装像。①

陈培仲、胡世均撰写的《程砚秋传》中，也有与上面相同的内容，这里也照录几段以比对：

在梅兰芳的无数观众中，程砚秋是其中最热心者之一。他总是千方百计地去观摩梅的演出，对梅编演的古装新戏更是羡慕之至。……他心中暗想，要是能有机会向这位老师请教多好啊！但鉴于梅当时如丽日中天的声威，而自己还是个刚刚出师的学徒，想要拜师，简直是可望不可及的奢望。

罗瘿公比程砚秋想的更早，也更周密。……罗瘿公见两人投缘，便决定让程拜梅为师，这自然使程砚秋喜出望外。为了使拜师大礼更有意义，罗瘿公特地约请徐悲鸿为梅兰芳画一幅像，作为程砚秋拜师的"见面礼。"徐悲鸿既感念罗的推荐之情，又与梅、程两位有谊，自然义不容辞，满口应承。②

查董昕文章和陈培仲、胡世均撰写传记的参考文献，均未提及蒋碧微的著作，可见董、陈所说当另有依据，而且完全是按照客观事实陈述，故而与蒋碧微所讲基本一样，这对蒋碧徽的说法也是很好的佐证。董、陈的著述还补证了两点：一

---

① 董昕：《罗瘿公对程派艺术形成的作用与价值》，载《戏曲艺术》2009年第1期。
② 陈培仲、胡世均：《程砚秋传》，河北教育出版社1996年版，第31、32页。

肆　徐悲鸿缘何绘制《天女散花图》

程砚秋拜师时赠送给梅兰芳的照片（1919年）

是罗瘿公约请徐悲鸿为"天女"造像,既有纪念梅兰芳《天女散花》新剧排演成功和为梅扮演的"天女"留下靓丽、永恒的瞬间的意图,更主要的目的是作为程砚秋拜师的"见面礼",于此来解读罗瘿公的题诗,即罗诗为何既称誉梅兰芳扮演的"天女"又极力称赞"徐生"传"妙笔"的用意就很好理解了,于此也可知罗瘿公为程拜师真可谓是煞费苦心,也可知程砚秋为何在罗去世后年年为罗守墓,并向世人坦言"程有今日,罗居首功";二是程砚秋行拜师礼的时间为1919年,程时年15岁,梅时年25岁,这也是《天女散花图》这一传世之作入藏缀玉轩的确切时间。

徐悲鸿于1918年12月得到官费留学通知并领取旅费后,即偕同蒋碧微返回上海做出国前准备工作,并于1919年3月启程赴法,程砚秋的拜师礼他们未能参加,蒋碧微也不知道《天女散花图》后来用作程砚秋拜师的"见面礼",故蒋在回忆录中自然无法写明这一点。

在行拜师礼时,程砚秋除了遵照恩师罗瘿公的要求给梅兰芳呈上《天女散花图》外,还按当时梨园行的习俗,精心选了一张他的便装照送梅兰芳,照片上程砚秋亲笔工工整整地写了14个字:"戊午五月廿五日(上款),弟子程艳秋谨呈(下款)。"照片拍摄时间和《天女散花图》绘制时间正好都是同一年,似可将此也看作徐悲鸿缘何绘制《天女散花图》的旁证。

陈培仲、胡世均在《程砚秋传》中对罗约请徐绘制散花图一事记述详尽,而此事对他们深深的触动则又使他们的评述尤为精彩:

罗瘿公题诗手迹

肆　徐悲鸿缘何绘制《天女散花图》

梅兰芳与程砚秋合影

（《天女散花图》）整个画面，将人物置于天地之间，视野开阔、造型生动、姿态优美、神情逼真、意境深邃。罗瘿公一见，惊喜异常，拍案叫绝，认为不仅画为上乘，而且寓意深刻，暗示梅兰芳将艺术的种子撒向人间，有遍地开花之意，以此作为梅兰芳收徒的纪念物，再恰当不过。他思索片刻，挥毫在画面上题诗一首：后人欲识梅郎面，无术灵方更驻颜。不有徐生传妙笔，安知天女在人间。戊午三月瘿公题。

这一诗一画，真实地记录了这段艺坛佳话。

在程砚秋向梅兰芳拜师的那天，梅家院子里宾客盈门，名流云集。客厅中悬挂的《天女散花图》格外引人注目。在人们的热烈赞扬和祝贺声中，15岁的程砚秋向25岁的梅兰芳恭行拜师大礼。这预示着中国剧坛的两颗巨星，将冉冉升起，交相辉映，照彻寰宇。[①]

当拨开历史的烟尘，厘清了此画创作之缘由，再来观赏《天女散花图》，此幅旷世杰作展现给后人，绝不仅仅是梅兰芳当年舞台上靓丽之形象，也绝不仅仅是徐悲鸿当年笔下丹青之神采，而是一段厚重的色彩斑斓的历史，一段我国京剧发展兴盛期文人墨客、艺人画家至诚相交共创辉煌的历史，一段民国早期众多有识之士为推动京剧发展竭诚提携后学、艺界同仁精诚合作的动人史话。如今，与此画创作有关的人物徐悲鸿、梅兰芳、程砚秋均已成为我国美术界、戏剧界一代宗师，成为中华民族艺术界划时代的代表性人物，而在他们成功的背后，又正是一大批有远见卓识的"伯乐"甘作"园丁"，为他们成长而呕心沥血、不遗余力地推助的结果，策划创作《天女散花图》、为"梅派"、"程派"艺术作出重大贡献、为徐悲鸿留学铺就道路的罗瘿公，就是其中一位最杰出的代表。我们在纪念梅、程、徐三位大师时，也应该记住和纪念这位诗书冠世的名士，这位20世纪成就卓著的剧作家。

[①] 陈培仲、胡世均：《程砚秋传》，河北教育出版社1996年版，第255页。

伍　梅兰芳鲁迅并无恩怨

凤凰卫视中文台电视节目截图

近年来，有许多书籍、报刊和电视台大肆宣传梅兰芳、鲁迅所谓的"恩怨"与"过节"，诸如《鲁迅和梅兰芳的恩怨》①、《鲁迅和梅兰芳曾经的恩怨》②、《鲁迅和梅兰芳：两个大师的恩怨》③，等等。若在网上搜索，还能看到更多这方面内容的文章和视频，像《揭秘鲁迅和梅兰芳的恩怨》、《鲁迅和梅兰芳鲜为人知的历史恩怨》、《鲁迅和梅兰芳的爱恨情仇》、《鲁迅和梅兰芳为何生前身后都不相能》，等等，不一而足。其中影响范围最广、误导观众最深的可能要算香港凤凰卫视中文台2006年2月27日在《凤凰大视野》栏目以《粉墨春秋——鲁迅与梅兰芳》为题播出的一档节目。

所谓恩怨，是指人与人之间有纠葛或利害冲突。那么该节目以什么事实作为依据称梅兰芳和鲁迅有恩怨呢？节目是这样告诉观众的：上个世纪50年代，梅兰芳出任中国戏剧家协会主席和中国文联副主席，成为新中国文化界的重要领导人。鲁迅先生则被毛泽东称为伟大的文学家、思想家、革命家，鲁迅的方向，就是中华民族新文化的方向。但是，在历次纪念鲁迅先生的会议上，梅兰芳先生不仅从不讲话，而且很少出席，勉强来了，也往往是迟到或者早退。梅兰芳作为一

---

① 《书报文摘》2005年第42期。
② 《老年日报》2007年5月28日。
③ 香港《大公报》2011年4月21日。

凤凰卫视中文台电视节目截图

代京剧大师,为什么对鲁迅有如此的态度呢?究其原因,是梅兰芳对鲁迅早年的批评耿耿于怀,故而以这种消极的方式来表示他对鲁迅的不满和抗议。

这就是梅兰芳和鲁迅所谓的"恩怨"。

鲁迅自1924年到他去世前两年的1934年,确实写过不少批评梅兰芳的文章,尽管有的文章观点比较尖锐,话语也比较刻薄,但文艺界都将其视为正常的艺术批评。此外,作为被批评者,在被鲁迅批评的过程中,梅兰芳并未做过任何辩解和回应,也从未评论过鲁迅个人的短长。至于称梅兰芳对鲁迅早年的批评耿耿于怀而不出席纪念鲁迅的会议、勉强来了也往往是迟到或者早退,这在中宣部、中国作协、中国文联1961年7月前(梅兰芳因心绞痛于1961年7月入院治疗,直至8月8日去世)的"大事记"及梅兰芳纪念馆、鲁迅博物馆收藏的有关资料中,也没有查到这方面片言只字的记录。被邀请参加该节目制作和发表谈话的十几位当今我国戏剧界权威专家学者,诸如黄健、吴迎、吴小如、朱文相、龚和德、于从、刘乃崇、楼宇烈、翁思再、刘曾复(92岁)、张古愚(101岁),在节目录制过程中他们自始至终也没有一人谈及鲁迅、梅兰芳之间所谓的"恩怨",他们主要说的是鲁迅为什么批评梅兰芳、鲁迅批评梅兰芳的主要观点和他们站在各自的立场上对鲁迅的批评进行评述。这些事实足以证明,梅兰芳和鲁迅所谓的"恩怨"乃是虚构出来的。

为了进一步阐述这个问题,这里不妨也借该节目的"引题"说起。在该节目

1930年的鲁迅

1933年2月17日，宋庆龄在上海寓所宴请萧伯纳时留影（右起：鲁迅、林语堂、伊罗生、蔡元培、宋庆龄、萧伯纳、史沫特莱）。

开始时，主持人作了本文开头引述的在历次纪念鲁迅先生的会议上梅兰芳从不讲话且很少出席的那一段开场白后，接着以调侃的口吻提问道：梅兰芳作为一代京剧大师，为什么对鲁迅有如此的态度呢？随后就插播了一段该节目制作人剪辑的引起鲁迅撰写《给文学社的信》一文，也是节目制作人认为鲁梅结怨缘由的影像资料。影像资料主要内容是这样的：1933年2月17日，英国著名文学家、诺贝尔文学奖获得者萧伯纳乘英国皇后号轮到上海访问，抵达时由宋庆龄、杨杏佛等前往吴淞口迎接。中午，由宋庆龄在其寓所设宴招待，作陪的有蔡元培、杨杏佛、林语堂、鲁迅等人。在宋庆龄寓所休息后，应中国笔会之邀，前往世界学社参加中国笔会的招待会。国际笔会是国际性的作家团体，1921年在伦敦成立，中国笔会系国际笔会分会，该会系由蔡元培、杨杏佛发起，1929年在上海成立。参加招待会的除蔡元培、杨杏佛、林语堂、鲁迅等人外，还有其他各界知名人士叶恭绰、邵洵美、张歆海、唐瑛等约40多人。梅兰芳不是笔会会员，因为萧伯纳特别点名要见他，故而也出席了招待会，并在会上回答了萧伯纳有关京剧的一些话题。招待会结束前，邵洵美代表中国笔会同仁，向萧伯纳赠送了一套礼品：锦盒装泥制京剧脸谱和一件锦绣戏装。此礼品系梅兰芳提供，客人非常喜欢，还当场指着和他一样有着长胡子的老生脸谱和漂亮的花旦脸谱幽默地说：这是中国的老爷，这是老爷的女儿。萧伯纳在上海停留了一天,当晚乘原轮离沪赴秦皇岛。这年7月,又有一位外国作家美国黑人作家休士到中国访问,但接待则没有像迎接萧那么隆重,为此,作家傅东华以"伍实"为笔名写了《休士在中国》一文对此鸣不平:

> 萧翁是名流,自配我们的名流招待,且惟其是名流招待名流,这才使鲁迅先生和梅兰芳博士有千载一时的机会聚首于一堂。休士呢,不但不是我们的名流心目中的那种名流,且还加上一层肤色上的顾忌。

此文刊于当年的《文学》一卷第二号。鲁迅看到此文后非常生气,于7月29日写了《给文学社信》一文予以反驳,此文刊于《文学》第1卷第3号,文章说:

> 是的,见萧的不只我一人,但我见了一回萧,就被大小文豪一直笑骂到现在,最近的就是这回因此就并我和梅兰芳为一谈的名文。然而那时是招待者邀我去的。这回的招待休士,我并未接到通知,时间地址全不知道,怎么能到?

应该说鲁迅的反驳是有道理的,只是文章中"最近的就是这回因此就并我和梅兰芳为一谈的名文"一句,后来曾引起争议。有研究者认为,鲁迅认为作者把他和一个戏子相提并论,是对他最大的侮辱,故有此说。如作家柯灵在他写的《〈文汇报〉与梅兰芳》一文中就这样说过:

> 新文学家中,只有戏剧家田汉和梅兰芳夙有交谊,伟大正直如鲁迅,也不免对梅怀有极深的偏见,曾因傅东华把鲁、梅"并为一谈"是对他极大侮辱,忿懑异常……①

---

① 柯灵:《〈文汇报〉与梅兰芳》,载《文汇报》回忆录之二《在曲折中行进》,文汇出版社1995年版,第118页。

香港凤凰卫视中文台制作《粉墨春秋——鲁迅与梅兰芳》节目时，被邀请发表谈话的专家也主要是围绕这个话题展开的。

检索《鲁迅全集》，论及梅兰芳或提到梅兰芳的文章大约有十几篇，最早一篇写于1924年11月11日，题目是《论照相之类》，当时鲁迅看了梅兰芳《黛玉葬花》的剧照后，觉得与原作不符，于是撰文指出：

> 我在先只读《红楼梦》，没有看见"黛玉葬花"的照片的时候，是万料不到黛玉的眼睛如此之凸，嘴唇如此之厚的。我以为她该是一副瘦削的痨病脸，现在才知道她有些福相，也像一个麻姑。

鲁迅有一些文章只是提到梅兰芳或梅演的戏，如上面在《粉墨春秋》电视节目里提到的《给文学社信》，还有的不是单纯批评梅兰芳的，如《法会和歌剧》、《谁在没落》等。《法会和歌剧》写于1934年4月20日，文中虽提到梅兰芳，但不是严格意义上的批评：

> 中央社17日杭州电云：时轮金刚法会将于本月28日在杭州启建，并决定邀请梅兰芳，徐来，胡蝶，在会期间内表演歌剧五天。
>
> 梵呗圆音，竟将为轻歌曼舞所"加被"，岂不出于意表也哉！
>
> 盖闻昔者我佛说法，曾有天女散花，现在杭州启会，我佛大概未必亲临，则恭请梅郎扮天女，自然尚无不可。但与摩登女郎们又有什么关系呢
>
> 但这种安排，虽然处于婆心，却仍是"人心浸以衰矣"征候。这能够令人怀疑：我们自己是不配"消除此浩劫"的了，但此后该靠班禅大师呢，还是梅兰芳博士，或是密斯徐来，密斯胡蝶呢？

鲁迅于1934年5月30日所写的《谁在没落》则不仅仅是批评梅兰芳：

> 5月28日的《大晚报》告诉了我们一件文艺上的重要的新闻："我国美术家

刘海粟徐悲鸿等,近在苏俄莫斯科举行中国书画展览会,深得彼邦人士极力赞美,揄扬我国之书画名作,切合苏俄正在盛行的象征主义作品。爰苏俄艺术向分写实与象征两派,现写实主义已见没落,而象征主义则经朝野一致提倡,引成欣欣向荣之慨。自彼邦艺术家见我国这书画作品深合象征派后,即忆及中国戏剧亦必采取象征主义。因拟邀中国戏曲名家梅兰芳等前往奏艺。此时已由俄方与中国驻俄大使馆接洽,同时苏俄驻华大使鲍格莫洛夫亦奉到训令,与我方商洽此事……"

这是一个喜讯,值得我们高兴。但我们当欣喜于"发扬国光"之后,还应该沉静一下,想到以下的事实——一、倘说:中国画和印象主义有一脉相通,那倒还说得下去的,现在以为"切合苏俄正在盛行之象征主义",却未免近于梦话。半枝紫藤,一株松树,一个老虎,几匹麻雀,有些却乎是不像真的,但那是因为画不像的缘故,何尝"象征"着别的什么呢?二、苏俄的象征主义的没落,在十月革命时,以后便崛起了构成主义,而此后又渐为写实主义所排去。所以倘说:构成主义已渐没落,而写实主义"引成欣欣向荣之慨",那是说得下去的。不然,便是梦话。苏俄文艺界上,象征主义的作品有些什么呀?三、脸谱和手势,是代数,何尝是象征。它除了白鼻梁表丑角,花脸表强人,执鞭表骑马,推手表开门之外,哪里还有什么说不出,做不出的深意义?欧洲离我们也真远,我们对于那边的文艺情形也真的不大分明,但是,现在20世纪已经度过了三分之一,粗浅的事是知道一点的了。这样的新闻到令人觉得是"象征主义作品",它象征着他们的艺术的消亡。

写于1934年11月1日的《略论梅兰芳及其他》是鲁迅论及梅兰芳最详细的一篇文章,此文较长,分两次刊登于《中华日报·动向》,发表时化名"张沛",文章说:

崇拜名伶原是北京的传统。辛亥革命后,伶人的品格提高了,这崇拜也干净起来。先只有谭叫天在剧坛上称雄,都说他技艺好,但恐怕也还夹杂着一点势

梅兰芳演《天女散花》天女散花场景

利,因为他是"老佛爷"——慈禧太后赏识过的。虽然没有人给他宣传,替他出主意,得不到世界的名声,却也没有人来为他编剧本。我想,这不来,是带着几分"不敢"的。后来有名的梅兰芳可就和他不同了。梅兰芳不是生,是旦,不是皇家的供奉,是俗人的宠儿,这就使士大夫敢于下手了。士大夫是常要夺取民间的东西的,将竹枝词改成文言,将"小家碧玉"作为姨太太,但一沾着他们的手,这东西也就跟着他们灭亡。他们将他从俗众中提出,罩上玻璃罩,做起紫檀架子来。教他用多数人听不懂的话,缓缓的《天女散花》,扭扭的《黛玉葬花》,先前是他做戏的,这时却成了戏为他而做,凡有新编的剧本,都只为了梅兰芳,而且是士大夫心目中的梅兰芳。雅是雅了,但多数人看不懂,不要看,还觉得自己不配看了。

士大夫们也在日见其消沉,梅兰芳近来颇有些冷落。因为他是旦脚,年纪一大,势必至于冷落的吗?不是的,老十三旦七十岁了,一登台,满座还是喝彩。为什么呢?就因为它没有被士大夫据为已有,罩进玻璃罩。

伍　梅兰芳鲁迅并无恩怨

吴性栽（1904—1979），笔名槛外人。浙江绍兴人。与梅兰芳交谊甚厚，曾在京沪港创办华东戏院、天蟾舞台、大尔登戏院、文华和龙马影业公司。1948年迁居香港。

他未经士大夫帮忙时候所做的戏，自然是俗的，甚至于猥下，肮脏，但是泼剌，有生气。待到化为"天女"，高贵了，然而从此死板板，矜持得可怜。看一位不死不活的天女或林妹妹，我想，大多数人是倒不如看一个漂亮活动的村女的，她和我们相近。然而梅兰芳对记者说，还要将别的剧本改得雅一些。而且梅兰芳还要到苏联去。议论纷纷。我们的大画家徐悲鸿教授也曾到莫斯科去画过松树——也许是马，我记不太真切了——国内就没有谈得这么起劲。这就可见梅兰芳博士之在艺术界，确是超人一等的了。

《现代》的编辑室里首座编辑施蛰存先生曰："而且还要梅兰芳去演《贵妃醉酒》呢！"（《现代》五卷五期）要这么大叫，可见不平之极了，倘不预先知道性别，是会令人疑心生了脏躁症的。次座编辑杜衡先生曰："剧本鉴定的工作完毕，则不妨选几个最前进的戏先到莫斯科去，宣传为梅兰芳先生'转变'后的个人创作。"（《文艺画报》创刊号）这可冷静得多了，一看就知道他手段高妙，足使齐如山先生自愧弗及，赶紧请来帮忙——帮忙的帮忙。

鲁迅对梅兰芳的批评曾引发过激烈的争论，20世纪80年代争论刚开始时，挺梅兰芳的认为鲁迅批评梅兰芳和京剧，与他批评中医、国画、汉字一样，的确比较偏激；挺鲁迅的则认为鲁迅的批评并不是针对梅兰芳个人，而是针对陈腐落后的旧文化旧观念以及整个"旧戏"，他的批评对促进京剧的改革与发展是有积极意义的。经过多年的讨论，关于鲁迅批评梅兰芳的看法，越来越多的人都能够结合五四新文化运动的背景去分析这件事，也能够理解鲁迅和其他被称之为新文化运动先驱者如陈独秀、钱玄同、胡适等人，他们当时对京剧的看法和批判所存在的一些局限性，如兼作家和梅兰芳研究者于一身的李伶伶说：鲁迅并非圣人，他的话也不可能句句是真理，他个人关于京剧的喜好与审美趣味，也不宜作为衡量被他批评的人的标尺。[1]我认为这番话是比较公允的。当然，也还有比较偏执者，2012年6月6日《贵州都市报》发表的一篇用刻薄的话语贬梅的文章[2]，就是比较少见的20世纪80年代捧鲁观点的翻版。不过当人们了解事情原委和随着国家将梅兰芳与鲁迅、郭沫若、矛盾、聂耳、冼星海、齐白石、徐悲鸿等七人同列为我国当代大文学家、大艺术家的杰出代表人物并为他们建立博物馆、纪念馆，以及曾被鲁迅批评过的梅兰芳当年编演的《天女散花》一剧成为梅派经典剧目且至今仍常演不衰备受国内外观众欢迎等实际情形来看（另，鲁迅曾批评徐悲鸿"画

---

[1] 李伶伶：《梅兰芳全传》，中国青年出版社2002年版，第414页。
[2] 该文章题目为《鲁迅曾贬梅兰芳》。作者在文章中极力为有人依据鲁迅《略论梅兰芳及其他》一文评其性格刻薄、狭隘作辩解，称鲁迅"只是批评梅兰芳附庸风雅，顺杆爬罢了"。作者并借题发挥说：梅兰芳的光环乃是近些年来外人为其打造的，"作为一个艺人，一个旧社会的戏子，梅兰芳攀附文人、不变雅腐，是很正常的事。""他（梅兰芳）不足以成为鲁迅的投枪、匕首的主要靶子。梅兰芳虽然是戏剧表演大师，却没有能力从更高的视角深刻地审视、把握文化艺术，他本来就不是思想家、学者之流，更不是五四新文化的倡导者或革命家之类。他的社会知名度很大，但他和现在的娱乐明星一样，宠物而已，是不会对社会、对文化起到多大的或好或坏的作用的。"这里暂且不论作者的观点是否客观、公正，各门类艺术家是否必须都要具有从更高的视角审视、把握文化艺术的能力，艺术家是否都应该也是思想家、学者、革命家，仅从其行文中的措词用语来看，对梅兰芳以及当年辅助梅兰芳的诸多前辈如已有定评的当代著名戏剧理论家、剧作家齐如山、著名诗人、剧作家罗瘿公等，就明显存在偏见和缺少应有的尊重。

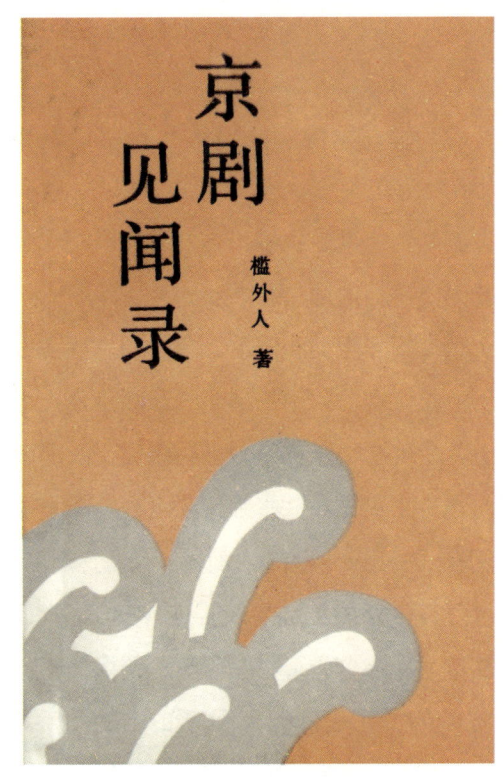

吴性栽（槛外人）著作《京剧见闻录》封面

不像"，但后来徐也成为美术大师，鲁迅曾批评"汉字不灭，中国必亡"的汉字，现国家拟申报为世界文化遗产），持这种偏激观点者已经越来越少。

鲁迅撰文批评梅兰芳的那几年，是梅兰芳演艺生涯的鼎盛期。在国内，他被尊为"剧界大王"，他所创立的梅派艺术已深入人心；在国外，他于1919、1924年两度访日演出，1930年访美演出，1935年访苏演出，成为我国在世界上声誉最高的京剧表演艺术家，被誉为东方美的化身。当然，这一时期舆论界于赞扬的同时，也有批评的声音。不过当时的梨园界乃至社会各界对梅兰芳的评价，总体上是赞扬者居多。关于梅兰芳为人处事的特点和他的性格，学者么书仪在《程长庚·谭鑫培·梅兰芳——清代至民初京师戏曲的辉煌》一书中在评述梅兰芳时就写得比较客观：

梅兰芳天性醇厚，为人谦恭平和、气量弘深；处事与人为善、从善如流。①

与梅兰芳相交了30多年、对梅知根知底的吴性栽先生1961年在香港《大公报》上撰文谈梅兰芳，也称誉他口中绝不褒贬别人，更无背后说人短长。他爱人以德，对待批评，不论是知名的或不知名的，也不论是同行或非同行的，只要指出不足，他都"闻过则喜"，虚心接受。②他大度宽容的高尚艺德，在他的著述中也有很多生动的例子。有一点这里需要特别说明一下，鲁迅当时所写批评梅兰芳的文章有一些用的是化名，鲁迅用化名所写的文章又夹杂在其他的各种评论梅兰芳的文章中，梅兰芳当时因忙于演出很有可能没有注意到，或者注意到了，当时也肯定不知道这些用化名发表批评文章的作者的真实身份的。从艺术批评的角度看，鲁迅作为著名的作家，他有权利对当时戏曲界包括梅兰芳在内的任何演员进行评论。而正是有包括鲁迅在内经常的批评，才促使梅兰芳更加精益求精，更加努力地追求尽善尽美，也才使得他不断推出精品力作，最终创立梅派艺术，成为最受广大人民群众所喜爱的京剧大师。从某种意义上讲，鲁迅以及其他的剧评家，和帮他编写剧本、出谋划策的朋友一样，也是梅兰芳成长为一代宗师的良师益友。

最后，有必要专门澄清一下该节目主持人关于梅兰芳因为对鲁迅早年的批评不满而在历次纪念鲁迅先生的会议上从不讲话且很少出席，或勉强来了，也往往是迟到或者早退的说法。经查证，可以确定这种说法完全是杜撰的，其理由是：第一，解放后凡重要的纪念鲁迅的会议，有关部门都曾详细地记入"大事记"，而且还可以在档案里查到其原始记录（各大单位每年年底都要进行资料归档工作，这是档案资料管理的一项重要业务），该节目主持人既未指出何时在何地召开的纪念鲁迅的会议、该会议梅兰芳应该去而未去或迟到早退的事实依据，也没有

---

① 么书仪：《程长庚·谭鑫培·梅兰芳——清代至民初京师戏曲的辉煌》，北京大学出版社2009年版，第282页。
② 吴性栽（笔名槛外人）：《京剧见闻录》，宝文堂书店1986年版，第34、63页。

提出何人可以证明此事，故可以断言此事乃捕风捉影，子虚乌有；第二，按照我国的通常做法，召开著名人物纪念会，事先都要由相关部门进行筹备，鲁迅是作家，归口由中国作家协会负责，需要出席、讲话，也是由作协领导出席和讲话，若由中宣部组织召开的话，则由中宣部或中央领导讲话（会上讲话或发言系预先安排），会议筹备情况以及会上领导的讲话等有关文件，由筹办单位整理归档；第三，无论是作协组织还是中宣部组织，若需要邀请文联作为会议的共同主办单位，开会时一般也是由文联主席或由分管文学方面工作的副主席出席，梅兰芳当时分管戏剧并兼为中国戏剧家协会副主席，纪念鲁迅的会议一般不会安排他出席并讲话。退一步讲，从新中国成立到他去世的11年间，梅兰芳若有出席纪念鲁迅大会的机会，作为在主席台就坐的领导，在那种庄重的场合下，以他一贯谦恭平和的性格，他是不可能迟到或早退的。

综上所述，不难看出称梅兰芳和鲁迅有恩怨，是完全没有事实根据的无稽之谈。无论是电视台也好，还是在其他媒体发表文章的作者也好，这种不负责任的说法，不但伤害了两位大师的声誉，也严重的误导了广大电视观众和读者。持这种观点的作者，特别是香港凤凰卫视中文台，应该就此事向鲁迅和梅兰芳的后人道歉，向广大的读者和电视观众道歉。

陆　梅兰芳赴台和留沪事件考辨

 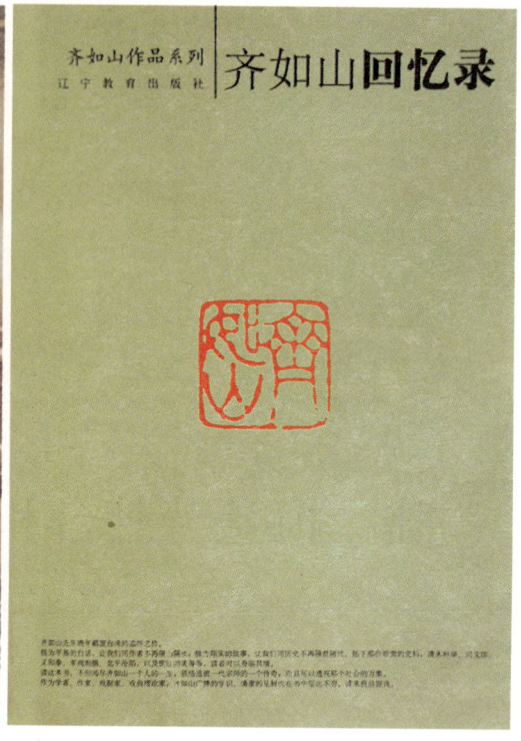

梅兰芳与齐如山合影　　　　　　《齐如山回忆录》封面

　　由文物出版社组织编写、国家文物局局长单霁翔题辞的《带你走进博物馆》系列丛书，其中有一本名为《梅兰芳纪念馆》。该书主要介绍京剧大师梅兰芳不平凡的一生及其艺术成就，其中第三章"迎接新中国"一节有这样两段记述：

　　随着国民党在军事上的节节败退，每个中国人，无论是一向关心政治的，还是对政治敬而远之的，都面临着人生的一大抉择：是去还是留。……他的好友齐如山前往台湾之前，曾劝说过梅兰芳，但梅兰芳却一直不为所动，齐如山最终以一句常用的戏曲台词"再思啊再思"结束了长篇的唠叨。

　　……随着解放战争逐步接近尾声，共产党和进步人士与梅兰芳的接触也逐渐频繁起来。这段时间里，梅兰芳曾被安排在中法大药房药剂师余贺家里与周恩来进行了会面。①

第二段中的"这段时间"表述比较含混，为了弄清楚这个史实，在梅兰芳纪念馆组织编撰的另一本书《梅兰芳艺术年谱》里对"这段时间"给出了明确的说法：

> 1946年
>
> 民国三十五年
>
> 丙戌
>
> ……
>
> 本年梅兰芳有幸会见了周恩来。这次会见是在周恩来的天津南开中学同班同学余贺家中进行的。周恩来热情而诚恳地对梅兰芳说："希望你不要随国民党撤退而离开上海，希望你留在上海，我们欢迎你。"梅兰芳深表同意。②

这里首先要指出，中共中央有关文献记载国内全面内战爆发的时间是1946年6月。那么1946年下半年刚爆发内战，而《梅兰芳纪念馆》一书则将1946年称为"解放战争逐步接近尾声"，这显然是错误的。此外，该书在周会见梅一事中关于"国民党撤退"的说法，也因为缺乏历史常识而成为了一个政治笑话。

齐如山前往台湾之前，是否曾劝说过梅兰芳一同赴台？这个问题并不复杂，只须看一下《齐如山回忆录》就可以得出结论。在齐如山撰写的回忆录中，很详尽地讲了他1948年去台湾的过程，也讲了他去台湾途经上海时与梅兰芳见面、谈话的情况。

齐如山的大儿子、小儿子均在台湾工作、定居。1948年12月19日，齐如山

---

① 梅兰芳纪念馆编：《梅兰芳纪念馆》，文物出版社2008年版，第82页。
② 谢思进、孙利华：《梅兰芳艺术年谱》，文化艺术出版社2009年版，第243页。

先从北平乘飞机去青岛,在青岛过夜后,再飞上海,在沪停留约一周,随后乘轮船去台湾。下面摘录的就是他在回忆录中撰写的在上海逗留期间和梅兰芳见面话别的主要内容:

> 下机后有舍侄焌来接,即住在他家,即与梅兰芳打了一个电话,挂上电话,他就来了。先问我短什么,我乐了,我说:"什么都短。"当即把来的情形,大致同他说了一遍,……晚上就在他家吃涮羊肉。
>
> 我在上海住了不到一个星期,他是天天到我家,也共同吃过几顿饭,谈的话当然很多,除谈起我二人共同工作的情形,相与感叹外,大致谈的话可以分两个部分,一是他拍摄电影的情形,一是他是否离开上海的事情。
>
> 他在上海只拍了一部电影,就是《生死恨》。他未拍之前,就与我去过一个电报云,因为他要把《生死恨》一戏拍成五色电影,请我去一趟;我当然没有功夫,又来一信,问我意见。我给他去了很长的两封信,当时这两封信,都被人在南京报纸上发表了。他回我的信说,一切当照我的意思办理。
>
> 从前因为往美国演戏,我写了一本书,是专为宣传的,名字叫做《中国剧之组织》,我的名气就是由这本书得来的。
>
> 谈到来台湾,——这层在最初两天并未详谈,后有友人请吃饭,在座除梅外,多是银行界人,他们问我为什么往台湾,我说往南来无论到什么地方,必须谋生活,这便很难,因大小儿在台湾,只好去投奔他们。……他说,大家都说他是一个艺术家,与政治无关,且到过苏联,共产党对他也一定另眼相看。他还劝我住下,说:"你向来不管政治,只是从事戏剧工作,这些年来我们一直在一起,往苏联演戏,一切都是你筹备的,所有宣传品,都有你的名姓,我想到那时候,我们还在一起工作,一定也不会有事没问题。"我说你这些话都有道理,但有许多地方,还要想一想,还要加以斟酌。
>
> 再说到你,你本是一个艺术家,他们对你不会有什么虐待的,何况你还到苏联去过,待你更不会太错,这可以说是当然的。但有一种情形,不可不注意,就是他们必要利用你。……你的名声相当大,所以你要注意。戏剧中有一句曰:

陆　梅兰芳赴台和留沪事件考辨

齐如山悼念梅兰芳　1961年8月，在台湾的齐如山得知梅兰芳病逝消息后，特意在其台北的客厅中悬挂梅兰芳题赠予他的书法条幅，以寄托哀思。

梅兰芳主演《生死恨》电影海报

"再思啊再思！"

以上这些话，不是一次所谈，而且所谈的还多，不过归拢到如此就是了。①

在这些翔实的记述里没有看到齐如山劝说梅兰芳赴台的片言只字，相反，倒是齐如山谈到了梅兰芳很真诚地希望他留在上海"和他一起工作"。

齐如山去台湾不到一年，大陆就解放了，之后因为海峡两岸紧张的对峙和众所周知的政治原因，齐梅也就再没有联系，梅兰芳在他的著述中也从未提及齐赴台前他们在上海见面与谈话的情形。梅兰芳、齐如山分别于1961、1962年病逝，

---

① 齐如山：《齐如山的回忆录》，辽宁教育出版社2005年版，第336～345页。

他们去世后无人能够再准确地描述这件事，唯一留下文字记录的，就是齐如山撰写的《齐如山回忆录》。但《齐如山文集》(《齐如山回忆录》该文集第十册)是于1989年方才由北京宝文堂书店在大陆出版发行，故齐梅在上海见面与谈话情形当是在这之后才广为人知。从以上引证可以看出，《梅兰芳纪念馆》、《梅兰芳艺术年谱》两书关于齐如山劝说梅兰芳赴台一事的记述已完全篡改了事实。

关于周恩来动员梅兰芳"不要随国民党撤退而离开上海"一事，由于《梅兰芳艺术年谱》编者未说明这一事件的资料来源，故而笔者主要依据中共上海市委党史资料征集委员会、中共上海市委党史研究室等单位合编，上海翻译出版公司1991年出版的《上海革命文化大事记》(1937—1949)和周恩来有关著作、《周恩来年谱》以及梅兰芳的著述和泰州史志专家编写、可靠性较高并得到梅家后人认可的《梅兰芳年谱》来进行查证，结果均未找到有关的记载。而在查证的过程中，则发现《梅兰芳艺术年谱》所记载的周恩来与梅兰芳谈话的内容，还有梅兰芳当时的处境等方面，存在着诸多疑点：

其一，1945年10月10日，共产党与国民党正式签署了《政府与中共代表会谈纪要》，即著名的《双十协定》，国共同意"长期合作，坚决避免内战，建立独立、自由和富强的新中国"，同意召开政治协商会议。共产党还同意将其领导的120万军队缩编为24个师。1945年12月21日至1946年12月，美国又派总统特使马歇尔来华调停国共"内战"，苏联也要求中共与国民政府妥协。1946年，其时共产党各个方面特别是军事力量处于绝对劣势，装备之差自不待言，兵力是120万对430万，共产党所领导的军队和根据地均被"国民政府"定为"非法"。1945年9月29日，在国共谈判期间，毛泽东还在重庆，蒋介石在这一天的日记中，罗列中共11条"罪状"，并写下准备扣押和审判毛泽东的文字。不过蒋介石很快又改变了注意，他在第二天的日记中写道："断定其人（指毛泽东——笔者注）决无成事之可能，而亦无足妨碍我统一之事业，任其变动，终不能跳出此掌一握之中。"由此可见蒋介石当时是何等的自负。梁琨发表在2011年第4期《党的文献》上的文章还讲了这样一个史实：国家社会党重要成员蒋匀田曾回忆在重庆谈判期间与毛泽东的一次面谈中，毛泽东提到和蒋介石的一段小插曲。在一次会见中，蒋介石对周恩来说:"盼告润之,要和,就照这个条件和,不然,请他回延安带兵来打。"蒋介石所说的"这个条件"就是取消共产党领导的解放区和军队。次日见到蒋介石,毛泽东针锋相对地答复说:"现在打,我实打不过你,但我可以对日敌之办法对你,你占点线,我占面,以乡村包围城市。"这段小插曲真实地反映了当时国共双方悬殊的实力。《双十协定》签订后,周恩来作为中共首席代表常驻重庆、南京,主要工作就是监督、斡旋协定的贯彻实施。当时中共的具体要求是,"得到5个北方省份的省长以及北平军事委员会主席职位,外加一支实际上的军队"。1946年上半年正是国共合作时期,或者说处于劣势的共产党,是主动要求与"政府"合作并希望通过"普选",以争取到更多席位参与到政府机构。1946年6月,全面内战爆发。8月,延安、张家口相继失守。11月1日,蒋介石向马歇尔和刚被美国政府任命为新任驻华大使的司徒雷登宣称"8到10个月内消灭共军"。1946年,包括毛泽东在内的共产党主要领导都很清醒当时的形势是敌强我弱,根本就不存在"国民党撤退"的问题。由此来看,周恩来无论如何料事如神,也不至于在1946年这样一个对共产党极为不利的年头,去上海和一个京剧演员讲"国民党撤退"这样的话。

其二,1945年10月至1946年,梅兰芳刚刚复出并受到当时的"国民政府"的器重,蒋介石曾于1946年2月在上海观看梅兰芳演出后接见梅兰芳,对梅兰芳抗战期间拒绝为日伪演出的民族气节给予高度赞赏。1946年,梅兰芳先后参加过国民政府组织的慰问"盟军"游艺会演出(2月15日)、中国福利基金会组织的平剧义演(6月1日至6日)、庆祝蒋介石六秩华诞国剧大公演(10月31日)、"制宪国大"招待演出(12月25日)①等一系列重要演出,而复出后的梅兰芳,此时也踌躇满怀,希望夺回失去的宝贵时间,再创艺术辉煌,这可从他发表在1945年10月10日《文汇报》上的《登台杂感》一文里看到他的心声:

> 沉默了八年之后,如今又要登台了。诸君也许想像得到,对于一个演戏的

---

① [英]乔纳森·芬比著,陈一鸣译:《蒋介石传》,中国青年出版社2011年版,第416页。

人，尤其像我这样年龄的人，八年的空白在生命史上是一宗怎样大的损失，这损失是永远无法补偿的。在过去这一段漫长的岁月中，我心如止水，留上胡子，咬紧牙关，平静而沉闷地生活着，一想到这个问题，我就觉得这战争使我衰老了许多，然而当胜利消息传来的时候，我高兴得再也沉不住气，我突然觉得我反而年轻了，我的心一直向上飘，浑身充满了活力，不知从哪儿飞来了自信，我相信我永远不会老，正如我们长春不老祖国一样。

在抗战期间，我自己有一个决定：胜利以前我决不唱戏。胜利以后，我自己又有一个新的决定：必须把第一次登台的义务献给祖国，献给我们的政府。当时我想，假如政府还都（指从重庆迁回南京——笔者注）的时候，有一个庆祝会，我愿意在举国欢庆声中献身舞台。现在我把这点热忱献给上海了。为了庆祝这都市的新生，我同样以无限的愉快去完成我的心愿。

我对于政治问题向来没有什么心得。出于爱国心，我想每一个人都是有的吧？我自然不能例外。

光荣属于我们贤明领袖，和艰苦卓绝的全国军民，只有他们，才配接受我们最大的敬礼。在这双重的国庆节，请让我以一片鼓舞欢迎，献上我对全民族的微末忠忱。

从字里行间可以感知梅兰芳当时的心情和愿望。处在这种情况下，无论是政客刻意策划安排，还是朋友从中牵线搭桥，依梅兰芳的性格和处事方式，在这个对他艺术生命有至关重要的时候，他是绝对不会去冒"通共"这个风险，去卷入这个政治漩涡的。

综上所述，关于齐如山劝说梅兰芳赴台湾、周恩来动员梅兰芳留在大陆的说法，乃是捕风捉影、牵强附会的杜撰。而将没有史实依据的事情写入严肃的博物馆丛书和梅兰芳年谱，这种编造史实、误导读者的行为则是对历史、对广大读者和对梅兰芳本人都是极为不负责任的行为，是应当受到谴责的。

《梅兰芳艺术年谱》杜撰的梅兰芳与周恩来会面的史实，由于该书系时任梅兰芳纪念馆负责人组织编写且多次再版，现已成为"真事"而被广为征引，诸如有的作者引用时，依据《年谱》所虚构的情景，又臆想出许多细节和对话，如周恩来称梅兰芳为"梅老板"，周恩来甚至给梅兰芳讲快"天亮"了①，这种不合人物身份和当时共产党明显处于劣势之实际的暗语式话语。由此可见，厘清这一历史事实，避免造成政治笑话和讹传，是多么的必要，多么的重要。笔者呼吁，从事专业或业余研究、写作人员，对历史文化名人，尤其是像梅兰芳这样一生经历过三个不同时代的表演艺术家，凡涉及与政治事件、政治人物有关之事，千万不可无中生有，随意杜撰，否则非但无助于提高名人的声望，反而还会授人以柄，适得其反。此一事例，就是最深刻的教训，应引以为鉴。

---

① 毛忠：《梅兰芳与中国戏曲研究院》之"梅兰芳与周恩来第一次正式会面"一节，刊于2012年第3期《传记文学》。原文如下：1946年，在特定的安排下，周恩来与梅兰芳在一位朋友家里进行第一次正式会面。在这次秘密会面中，周恩来热情而诚恳地对梅兰芳说："梅老板抗战时'蓄须明志'，体现了一个中国人的骨气。现在快'天亮'了，希望梅老板不随国民党去台湾，欢迎你留在上海。"

柒 梅兰芳迁回北京的时间及其故居之原貌

梅兰芳在上海马斯南路寓所接受黄世恩（前排右四）拜师时，与夫人福芝芳和演员姜妙香、刘连荣、李世芳等合影。

梅兰芳曾于1932年从北京迁居上海，居住于马斯南路87号，后又于解放初迁回北京。为了便于梅兰芳生活、工作与演出，新中国成立前夕，时任中共中央副主席的周恩来就着手为梅兰芳安排住房。后征得梅兰芳同意，确定入住北京西城区护国寺街甲1号（现为9号）四合院。那么梅兰芳是何时正式入住该宅院的呢？梅兰芳纪念馆（梅兰芳故居）门口铜匾上的简介和国家文化部网站关于梅兰芳纪念馆的介绍均记载为1951年，梅兰芳纪念馆所编"梅兰芳生平年表"则记载为1951年7月，还有许多书籍记载为1952年。

关于梅兰芳故居建筑的历史原貌，有关背景情况是这样的：梅兰芳于1961年因病去世后，周恩来总理曾指示："梅兰芳这位伟大的艺术家不仅仅是属于中国的，应该说，他是属于世界的。我们不但为他修个像样的坟墓，边上还要盖一幢纪念梅兰芳艺术的展览馆。把梅兰芳的艺术成就和功绩展示出来，让后辈们都知道，让国际友人和艺术家们也来瞻仰和缅怀这位属于全世界的伟大艺术家。"①据梅兰芳秘书许姬传（1900—1990）回忆：梅兰芳先生于1961年8月8日因心脏病逝世，政府作出开展十项纪念活动的决定，其中有一项是将故居辟为纪念馆。对纪念馆的选址，北京市政府主张将纪念馆建在香山梅墓附近，作为风景游览区，这一意见得到了采纳，国务院为此决定拨款40万元，由时任文化部副部长齐燕铭主持此事。然而在纪念馆工程还在进行设计、筹划时，发生了文化大革命。在"文革"动乱中，梅兰芳受到批判，该工程也随之搁置。②1983年12月，经国家有关部门批准，又重新启动了纪念馆项目，成立了"梅兰芳纪念馆"筹备组，由文化部艺术司马彦祥同志主持，由梅兰芳之子梅绍武、儿媳屠珍协助，并对原纪念馆的修建方案作了修改，决定将梅兰芳曾居住过的北京市西城区护国寺街1号四合院，按梅兰芳居住时的原样修复作为馆舍，名称定为"梅兰芳故居纪念馆"，隶属文化部（1986年邓小平为该馆题写匾额时又更名为"梅兰芳纪念馆"）。由于该四合院为公房，在梅兰芳去世后，先是文化大革命开始时被红卫兵占用，1968年后是中国京剧院演员入住，后来又为北京955兵工厂购买作为该厂招待所。所幸该宅院建筑格局和内部结构未有改动。1984年国家用80多万元购回，至1986年10月27日即梅兰芳诞辰92周年之际，维修工程告竣并正式对外开放。纪念馆开放后至现在的26年间，该四合院又先后修缮过多次，最近两次较大的修缮为2004年、2007年，每次维修后纪念馆都向主管部门报告并通过媒体宣称恢复了梅兰芳居住时的原貌。

真实情况到底是怎样的呢？笔者通过查阅文献并比对历史照片后，惊奇地发现，文化部网站对"梅兰芳纪念馆"介绍所讲梅兰芳入住该宅院的时间、梅兰芳纪念馆（梅兰芳故居）铜匾上刻写的梅兰芳入住该宅院的时间和该馆所编"梅兰芳生平年表"记载的梅兰芳入住该宅院时间以及各种宣传物上介绍梅兰芳故居已

---

① 徐希博：《梅兰芳睡楠木棺材》，香港《大成》第255期。
② 许姬传：《许姬传艺坛漫录》，中华书局1994年版，第202页。

梅兰芳和秘书许姬传在一起

完全恢复梅兰芳居住时原貌的说法,都是不正确的,需要予以纠正。

一、梅兰芳入住北京护国寺街甲1号的确切时间

如果说在纪念馆建馆之初,由于时间紧迫和缺少资料,对梅兰芳入住该四合院时间的确定有误差尚有情可原,然而纪念馆建立、开放长达26年之后,有关梅兰芳何时入住,其可靠资料甚多、查找也很容易,却不做更正,而仍然按1951年7月入住该四合院来向国内外观众进行介绍和宣传则是一种误导。

梅兰芳究竟何时入住该宅院,最佳方法当是查阅1949年政务院管理局的分房记录。但由于年代久远和经管的人员变化太多,现要查寻这份分房记录已非易事。除此之外,最可靠的就是查阅当时入住该宅院主人梅兰芳的说法。

梅兰芳在他口述、许姬传记录的回忆录《舞台生活四十年》第二集第三章第

柒　梅兰芳迁回北京的时间及其故居之原貌

五节开头有这样的记述：

　　1951年3月12日的清晨，梅先生同我又乘京沪通车到了北京。我们回到护国寺街，踏进各人自己住的卧室，看到屋内陈设的家具上面，都薄薄的盖上了一层浮土，就想起我们离开这儿一晃已经40天了。①

　　第一集第十章第七节又记述道：

　　1950年12月，梅剧团在（北京）大众剧场演完六场。这一天没有戏，是梅先生休息的日子。……他起床就在院子里（按：即护国寺街甲1号的宅院）晒太阳，散了一会儿步，回到客厅，照样要翻看那本旧戏单。②

　　在第一集第十章第八节也有一段记述1950年秋天，梅兰芳到北京参加一个招待国际友人的晚会，当晚他演出《游园惊梦》，11点钟散戏，吃完夜宵，他和许姬传一起回到护国寺街四合院客厅，由许姬传给他念当天《新民报》上一篇《谈迤逗就正于梅兰芳先生》文章。③

　　这些记述清楚地表明，梅兰芳于1950年已经入住该宅院。
　　许姬传自20世纪30年代起在梅兰芳身边工作直到1961年梅兰芳去世，也是入住该宅院的一个见证人。许姬传在他的《梅兰芳在北京的住宅》一文中写道：

　　1949年梅兰芳到北京参加文代会期间，政务院派申伯纯同志来陪梅先生看房。我们坐了他的汽车到了护国寺街甲1号，那是个四合院的规格，只有北屋和东西厢房。南面是杂草地。梅表示："现在只我与姬传两人，足够住了。"就拍板定局。当时是招待所，邓宝珊将军还住在里面。1950年我和梅先生搬进去，下半年梅夫人带了子女从上海迁来。

---

①②③　梅兰芳述，许姬传记：《舞台生活四十年》，中国戏剧出版社1987年版，第290、291、147、163页。

北京老四合院鸟瞰图　此四合院为普通四合院，无后罩房，也无东西跨院。1为宅门，2为南房，3为二门，4、5为东西厢房，6为北房，7、8为东西耳房。

梅兰芳故居的南房和二门（南房右侧为西跨院）

梅兰芳故居的西跨院

梅兰芳故居的北房、西厢房与庭院

梅兰芳故居的抄手廊

柒　梅兰芳迁回北京的时间及其故居之原貌

梅兰芳1950年入住时的宅门

1983年12月在宅门外墙头悬挂的"梅兰芳纪念馆筹备组"的牌子

> 北屋上首（东屋）是梅兰芳先生与夫人福芝芳的卧室，下首（西屋）是我的卧室，我从1950年到1968年住在这里。"文革"时，护国寺街梅宅被红卫兵占据，我被迫迁到张自忠路。①

许姬传也讲得很明确，入住时间为1950年上半年。

根据梅兰芳和许姬传两人的回忆，可以确定，梅兰芳是于1950年6月前住进了该四合院，梅兰芳夫人和子女则是1950年下半年从上海迁回北京的。而梅兰芳四子梅葆琛在《怀念父亲梅兰芳》一书里的说法也佐证了这一点：

> 自1950年起始，我父母基本上是住在北京，我们兄妹4人也陆续分配到北京工作，并都安排住在护国寺街甲1号的家里。②

新中国成立至20世纪八九十年代，我国住房实行的是供给制，凡国家工作人

---

① 许姬传：《许姬传艺坛漫录》，中华书局1994年版，第198、201页。
② 梅葆琛：《怀念父亲梅兰芳》，中国社会出版社2005年版，第86页。

1986年修缮竣工时保留梅兰芳居住时原貌的宅门　　2004年拆改后的宅门　宅门抱框、门框、抱鼓石前移与墙平行，已完全改变了原宅门的形制

员其住房系由其所在单位根据个人职务所对应的住房标准统一进行分配。1949年6月底至7月下旬，梅兰芳是以南方代表第二团代表①的身份到北平出席中华全国文学艺术工作者代表大会的，并在6月30日预备会上当选为主席团成员。会议期间，周恩来和梅兰芳谈话，希望他到北京主持即将成立的中国戏曲研究院工作。关于住房问题，周恩来也考虑过了，可以住回他原来的东城区无量大人胡同宅院。梅兰芳同意回北京工作，但对住房的安排，他考虑后觉得不妥，于是通过阿英（新中国成立后任天津市文化局长、华北文联主席）向周恩来表示，无量大人胡同住宅已经卖给柯家，不能倚靠政府力量强占此宅院。周恩来尊重梅兰芳的意见，文代会一结束，就安排政务院管理局给梅兰芳寻觅住所，管理局预先选了三处房子，由申伯纯专门陪同梅兰芳去看房，首先看的是护国寺街甲1号的四合院。护国寺街甲1号这座宅院于1944年建成，原为国民党禁烟总局使用，后被国民党军队作为军官宿舍。②梅兰芳看后觉得很满意，当场就拍板确定，其他两处房子也就没

---

① 中华全国文学艺术工作者代表大会宣传处编：《中华全国文学艺术工作者代表大会纪念文集》，1950年3月，第555页。
② 刘松崑：《梅兰芳在崇文区的生活》，载《北京文史资料精选·崇文卷》，北京出版社2006年版，第165页。

柒　梅兰芳迁回北京的时间及其故居之原貌

从西南方向拍摄的后罩房顶部（历史照片）

从东南方向拍摄的后罩房顶部（历史照片）

被拆场景（一）

被拆场景（二）

有再去看了。不久，临时住在该宅院的国民党起义将领邓宝珊将军被任命为甘肃省人民政府主席并前往赴任，国管局随即对房子进行整修。此前，即1949年9、10月间，梅兰芳又从上海到北京出席全国政协会议。9月30日会议闭幕时，梅兰芳被选为政协常委。10月1日，梅兰芳以政协常委的身份在天安门城楼上参加开国大典。开国大典刚结束，中华全国戏曲改革委员会在京成立并设立京剧研究院，任命梅兰芳为院长，这也是梅兰芳在新中国文化艺术机构担任的第一个公职。

　　从1949年7月周恩来指示有关部门为梅兰芳寻觅住房到梅兰芳确定其住处和入住，与梅兰芳被任命为京剧研究院院长的时间基本是同步的，这也间接佐证了梅兰芳正式参加新中国文化艺术领导工作的时间。1950年入住该宅院，与梅兰芳故居铜匾和文化部网站介绍的1951年入住，时间上虽然只相差一年，但这是不可忽略的一年，因为无论是客观真实地介绍宣传梅兰芳，还是通过党和政府安排梅兰芳工作、住房这一实例来研究新生的共和国如何团结、发挥旧艺人作用，乃至体现文化部所属的梅兰芳纪念馆的管理工作和业务研究水平，都有着极其重要的意义，所以必须慎重对待，认真厘清。

二、梅兰芳故居的历史原貌

梅兰芳自幼在北京四合院中长大，特别是他1932年迁居上海前，他所居住的位于东城区无量大人胡同的七进大型豪华四合院，曾一度成为当时外国友人到北京"登长城、游故宫、看梅宅"的参观选项，故而梅兰芳对四合院一直怀有很深的感情。笔者曾见过梅兰芳1954年精心所作的一幅小写意牵牛花作品，其题款为一长跋："曩（音nang，意为以往、从前）居旧京，庭中多植盆景牵牛花，绚烂可观，他日漫卷诗书归去，重此花，快何如之。"从中可见此时在上海住楼房的梅兰芳，是多么怀念北京的四合院，多么希望有朝一日"漫卷诗书归去"，再住四合院，再植牵牛花。从建筑历史看，四合院是北京人世代居住的主要建筑，也是我国传统居住建筑的典范。北京四合院的建筑格局、空间构成和工艺技术，既反映出北京民居建筑技术的高超水平，也体现出老北京人传统的民风民俗。但由于新中国成立后在城市快速发展中对传统建筑保护不够，大量传统建筑（包括老四合院）遭到破坏，四合院也日益减少，造成了不可挽回的重大损失。自20世纪80年代后，北京市各级政府加强了对传统建筑保护的力度，凡民国以前修建的比较完整的四合院，各级政府都将其作为不可移动文物，分别列为区、市、全国文物保护单位进行保护。梅兰芳1950年入住的北京护国寺街甲1号四合院，系一座二进一主一次并列式四合院（也称带跨院的四合院），因其格局完整且梅兰芳曾在此居住过，经文物专家评估于1984年5月24日被确定为北京市文物保护单位。

护国寺街甲1号四合院在梅兰芳入住时，宅院建筑有金柱大门、正房（北房）、东西厢房，南座房（5间）以及与主建筑并列的西房（坐西朝东，由南向北共11间）和后罩房，西房、后罩房均为梅兰芳入住后增建，这些建筑建成后，使该四合院的格局更加完整、面积分配更趋合理，从而成为北京少有带跨院的典型

柒 梅兰芳迁回北京的时间及其故居之原貌

的宫第式宅院。

清代以前，住宅建筑均须符合礼制之规定，故等级区分非常严格，若不恪守规矩则以犯上论处。宫第式宅院是指清代官僚、地主、富商居住的最有代表性的大中型四合院。民国时期，清王朝虽然垮台了，但由于根深蒂固的旧观念影响，其住宅建筑仍沿袭旧时追求高规格、讲究豪华气派的作法。护国寺街甲1号四合院始建之际，由于其宅基地原系庆王府马厩，用地面积比较充裕，占地进深（南北）38.3米，东西宽30.6米，比一般较宽的二进院落（进深30米、宽22米）都宽绰。从该四合院所建的大门——金柱大门（四合院大门的等级依次为广亮大门、金柱大门、蛮子门、如意门）来看，这座宅院一开始就是规划要建造中等以上规模的四合院。后来这个院子只建了大门、南房、垂花门、北房和东西厢房，不过据梅兰芳回忆录中记述，南房在梅兰芳入住前未知何故又拆了还未重建。

梅兰芳是1950年上半年正式入住该四合院的。下半年，他的家属、子女、佣人也从上海迁回住进了该院，这样，原来觉得比较宽敞的院子一下子就变得紧张了起来。考虑到回北京后，为了方

后罩房天窗（已拆毁）

后罩房梅兰芳洗漱间的大浴缸

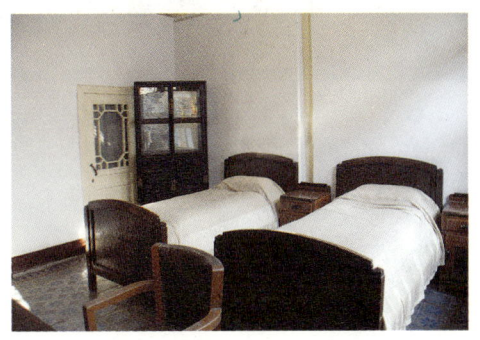

现存梅兰芳卧室北墙的门系通往洗漱间（此门现只有门框，门外已被砖砌成墙面，记录梅兰芳生活起居重要的建筑——后罩房与洗漱间里的浴缸、洗手盆等珍贵实物现已荡然无存）。

155

梅兰芳在客厅指导女儿梅葆玥练功

便演出，梅剧团有些人员也需要和他住在一处，为此梅兰芳决定按照四合院的规制，重建南房（5间）、增建西房和后罩房。其时，正好他四子梅葆琛从上海震旦大学建筑系毕业分配到北京设计院工作，梅兰芳就让梅葆琛主持这件事情。梅葆琛在后来写的《怀念父亲梅兰芳》一书中，对此事也作了详细的记述。①

梅兰芳所建的南房、西房和后罩房，成为护国寺街甲1号四合院的重要组成部分，也是梅兰芳故居独具特色的建筑。特别是后罩房（南北宽4.2米、东西长

---

① 梅葆琛：《怀念父亲梅兰芳》，中国社会出版社2005年版，第148页。

16米），由于受宅基地面积限制，他和他的儿子研究后，将后罩房设计和正房相连，共4间，东面为梅兰芳夫妇的洗漱间（卫生间），中间2间为家庭棋牌室，西侧1间为岳母卧室，从正房北墙东西两侧各开一扇门，东侧的门与梅兰芳夫妇卧室相通。为了解决采光和通风问题，梅兰芳父子专门在后罩房顶部设计了高出屋顶1米多的玻璃窗。这样设计，不仅实用美观，而且和正房以及周边建筑非常协调，成为辨别梅宅的重要标志。

根据周恩来指示，在梅兰芳去世后拟建一座梅兰芳纪念馆，以纪念这位为我国戏剧事业作出重大贡献的京剧大师，馆址就选在北京香山梅墓旁边。后来因为发生文化大革命，这一项目没有落实。1983年，国家决定重新维修梅兰芳曾居住过的护国寺街甲1号四合院将其辟为"梅兰芳故居纪念馆"，并由文化部艺术局负责这项工作。从确定项目到安排资金，进展非常顺利。先是由国家拨款80多万元从北京955厂购回此房，另拨款25万元按梅兰芳居住时原貌进行修缮。梅兰芳家属和梅兰芳秘书许姬传是1968年前先后搬出该院的，后来此院成为中国京剧院单身演员宿舍，曾任文化部副部长、现代京剧《红灯记》李玉和扮演者钱浩梁也曾在此居住过一段时间，最后此院成为北京955厂在北京城里的招待所。虽然几经变换，所幸该四合院的格局没有改动过。为了维修好这个院子，文化部艺术局聘请梅兰芳五子、曾在该院住过的梅绍武为名誉馆长具体指导工程人员施工，施工中又多次邀请许姬传和主持修建附属建筑的梅兰芳四子梅葆琛共同研究，同时参考历史照片和记录有该宅院图像的影像资料，力求做到精益求精，修旧如旧。1985年12月，维修工程竣工并通过验收。1986年10月23日，梅兰芳故居纪念馆正式开放前，又专门请梅兰芳子女、许姬传等人先看，结果得到他们一致的赞许，认为维修后的院子，其格局、大门、二门、窗户、壁画、彩绘、摆设等与梅兰芳生前居住时基本上一样。此前，梅兰芳家属已将梅兰芳的名人书画、明清家具、瓷器铜器、戏剧书刊、舞台影集、雕塑作品、信札剪报和其他生活用品共计3万余件，全部捐献给了纪念馆。

由于第一次维修时忠实于历史原貌，并严格采用传统的工艺，不但使这一座带跨院的典型的四合院重新焕发光彩，成为国内外游客来京参观四合院的首选，

梅兰芳在故居庭院东侧抄手廊前留影　　　抄手廊的精美彩画已被用油漆涂掉
（照片上方可见精美彩画）

而且通过原物陈列、专题介绍、图片展览等形式，再现了梅兰芳艺术风采，成为人们学习、研究、缅怀梅兰芳的必到之处。故而1986年10月27日正式开馆之后，梅兰芳故居纪念馆很快就成为北京的一个新的亮点，也成为许多喜爱梅兰芳艺术的日本、美国、瑞典等国友人到北京后必看的一处景点，截止2012年6月已累计接待1000多万观众，为宣传梅兰芳艺术精神，弘扬京剧艺术发挥了重要作用。

《北京四合院》一书也将维修后的梅兰芳故居作为一种典型的四合院形制收入该书。①

宅院大门乃是四合院规格、等级的标志，别具一格的后罩房则是梅兰芳亲手

---

① 《北京四合院》，北京美术摄影出版社1993年版，第14、31、48、58页。

柒　梅兰芳迁回北京的时间及其故居之原貌

梅兰芳在四合院庭院中舞剑　梅兰芳背后廊门 2004 年维修时擅自改变廊门筒上方和抄手廊原彩画样式筒上方原人物画和抄手廊上原彩画图案，现已完全"变脸"。

建造的遗存物。然而现在的梅兰芳故居，其建筑已经不是梅兰芳居住时原貌了。其一，现宅院的大门系 2004 年维修时拆改后的宅门，已完全"变脸"，由高等级的"金柱大门"而变成等级较低的普通的"蛮子门"。所谓"金柱大门"，是形制上规格较高的宅门，其门扉设在前檐金柱之间并由此得名，由抱框、门框、余塞、抱鼓石、门板等组成。门前有较大的空间，大门宽敞明亮。大门的外檐柱间，檐枋之下安装雀替，以显示大门的规格等级。"蛮子门"则是四合院中等级较低、采用较为普遍的一种宅门形式，特点是将槛框、余塞、门扉等安装在前檐檐柱间，门扉外面不留空间，与"金柱大门"的深邃气派相去甚远。其二，梅兰芳故居有独特风格的"后罩房"于 2007 年已被拆毁。这一"后罩房"系梅兰芳和他儿子梅葆琛一起设计和指导工人修建，它记录着当年北京的风情风貌，记录着梅兰芳起居生活的信息，是人们了解老北京建筑、走近梅兰芳的一个重要窗口。这么珍贵和有特殊纪念意义的"后罩房"现已荡然无存，"后罩房"洗漱间里梅兰芳使用过的大浴缸、洗手盆也已经被毁掉。笔者认为，这种人为破坏而造成的严重后果，是无法向国内外成千上万喜爱梅兰芳艺术、喜爱梅兰芳故居里一砖一石的观众交代的。梅兰芳的孙女梅卫文和其他知情人曾多次向文化部、国家文物局和北京市文物局举报，但被拆改的"金柱大门"、被拆毁的"后罩房"至今仍没有恢复原貌，

梅兰芳在北京护国寺寓所院内看孙辈游戏

擅自指使拆门、拆房的当事人也没有按照《文物法》予以处理。

梅兰芳故居四合院宅门、后罩房被违法拆毁，此事经梅兰芳故居工作人员举报，特别是北京市西城区政协委员施纪平在西城区政协会议上提交有关提案后，曾在社会上引起强烈反响，梅家后人也极为愤慨。笔者认为，在没有恢复梅兰芳故居历史原貌之前，无论是在图书报刊或其他媒体上，抑或口头讲解宣传，都绝不能说现在的梅兰芳故居，是梅兰芳居住时的原貌。为了对文化名人负责、对子孙后代负责，呼吁有关部门尽快采取必要措施，恢复梅兰芳故居建筑原貌，并依照《文物法》对蓄意破坏文物的当事人绳之以法，以挽回因违法拆毁故居建筑对国家文化部和各级文物部门所造成的恶劣影响。

三、胡锦涛总书记关于保护梅兰芳故居的谈话

在2005年元宵晚会上，胡锦涛总书记和梅派艺术传人梅葆玖被安排在主桌座

位相邻。晚会中间，胡锦涛总书记不时地和梅葆玖亲切交谈，气氛十分融洽。在听了梅葆玖介绍梅派艺术传承的情况后，总书记关切地问目前传承梅派艺术有什么困难没有。梅葆玖回答说，梅剧团和他个人目前什么困难，他最大的愿望是希望政府帮助将梅兰芳纪念馆规模扩大一些。梅兰芳纪念馆位于西城区护国寺街东头北侧，是一座二进四合院，建筑面积约500多平米。由于房间太少，主建筑又要保持原貌，目前无法更多的展出梅兰芳家属捐献的珍贵实物，也无法建立一个用于戏曲表演和交流的小舞台。因为总书记没有参观过梅兰芳纪念馆，听了梅葆玖的一番话，以为需要重新征地修建，于是就问需要多少面积的建设用地。梅葆玖说："不需要新征土地，就以现在的梅兰芳故居为依托，适当扩大一些建筑面积即可。"此前，梅葆玖了解到与故居相邻的西边和北边近期要进行危房改造，可以借此机会和北京市政府协商，对需要进行旧房改造的几十户居民统一由政府组织搬迁，之后在腾空的宅基地上进行扩建。

故居扩建是梅葆玖多年的愿望。梅葆玖没想到，总书记虽日理万机，但对文化艺术事业的关心仍这样细致入微，这让他心情格外激动，故将隐藏于心中的想法和

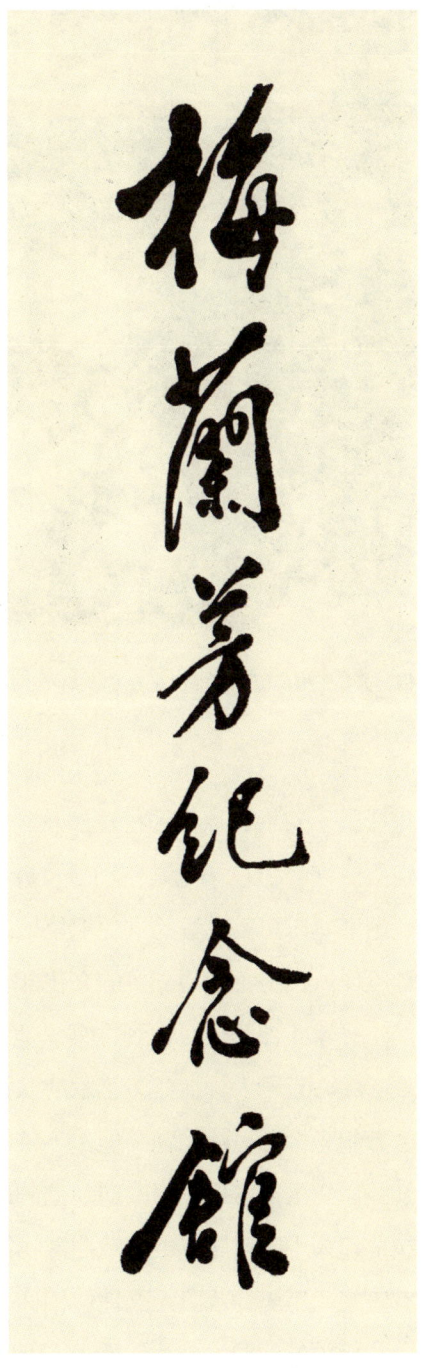

邓小平题写的"梅兰芳纪念馆"手迹

梅兰芳儿子梅葆琛（二排右五）、梅葆玖（二排右四）在梅兰芳纪念馆开馆典礼上与纪念馆工作人员合影。

盘托出。对梅葆玖关于扩建涉及到方方面面问题考虑得如此周到，总书记不由地点头赞许。但这毕竟是一项涉及拆迁的文化工程，必须由专门机构先做可行性调查论证，方可由主管的文化部呈报国家发改委讨论决定是否立项。为此，总书记让工作人员将位于另一桌的文化部长孙家正请过来商议。

孙家正部长很快来到主桌，他向总书记汇报说，党中央一直很关心京剧的发展，关心京剧大师梅兰芳艺术的弘扬。江泽民同志担任总书记时也曾经过问过梅兰芳纪念馆的扩建问题，但由于条件不成熟，而未予实施。葆玖先生通过调查得知故居周围要进行危房改造，这的确是个很好的机会，若抓住这个机会，将纪念馆扩建为中国京剧或中国戏曲博物馆，既填补了这方面空白，也与我们这样一个有着悠久历史的戏曲大国地位相称。听了孙家正部长的意见后，总书记又询问了一些相关的问题，然后语重心长地对孙家正说：文化是民族的血脉，是人民的精神家园。国家在发展经济的同时，一定要大力发展文化事业，特别是公共文化事

柒　梅兰芳迁回北京的时间及其故居之原貌

庆祝梅兰芳纪念馆开馆演出节目单封面

庆祝梅兰芳京剧团重建、庆祝北京梅兰芳基金会成立演出节目单封面

业。扩建梅兰芳纪念馆这件事情，可纳入公共文化设施建设统筹规划，请文化部牵头商北京市政府先行调研、论证，尽快拿出一个切实可行的方案。孙家正部长回答说，请总书记放心，一定抓紧办好此事。此时，晚会已经进入尾声。临走时总书记还特别交代，对梅兰芳的故居，要像鲁迅博物馆内的鲁迅故居一样，既要保护好，而且要充分发挥其在先进文化建设中的积极作用。

　　以上内容是笔者于2005年3月在梅兰芳纪念馆拜访梅葆玖先生时，梅葆玖先生亲口所讲。重温并深刻领会胡锦涛总书记关于保护好名人故居的谈话，可以真切地感悟到党和国家是多么重视名人故居的保护，多么重视公共文化设施的建设。所有担负这方面工作的人员，应不断地增强历史责任感，扎扎实实地做好保护和传承工作。若是因为我们的工作失误而造成重大损失，那将是不可饶恕的。

　　附记：梅兰芳纪念馆扩建项目，后因文化管理体制改革，梅兰芳纪念馆由文

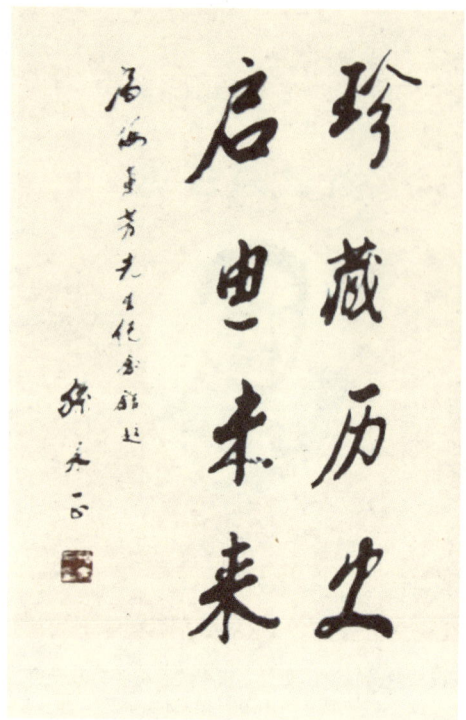

2005年3月，文化部部长孙家正参观梅兰芳纪念馆后题词。

作者吴开英与梅兰芳之子、著名京剧艺术家梅葆玖先生在梅兰芳纪念馆梅兰芳雕像前合影。

化部直属单位，划归中国艺术研究院管理，故原扩建规划也相应作了调整，决定与文化部申报的中国戏曲博物馆、中国音乐博物馆和国家非物质文化遗产展示中心合并为一个项目。现此项目已经国家发改委批准立项，其建设规模、资金投入比梅馆独立扩建方案扩大了10倍，是继国家大剧院、国家图书馆数字图书馆、国家博物馆扩建等工程之后又一重大文化设施建设项目。该项目地点毗邻北京奥林匹克公园，地理位置独特，计划"十二五"期间建成。

捌　唐德刚《梅兰芳传稿》史实勘误

旅美华裔著名史学家唐德刚先生曾写过一篇《梅兰芳传稿》(以下简称《传稿》),此文乃唐先生早年代表作。《传稿》完成于1952年7月14日,正好与梅兰芳回忆录《舞台生活四十年》自1950年10月起在上海《文汇报》连载196期后结集出版为同一年。《传稿》最先连载于纽约《天风月刊》第5期至第7期(1952年8月至10月),之后香港《明报月刊》和台湾《艺海杂志》、《传记文学》、《梨园杂志》等分别转载,《传记文学》转载时还特别加了编者按,称:"作者写作此文时年未满30岁……作者虽自谦为《传稿》,但其学识之渊博、资料之丰富、文章之老到、见解之深刻,30年后仍历久弥新,屡读不厌,而经得住时间考验。"中国工人出版社2008年也在大陆地区出版收有《梅兰芳传稿》一文的唐德刚文集《五十年代的尘埃》,该书封面用大号字体介绍《传稿》"被公认为最出色的梅兰芳传记"。拍摄《梅兰芳》电影的大陆著名导演陈凯歌先生在他撰写有关梅兰芳的《梅飞色舞》一书中,则称唐先生此文"立意新奇,论述精彩"、"美轮美奂不可胜收"[①],并将该文主要内容引于《梅飞色舞》书中"与读者朋友共享"。笔者正是从台湾1981年第8期《梨园杂志》上通读全文的。然而不读则已,读后却发现《传稿》征引史料错讹甚多,而唐先生的一些见解虽"深刻"但因与事实不符而对读者误导尤甚,故《传记文学》称此文"经得住时间考验"之评价也有失偏颇。[②]下面兹先列举数例详加阐述,而后再就《传稿》中失实之处列表作正、误对照说明。(以下引文均出自台湾台北1981年第八期《梨园杂志》所刊之《梅兰芳传稿》)

一、称广东籍姓冯的豪客在北京芦草园为梅兰芳营造宏丽新宅严重失实

《传稿》第二节有这样一段记述:

---

① 陈凯歌:《梅飞色舞》,凤凰出版传媒集团、凤凰出版社2009年版《自序》。
② 2005年夏,香港中文大学有9位学生到梅兰芳纪念馆实践,笔者在为这批学生开办"走近大师梅兰芳"系列讲座时,此文曾是其中一个专题,后收入中国戏剧出版社2009年出版的《耕耘集》一书。此文编入本书时有改动。

捌　唐德刚《梅兰芳传稿》史实勘误

唐德刚（1920—2011）

中国工人出版社出版的唐德刚文集
《五十年代的尘埃》封面

据说兰芳少年时即"以家贫，演戏之暇，时出为人侑酒"。有一个广东籍姓冯的豪客为他"营新宅于芦草园。屋宇之宏丽，陈设之精雅，伶界可称得未曾有"。

首先要指出，为名人写传，不应使用未经核实的资料。唐先生征引"据说"之材料，严格说来实为不当。而"营新宅"一事距今已近百年，唐先生又没有说明其"据说"之材料出处，如今查考起来颇有难度。从内容看，现要考察此事，有三方面情况须先弄清楚：一是广东籍姓冯的豪客是谁；二是这位姓冯的豪客与梅兰芳的关系；三是梅兰芳购此"宏丽"住房的时间以及梅当时演出收入状况。

关于姓冯的豪客。据《传稿》所称此人姓冯、广东籍、系"豪客"等线索考证，当是指冯耿光。冯耿光（1882—1966），广东中山人，与唐先生所说基本情况相

刊登《梅兰芳传稿》的《梨园杂志》封面　　　《梨园杂志》内页

符。据文史资料出版社1963年出版的《文史资料选辑》第41辑所载冯耿光回忆录所述，冯时任总统府顾问，兼任山东临城矿务局督办，地位显赫，收入丰厚，又正合"豪客"之说法。另查梅兰芳民国初年的朋友中，姓冯的也仅有冯耿光一人，故《传稿》所指"广东籍姓冯的豪客"即为此人无疑。冯年长梅12岁，因排行老六，又称"冯六爷"。冯早年留学日本，与蔡锷、蒋百里、唐在礼等为前后期同学，并与孙中山结识。冯学成归国后，任清禁卫军骑兵标统。宣统元年，清廷改制，设军咨府，冯任第二厅厅长，与时任总务厅厅长冯国璋私交甚好。1915年11月，袁世凯恢复帝制，蔡锷在云南通电反袁，冯耿光受梁启超之托去南京策反任上将军的冯国璋通电逼袁退位。冯国璋代理总统时，冯任中国银行总裁，并任北平戏曲音乐分院院务委员会主任委员。新中国成立后，任中国银行董事及公司合营银行董事。1949年9月曾当选全国政协委员。

关于冯梅关系。据中国青年出版社出版的《梅兰芳全传》作者李伶伶考证，

捌 唐德刚《梅兰芳传稿》史实勘误

冯耿光与梅兰芳

孙中山签名赠给冯耿光
（又微）的照片

冯耿光于光绪末年就与梅兰芳伯父梅雨田来往甚密。①这里指出这一点非常重要，因为依唐的说法，梅兰芳是在少时为人"侑酒"时"傍上"冯耿光的，这与冯于光绪末年先与梅雨田有交往再认识梅兰芳的事实不相符。日本学者波多野乾一于1925年出版的《京剧二百年历史》一书中也讲："樊增祥、易实甫、奭召南、罗瘿公、冯耿光诸氏，谓兰芳为巧玲之孙，极力捧场。"从中可看出冯梅交往确有其渊源，并非唐所讲梅"傍"冯。至于冯，也非唐文中所指喜好"寻芳"并为其迷恋之伶人"筑室娶亲"的那类豪客。对冯梅交往的考查，台湾传记作家蔡登山讲得比较公允：

> 冯耿光为人正直，有爱国心，尤其喜爱皮黄。他结交梅兰芳，固然是出于对京剧的爱好、对人才的爱惜，但更重要的原因是，他看出梅兰芳有着不同于一般梨园行出身的人的气质，因此他才倾力扶助梅兰芳成为一个艺术史上划时代、可

---

① 李伶伶：《梅兰芳全传》，中国青年出版社2001年版，第86页。

以跻身于世界名人之列的人。正因为如此，冯、梅在上世纪订交，并长期地保持患难与共、生死可托的友谊关系，也就无谓不由了。①

梅兰芳在回忆录中也说：

> 我跟冯先生认识得最早，在我14岁那年，就遇见了他。他是一个热情爽朗的人，尤其对我的帮助，是尽了他最大的努力的。他不断地教育我、督促我、鼓励我、支持我，直到今天还是这样，可以说是四十余年如一日的。所以我在一生的事业当中，受他的影响很大，得他的帮助也最多。这大概是认识我的朋友，大家都知道的。②

这番话真诚、坦荡，乃是冯、梅君子之交的真实写照。从蔡先生的论述到梅兰芳自述，都充分证明唐将冯、梅的关系定为"寻芳"和"傍豪客"的关系实为不妥，唐这种牵强附会的写法无论主观愿望如何，客观上对冯、梅的人格都是严重的贬损。

关于梅兰芳购房的时间以及梅当时的演出收入情况。查梅兰芳年谱，梅在北京芦草园购"宏丽"房屋的时间为民国五年（1916）。其时梅兰芳已是红极一时的头牌（领衔）演员，演出月包银高达3000以上，收入可观。芦草园那所"宏丽"、"屋宇"的房价为2000多两银子，梅已有能力买下，完全不需要别人出资帮助。在他的回忆录中，他也是这么讲的：

> 我从民国五年起，收入就渐渐增加了。我用两千几百两银子在芦草园典了一所房子。

---

① 蔡登山：《梅兰芳与孟小冬》，第十篇文章《仗义疏财为梅郎》，时代出版传媒股份有限公司、黄山书社2008年版，第131页。
② 梅兰芳述，许姬传记：《舞台生活四十年》，中国戏剧出版社1987年版，第35页。

这是两所四合院合起来，在里边打通的。上房是十间，南房也是十间。（两个四合院，又经精心装修，故唐德刚先生谓之有"宏丽"——笔者注）①

梅兰芳口述回忆录在《文汇报》连载和结集出版时，包括冯耿光在内的许多知道梅在芦草园购房详情的老朋友仍健在，若此房系冯出资为梅购买，梅肯定不会讲是他自掏银子，这也是诚实作人的基本准则。其实，梅兰芳这一期间不但买了房子，而且还添置了专车（骡车），雇了跟包，这说明他确已具备相当的经济实力。对梅当时的演出收入，《传稿》也有记述：

民国三四年后，梅兰芳每天的收入是50元至100元不等，至于千元一晚的特别演出还不在计算之列。

唐先生所写梅兰芳当时收入的具体数字并不十分确切，但足以说明冯耿光已无必要出资为梅兰芳"营造新宅于芦草园"，唐先生想以购买豪宅一事来证明梅"傍"冯，是不符合事实的。从冯梅的关系来看，在梅1913年以包银1800元（二牌演员）赴上海演出之前，可能曾得到过冯的一些资助，但自1915年梅兰芳大红大紫之后，冯对梅主要是帮助其进行策划和指导其编演新戏，并以他个人在社会上的影响力开展宣传和联络各界朋友。另有资料说冯曾帮助梅理财，在梅成名和收入增多之后，其演出的主要收入一直存于冯任总裁的中国银行，这一说法是可信的，说明冯梅关系的确非同一般。

二、称梅兰芳唱花衫是为了与女同行争生意不合事实，将梅的成功归结为梅善于模仿女子的"淫荡"和"浪"有失偏颇

唐先生在《传稿》第四节中采用夹叙夹议的笔法，称梅兰芳唱花衫是为了与

---

① 梅兰芳述，许姬传记：《舞台生活四十年》，中国戏剧出版社1987年版，第311页。

梅兰芳演《思凡》场景(堂会)

女同行争生意,并将梅兰芳的成功归结为他在舞台上善于模仿女子的"淫荡"和"浪"。他这样写道:

> 女伶既兴,则在北京很多唱青衣的男伶都被那唱青衣兼唱花衫女同行挤下去,在民国初年此种情形尤为严重。于是兰芳在各方怂恿之下,在大名士显宦的捧场中,也开始唱起花衫来。青衣贴旦是专究唱功的,而花衫则唱做兼重,为投时好,为求雅俗共赏,为与风骚的女同行争生意,则兰芳唱起花衫来,其任务也就益显繁重了。
>
> 为完成这一繁重任务的第一要义就要举止淫荡,要拼命地"浪"。要浪得入骨三分,要浪得如贾琏所说的"使二爷动了火"。你别瞧兰芳"文秀可怜",他浪起来可也真够劲。他的女同行想把他挤下去,显然是蜉蝣撼大树。
>
> 当他于民国二年在北京怀仁堂唱《小尼姑思凡》时,华北为之轰动,上自总统、内阁总理、各部总长,……都夹在人丛中挤眉弄眼。在前三排的席次内,

你可以找到道貌岸然的蔡元培,一代文宗的梁启超,状元总长的张季直。……在"小尼姑"春情荡漾时,你也可看到这批胡须乱飘的老人家的眉梢眼角也如何地随之秋水生波。

他这一浪,那一批捧他的文人学者们固然为之心荡神移。而那批头插毛帚,代满清王公贵人而起的新统治者更是想入非非。于是梅郎的命运也随之浮沉曲折进入了新阶段。

不特此也,那一向视好莱坞大腿如粪土,而却嗜梅剧成癖的美国驻华公使,为艺术而艺术竟也大捧其场来。于是兰芳的博士方巾,这时虽远隔万里烟波,而也就隐约在望了。

以上是《传稿》第四节的主要内容。何谓"花衫"?要讲花衫,须先介绍一下梅兰芳的另一老师王瑶卿。王出生于1881年,年长梅13岁。他上承同光十三绝之梅巧玲、余紫云的衣钵,下启梅兰芳、程砚秋、尚小云、荀慧生"四大名旦"之端绪,在表演艺术上大胆革新,将青衣、花旦、刀马旦之优长糅合在一起,创造了"花衫"新行当,极大地丰富了京剧旦行的表演艺术手段,从而成为京剧发展史上继往开来的艺术大师。对《传稿》中所涉及的旦脚演员"举止淫荡"、"浪"之有关背景,在此也不妨作一介绍。清末北京戏园子确有让主要男旦演员化妆好之后于开演前站在台口让观众品评的不良风气,称之为"站条子",不过,辛亥革命之后戏园子开禁允许女性观众入园看戏,这一现象也随之消失。唐先生是很明白这一点的,但他没有予以说明,反而借助文学作品的写作手法,对梅兰芳早期学习旦脚的经历并突出其善于表演淫荡之"花衫"而大加渲染,就不知道其用意何在了。而由于作者所据之材料不实,类比也不恰当,故其描写的愈生动有趣,则对观众的误导就愈大。对上述内容涉及的史实,下面逐一进行评析。

第一点:关于梅兰芳学习花旦的动因。梅兰芳学习花旦,从时间上讲,不是唐先生所讲自民国初年开始,而是于清末即1908年他14岁时就已经开始;从动因上讲,既不是因为各方的怂恿和名士显宦的捧场,也不是为了与女同行争生意,而是他的老师根据他自身的条件,有计划、有目的地为他精心设计的一项重要学

王瑶卿在《雁门关》中饰萧太后

习内容，因为只有这样，才能使其戏路更宽，对今后发展才更加有利。对此，梅兰芳在他的回忆录《舞台生活四十年》中讲得非常详细，现节录几段如下：

> 我第一次出台是11岁，光绪甲辰年七月七日。
>
> 过了三年我就正式搭班喜连成（后改富连成，是叶春善首创的科班）。……每日日场演出，我所演的大半是青衣戏。
>
> 这时候除了吴菱仙先生教授青衣之外，我的姑丈秦稚芬和我伯母的弟弟胡二庚，常来教我们花旦戏。
>
> 花旦的重点在表情、身段、科诨。服装色彩趋向于夸张绚烂。这种角色在旧戏里代表着活泼、浪漫的女性。
>
> 梨园弟子学戏的步骤，在这几十年当中，变化是相当大的。大概在咸丰年间，他们先要学会昆曲，然后再动皮黄。同、光年间已经是昆、皮并学；到了光绪庚子以后，大家就专学皮黄，即使也有学昆曲的，那都是出自个人的爱好，仿佛大学里的选修课似的。我祖父在杨三喜那里，学的都是昆曲，如《思凡》、《刺虎》、《折柳》……等。后来他又兼学花旦，如《得意缘》、《乌龙院》、《双沙河》、《变羊记》、《思志诚》等戏。
>
> 我演戏的路子，还是继承祖父传统的方向。他是先从昆曲入手，后学皮黄的青衣、花旦，在他的时代里学戏的范围要算宽的了。我是由皮黄青衣入手，然后陆续学会了昆曲里的正旦、闺门旦、贴旦，皮黄里的刀马旦、花旦，后来又演时装戏、古装戏。……我跟祖父不同之点是我不演花旦的玩笑戏，我祖父不常演刀马旦的武功戏。这里面的原因，是他体格太胖，不能在武功上发展；我的性格，自己感觉到不适宜于表演玩笑、泼辣一派的戏。①

梅兰芳关于自己学花旦的自述，证明唐先生所讲与事实相去甚远。那么，唐

---

① 梅兰芳述，许姬传记：《舞台生活四十年》，中国戏剧出版社1987年版，第26、27、28、29、35页。

11岁的梅兰芳

先生写作《传稿》时是否看过梅兰芳的回忆录呢?从唐先生关于"北京人听戏是很别致"一段描写分析,可以看出他是读过的。唐先生的原文是这样的:

> 老行家听戏总是双目半闭,侧身而坐,一手抱茶壶,一手敲板眼,他们是在"听"戏。听到奥妙处,他们会不约而同把桌子一拍,叫声"好"。

梅兰芳在回忆录中是这样说的:

> 那时观众上戏馆,都称听戏,……有些观众,遇到台上大段唱功,索性闭上眼睛,手里拍着板眼,细细咀嚼演员的一腔一调,一字一音。听到高兴时候,提

捌 唐德刚《梅兰芳传稿》史实勘误

16岁的梅兰芳

起了嗓子，用大声喝一个彩。①

"听戏"、"闭眼"、"拍板眼"、"高声喝彩"……两段话如此相似，而梅的发表在先，这当不会是偶然的巧合。再联想到唐先生《传稿》也从连载梅兰芳回忆录的上海《文汇报》上引用其他材料来看，可以肯定唐先生曾看过梅兰芳的回忆录。既然知道梅兰芳学旦脚的缘由，那为何还要杜撰出这些事情来呢？这就很让人费解了。

第二点：关于梅兰芳"于民国二年在北京唱《小尼姑思凡》（即《尼姑思凡》——笔者注）时，华北为之轰动，上自总统、内阁总理、各部总长，……都夹在人丛中挤眉弄眼"的史实，这小段内容所涉史实有三点，唐先生均写得很清楚：其一，他写了明确的演出时间、地点和剧目；其二，他写这次演出影响很大，整个华北为之轰动，以至民国政府政要"上自总统、内阁总理、各部总长"都前来观看；其三，他描写时任教育总长蔡元培，财政总长梁启超，农商总长、状元张謇等"胡须乱飘的老人家"，在看到梅兰芳扮演的"小尼姑""春情荡漾"时，其"眉梢眼角"也"随之秋水生波"。唐先生没到现场，他能做如此细致生动的描述，只能是依靠别人的文字资料和相关的剧照作为依据。不过唐先生文中也未注明所据资料的来源。笔者查到了一些相关的原始材料，可以证明唐先生这段描写严重失实。

证据一：据梅兰芳回忆录记述，《思凡》系昆曲，是一出传统的老剧目，他的祖父梅巧玲曾经演出过，而这出戏他是于1914年才排演的，梅在回忆录中对排演此戏专门用整整一节的篇幅做详尽的叙述。这么说来，民国二年，梅兰芳还未学此戏，故在怀仁堂演出《思凡》也就无从谈起。那么是不是唐先生记错了剧目呢？然而查梅兰芳年表、年谱，也无民国二年在怀仁堂演出的记载。

证据二：张謇有写日记习惯，他1914年10月6日（农历八月十七日）日记记载："午刻与秉三、任公、贞壮在京华寺小酌，后至天乐园观梅伶剧。"②可知张梅

---

① 梅兰芳述，许姬传记：《舞台生活四十年》，中国戏剧出版社1987年版，第28页。
② 张绪武、梅绍武主编：《张謇与梅兰芳》，中华工商联合出版社1999年版，第21页

初识于1914年。另,民国十五年(1916),世界书局出版过张秋虫的《梅雪争芳记》,书中有这样一段记述:"民国三年八月十七日(指农历——作者注),熊希龄(字秉三)、梁启超(号任公)、诸宗元(字贞壮)约同观梅兰芳剧。石庵(易实甫)、雨村(樊樊山)都道好。第三天,果然一一如约而至。和罗瘿公同来的还有一个江南状元张謇先生。这年,骑驴晋京,也就吟风弄月,品花赏曲,加入名士团体……在江西会馆召集一时名伶唱堂戏。张状元也在座,听了畹华(梅兰芳字畹华)一出《贵妃醉酒》,不觉心为之醉,从此说起畹华,便五体投地。最近由罗瘿公介绍,渐渐和畹华熟悉,又托罗瘿公转烦畹华演了一出拿手好戏《思凡》。当时作了一首新诗,并手书双行小楷折扇一柄送给畹华。"这段记载与张謇日记记载内容相吻合,说明张謇观梅戏《思凡》的时间在1914年,地点也并非在怀仁堂。

证据三:民国六年(1917)出版的穆辰公撰写的《伶史》卷一《梅巧玲世家第一》中记载:"乙卯(1915年)夏月,霞法师仗锡来京讲经于江西会馆,听众皆当代名流。其夕,兰芳在吉祥园演《尼姑思凡》,听众则皆自江西馆经筵来,兰芳欤启朱唇,吐出妙音,所说之法玄妙不可思议,众居士善人莫不点头叹为得未曾有。……次日,南通张季直(张謇字季直)设筵招兰芳,一见呼为小友,席散季老以折扇一柄赠兰芳,亲书蝇头小楷。"此和《梅雪争芳记》所记之事当为同一件事,然时间稍有出入,不过可佐证张謇观看《思凡》和与梅初识并非1913年。

还有一点也需要指出,梅兰芳虽然虚岁11岁时已登台演出,但他是直至1916年后才成名并确立名角之地位的。民国二年时,梅兰芳刚19岁,正如唐先生自己在文中所说,梅那时"总是老伶人谭鑫培、余叔岩辈的配角",兼之昆曲《思凡》作为传统剧目,民国初年在京城并不是很受观众欢迎,在华北引起轰动更说不上,国家图书馆收藏有一份民国五年《演唱戏目调查表》,据该表记载,1916年3月至12月,《思凡》在北京仅演出过一次。若退一步讲,在梨园界刚显露头角的梅兰芳果真于民国二年演出《思凡》,也不至于民国政府全体要员都争相前来观看。唐先生还不顾事实和影响,竟将蔡元培、梁启超、张謇三位为国人所敬重的前辈

梁启超（1873—1929）　　　张謇（1853—1926）　　　蔡元培（1868—1940）

描绘成色迷迷的、令人捧腹的情状，这也是极为不恭的。

第三点：关于梅兰芳表演风格的评论。唐先生在讲了梅兰芳在怀仁堂演出之后，有这样一段承上启下的文字：

> 他这一浪，那一批捧他的文人学者们固然为之心荡神移。而那批头插毛帚，代满清王公贵人而起的新统治者更是想入非非。于是梅郎的命运也随之浮沉曲折进入了新阶段。

这一小段内容牵涉三个方面的事情：一是"他这一浪"乃承上文所讲"别瞧兰芳'文秀可怜'，他浪起来可也真够劲"，这涉及对梅兰芳表演风格的评论；二是梅兰芳是否有"腻友"；三是此后梅兰芳的艺术生涯是否"沉浮曲折"。

关于梅兰芳的表演风格。唐先生认为，出色的花衫演员"第一要义就要举止淫荡。……要浪得入骨三分，要浪得如贾琏所说的'使二爷动了火'。""梅兰芳这个尤物，他就能模拟得惟妙惟肖。"梅兰芳早期的表演风格是这样吗？回答是否定的。其根据是：

其一，民国七年，梅吟社曾印行一本《梅兰芳》，其中第八章《各家评梅》收集了文学家、评剧家、新闻家和其他各界有代表性的评论数千言，之中没有发现一例"淫荡"、"浪"之字眼。

其二，梅吟社印行的《梅兰芳》在《梅兰芳艺术》一章对旦脚表演与"淫荡"、"浪"相关的态、笑、作工等评论，也无"淫荡"、"浪"之字眼，如评论梅的态："态之愉快者易工，愁苦者难合，《雁门关》头本之怒，二本之盼、之怕，三本上殿之窘，回肠荡气，心战身摇，真化工也，皆实境也。《汾河湾》亦有之愉态，之工更难枚举。"评梅的笑："有嫣然一笑，有辗然一笑，有干笑，有失笑，莫备于二本《虹霓关》，莫难于《宇宙锋》，新剧中亦复娇憨有致。"评梅的作工："畹君作工，美不胜书，可以一细字尽之乎？晦之曰：近之矣，未尽也，须左以一雅字，更补一缓字。人之解道一肯字，而鲜留意其不肯者，《朱砂痣》、《风筝误》却扇独坐，目不转瞬，恭默移时，体会微矣。"

其三，民国早年，挪威著名作家诺达尔·格里格写了一篇名为《梅兰芳》的文章，记述他在北京看梅戏的观感，也无所谓"淫荡"的印象：

> 梅兰芳轻轻柔柔地出现在舞台上。……他抬起了手臂，连一个外国人，一个对此道一窍不通的门外汉都可以看出来，他的这个动作美极了，姿势既优雅，神韵又端庄。就在这个时候，整个剧场像是点燃了熊熊的火焰。观众们站立起来，高声喊："好！""好！"观众们为能一饱眼福而欢喜若狂。他们准确地知道这个抬起手臂的动作是多么优美，多么难得。
>
> 至今还没有哪个欧洲人能够在这样的表演里找出任何淫荡的动作，更谈不上猥亵。这是由几千年来的文雅高尚和富于理智的传统所创造出来的佳作，是一朵经过精心栽培而开出来的形状别致、色彩绚丽的奇卉异葩，没有人会看到这样一朵赏心悦目的鲜花而动邪念的。①

---

① ［挪威］诺达尔·格里格：《梅兰芳》，载《外国散文百篇必读》，人民文学出版社2011年版，第284、285页。

亲眼目睹过梅戏的外国观众，都认为在梅兰芳的表演里找不出任何"淫荡"的动作。那是不是因为唐先生长期在美国留学、工作，他的审美观受到了美国剧评家的影响呢？这里不妨照录几位1930年曾观看过梅剧的美国著名评论家的原话来看看：

> 梅兰芳扮演旦脚，但是梅先生的表演不是模仿女子，而是在创造本质和意象——柔顺、和谐、秀丽、高雅栩栩如生的特征。（布鲁克斯·阿特金逊）
>
> 他确实扮演女子，但是他所扮演的不是一般妇女的形象，而是中国概念中的永恒的女性化身。（阿瑟·卢尔）
>
> 梅兰芳并没有企图模仿女子。他旨在发现和再创造妇女的动作、情感的节奏、优雅、意志的力量、魅力、活泼或温柔的某些本质上的特征，而从这些方面来扮演一个人物，稳妥地富有女性的特征，而以舞蹈方式再现，诗意盎然。……他扮演旦脚，只是力求传达女性特征的精髓，连带所有的优美、深刻的感情、温柔和力量的节奏。（斯达克·杨）①

美国人的评论也丝毫没有"淫荡"、"浪"之意。

应该说，对梅兰芳表演艺术的评论是可以仁者见仁智者见智的，但切不可罔顾事实，指鹿为马。与民国七年时候国内和早年外国人的评论相比，唐先生评梅之言论，实与舞台上梅兰芳表演艺术的实际情形风马牛不相及，而且非常庸俗、肤浅。从唐先生所选作为文章插图的梅兰芳的剧照来看，也丝毫看不出梅有一丁点"淫荡"之身段和表情。显然作者刻意将舞台上梅兰芳描绘成极尽淫荡之能事的浪女、泼妇，完全是哗众取宠，故弄玄虚。

关于梅兰芳与所谓"捧客"之间的关系。梨园界公认梅兰芳之所以能够开宗立派成为大师，一个很重要的原因就是他出污泥而不染。自他11岁正式登台演

---

① 梅绍武：《我的父亲梅兰芳》，百花文艺出版社1984年版，第72、73页。

梅兰芳和马少波(左一)在中国戏曲研究院接待日本客人

出后,他就立定以演好戏作为人生之目标,绝不沾染低俗的表演,也决不为追求金钱去"傍"客。由于梅兰芳扮相俊美,功夫扎实,技艺高超,民国初年就有很多梅迷,当时谓之"中梅毒",还有很多关系密切的朋友,谓之"梅党",《传稿》中列举的罗瘿公、冯耿光、齐如山等皆为"梅党"之中坚。梅兰芳与这些朋友往来,现在来看,仍可堪称系君子之交的典范。冯梅之交,前面已经说过,这里不再赘述;齐梅之交,也是艺人文人交往的楷模。简单说来,齐梅交往20多年,梅的剧本大多由其创意、编写,梅赴日、赴美、赴苏演出均由其策划、组织和承担各项准备工作,"梅派"之继承人、梅兰芳儿子梅葆玖先生曾亲自对笔者说过,没有齐如山,就没有"梅派"艺术。尽管齐为梅的成功作出重大贡献,但齐在辅佐梅的20多年间,却从未拿过梅一分钱报酬,这种高尚的友情和无私奉献的精神,是一般人所难于企及的。"梅党"之成员,大多与梅亦师亦友,梅之所以有所成就,也全靠这些师友的热心提携和帮助。他们的交往,堂堂正正、坦坦荡荡,绝无唐

梅兰芳（左）、齐如山（中）和罗瘿公（右）在缀玉轩研究剧本

先生所讲的那种"暧昧"关系。而上面所引的一段文字与该节第二自然段中特别提到的"兰芳在这些第一流名士的捧客间，是否也有一二腻友，其友情是基于'灵魂深处一种爱慕不可得已之情'者"的暗示性话语是相呼应的，不过这里讲得更为露骨："他这一浪，那一批捧他的文人学者们固然为之心荡神移。而那批头插毛帚，代满清王公贵人而起的新统治者更是想入非非。""想入非非"何所指？唐先生在《传稿》中有具体说明：观戏者坐于"下场门，以便与所欢眼色相勾也。诸旦在园见有相知者，或送果点，或亲至问安以为照应。少焉歌管未终，已同车入酒楼矣"。"眼色相勾"、"同车入酒楼"（即开房陪侍——笔者注），这种提示无异于诱导读者去联想，去猜测，任何一位了解梅兰芳为人的读者读了之后都会强烈地感到这种写法对传主是严重的伤害。

关于"梅郎的命运也随之浮沉曲折进入了新阶段"一句，笔者认为唐先生将梅兰芳此后创立"梅派"艺术而成为京剧大师的一个阶段用"沉浮曲折"进行描述

捌 唐德刚《梅兰芳传稿》史实勘误

经典姿式——梅兰芳创造的女性坐式、立式、卧式、望式

经典姿式 —— 梅兰芳创造的女性指式、思式、羞式、托物式

捌　唐德刚《梅兰芳传稿》史实勘误

提物式

搬物式

抱物式

捧物式

经典姿式——梅兰芳创造的女性提物式、搬物式、抱物式、捧物式

也是不合事实的。唐先生所说的梅兰芳进入的"新阶段"是指梅兰芳1913年到上海演出获得成功至1937年"梅派"创立并在梨园界产生重大影响的一个阶段。考查梅兰芳这一阶段艺事,对梅而言可以说是顺风顺水,或者说是梅艺术生涯昂扬向上、最为辉煌的一个阶段,具体体现在以下几点:一是编演了包括时装戏、红楼戏、古装戏等一大批新剧目,特别是他的《天女散花》、《贵妃醉酒》、《霸王别姬》等剧目,成为"梅派"艺术的经典之作。梅兰芳担任中国京剧院院长时,曾出任副院长、对梅非常熟悉的戏剧家马少波,称这个阶段是梅兰芳创作精力最为旺盛的一个阶段,并有比较客观、公允的评述:"由于辛亥革命以及时装新戏的影响,梅兰芳力图使自己的艺术活动能符合世代潮流,连续排演了一些时装戏,对于京剧表演当代题材进行了初步探索。此后,他致力于古装新戏的创造和传统剧目的整理加工。在这期间,他完成了京剧旦脚表演艺术上的重大革新,卓有成效地突破了传统正工青衣专重唱功、不很讲究身段表情的局限,从不同人物出发,把花旦以至刀马旦的技巧融合运用,完成了前辈旦脚演员特别是王瑶卿的未竟之功。"①二是1919年、1924年两次赴日,1930年赴美,1935年赴苏访问演出并大获成功,在赴美访问演出期间还获得美国波摩那学院和南加州大学授予荣誉文学博士学位,而这些在《传稿》中也有详细记述。由此可见,称梅兰芳这一阶段的发展"沉浮曲折"是不符合历史事实的。

最令人不理解的是,唐先生在这一节讲的是梅兰芳之花衫演技,并大讲特讲梅善于模仿女性的"淫荡"和"浪",但他所举之剧目却是昆曲《思凡》,而昆曲则是以"雅"为特色,这种自相矛盾的写法对不了解戏曲的读者无异于就是有意的误导。

第四点:关于梅兰芳访美演出和所获得的荣誉文学博士学位一事。唐先生在叙述1913年梅兰芳的艺事时还讲了此时的美国驻华公使嗜梅戏成癖,对梅"也大捧其场"。据一手筹办梅赴美演出事宜的齐如山回忆,美国驻华公使芮恩施先生是于1915年观看梅新编演的《嫦娥奔月》后,特地登门拜访后他们才得以认识的。

---

① 中国大百科全书总编辑委员会《戏曲曲艺》编辑委员会:《中国大百科全书·戏曲曲艺》,中国大百科全书出版社1983年版,第244、245页。

如果说唐先生因记忆有误写错了美国公使与梅初识的时间尚可理解，那么他说是因为有这位公使的捧场，梅兰芳才能成功赴美演出和获得荣誉博士学位，这种夸大其辞、牵强附会的说法则就不可原谅了。齐如山随同梅兰芳访美后曾写过一本《梅兰芳游美记》，该书于1932年出版，很详细地记述了梅赴美的起因、筹备和在美演出情况。据齐讲，梅赴美之起因，最初的确是受到该公使在1915年中国总统徐世昌为其即将卸任举行饯别宴会上的讲话的启发，该公使说："若欲中、美国民感情益加亲善，最好是请梅兰芳往美国一次，并且表演他的艺术，让美国人看看，必得良好的结果。"齐如山从参加宴会的叶玉虎先生那里听到这话后，就和梅商讨赴美的可行性，并由此产生了将梅兰芳艺术宣传到美国去的念头。而最后决定组团赴美并进行各项准备，则已经是10年后的1925年了，而且后来筹备工作也一波三折，美方给予帮助的人士，主要是时任驻华公使马克谟、驻华商务参赞裘林·阿诺德、燕京大学校长司徒雷登、美国剧场经理哈布钦斯等人，现在查到裘林·阿诺德写给美国西雅图第五街大剧院内经理道格拉斯一封信，其时间就为1926年9月8日，此信不长，而且能了解裘林·阿诺德是怎么帮助梅兰芳的：

道格拉斯先生：

兹送上中国第一名演员梅兰芳照片五张。梅君是中国人民心中所认为的第一位名人，而且能化装为绝代佳人。

第一张是梅氏便装小影。右边题"恭贺第五街大剧院开幕之喜"，左书九月十五日，其下签名盖章。

第二张是《天女散花》剧照。梅氏饰天女，此剧轰动一时，久已脍炙人口，为梅君杰作之一。签名与第一张同。

第三张是《麻姑献寿》剧照。梅君饰一长寿仙女，以酒敬献姥王母和诸仙之影。这是一出中国历史神话剧。签名与上同。

第四张是《霸王别姬》剧照。梅君饰虞姬，为楚项王宠姬，知项王将败，在帐中拔剑起舞，遂复自刎，是一出描写历史上的英雄和美人慷慨悲歌之剧。事情发生在公元前三百年。签题同前。

第五张是《黛玉葬花》剧照。梅君饰林黛玉,为中国著名小说《红楼梦》中的闺秀,内才外貌冠绝一时,每当春暮秋深,哀怜落花漂泊,便将残花埋于土中。右边所书为梅君题词,称赞戏院建筑华丽,设备精良,并希望美国人民观察与了解中国戏剧艺术与结构,从而对它发生兴趣,知其大有价值。

上述五张照片,我建议可用大镜框装置,加以说明,标明为中国第一名演员梅兰芳所赠,并致贺忱等语。

……

尊处开幕之期为九月二十四日,深望此件能即时到达,并于尊处举行开幕典礼时得以悬挂,以使美国人民得以见到中国第一名演员,并且可见中国戏剧之一斑,从而对它发生兴趣。

裘林·阿诺德启

一九二六年九月八日于上海

美国驻华商务参赞处印①

在裘林·阿诺德写此信时,原驻华公使返美后因为公务繁忙可能早已忘记了他在中国讲过的话。至于美国波摩那学院和南加州大学对拟授予荣誉博士学位的人选,从提名到通过评议,是非常严格的,并非一个外交官的"捧场"就能够通过评审委员会的审查。梅兰芳被上述两所大学授予文学博士荣誉学位,主要是他高超的表演艺术征服了美国观众,也征服了两所大学学位评审委员会的评委。所以说,唐先生用调侃的口吻称由于驻华公使"大捧其场",梅兰芳的博士方巾"也隐约在望了"的说法,乃是一种很不严肃、很不负责任的说法。

三、称斯大林特地电邀梅兰芳赴苏联演出与事实不符

梅兰芳缘何赴苏访问演出,唐先生是这样说的:

---

① 梅绍武:《我的父亲梅兰芳》,百花文艺出版社1984年版,第16、17页。

捌　唐德刚《梅兰芳传稿》史实勘误

> 苏联禁不起日寇的压力，把中东路卖给了伪满，这一个国际间的无耻行为，引起了我国全国上下的愤慨。斯大林为冲淡中国人民的反苏情绪，特地电邀梅博士和胡蝶女士一道至莫斯科演技。于是梅兰芳乃有1935年的访苏之行。

唐先生所讲的"中东路"，即中东铁路，也称"东清铁路"，它是沙俄侵华的产物。19世纪末，沙俄为侵略中国东北，称霸远东，根据1896年的《中俄密约》，在中国的土地上修筑了一条从满洲里经哈尔滨至绥芬河的中东铁路主线，与俄国境内的西伯利亚大铁路相接。后来又根据1898年的《旅大租地条约》，修筑了从哈尔滨经长春至大连的中东铁路支线，从而形成一条由主线和支线组成的2800余公里的"丁"字形的中东铁路。这条纵横贯穿中国东北三省的铁路成为沙俄对中国东北进行经济、政治和军事侵略的工具和基地，实际上造成了沙俄控制中国东北的局面。而沙俄独占中国东北的局面，却为日本帝国主义的"大陆政策"所不容，遂于1904年挑起了日俄战争。沙俄败北后，依据1905年的《朴茨茅斯条约》，将中东铁路长春至大连段割让给日本，并改称"南满铁路"。其余以哈尔滨为中心，东至绥芬河（东线），西至满洲里（西线），南至长春（南线），仍为沙俄所控制，时称"中东铁路"。从此，中国东北地区以长春为界，分别成为日俄两国的势力范围。1935年3月23日，苏联同日本和伪"满洲国"签订买卖中东路的协定，获日币14000万元。这就是唐先生所称"中东路"事件。1945年8月14日，根据《雅尔塔协定》，国民党政府和苏联政府签订了《中苏友好条约》和四项协定，其中《中苏关于中国长春铁路之协定》规定将中东铁路驻南满支线合并成中国长春铁路，由两国共同经营以30年为期，期满无偿归还中国。1952年12月31日，也就是唐先生撰写《传稿》的这一年，根据《中苏关于中国长春铁路之协定》，苏联政府将中东路的一切权力及全部财产移交给中华人民共和国。

根据文献记载，可以肯定中东路事件与苏方邀请梅兰芳访苏演出没有任何关联，称斯大林"电邀梅博士和胡蝶女士一道至莫斯科演技"则更是与事实大相径庭。

1927年版《满洲写真帖》扉页上的中东铁路彩图（吴开英藏）

北京梅兰芳故居（即梅兰芳纪念馆）现收藏有梅兰芳赴苏演出前后的全部资料，包括梅与苏方商谈演出事宜的往返信件、电报、访苏演员名单、剧目单、苏方制作的梅兰芳访苏演出宣传海报等原件，根据这些文献资料以及当时中方报刊的宣传并结合梅兰芳、当时受苏方委托参与联系和商谈的中方记者戈公振、梅兰芳儿子梅绍武等知情人的回忆，现将梅兰芳赴苏演出的背景情况做一介绍。

1934年3月2日，我国驻苏联大使馆代办吴南如在大使馆与苏联对外文化协会艺术部主任乞尔略夫斯基等人商谈在苏举办中国绘画展览会一事时，吴南如告诉对方，中国著名演员梅兰芳即将往欧洲各国游历并考察戏剧。对方听到这一消

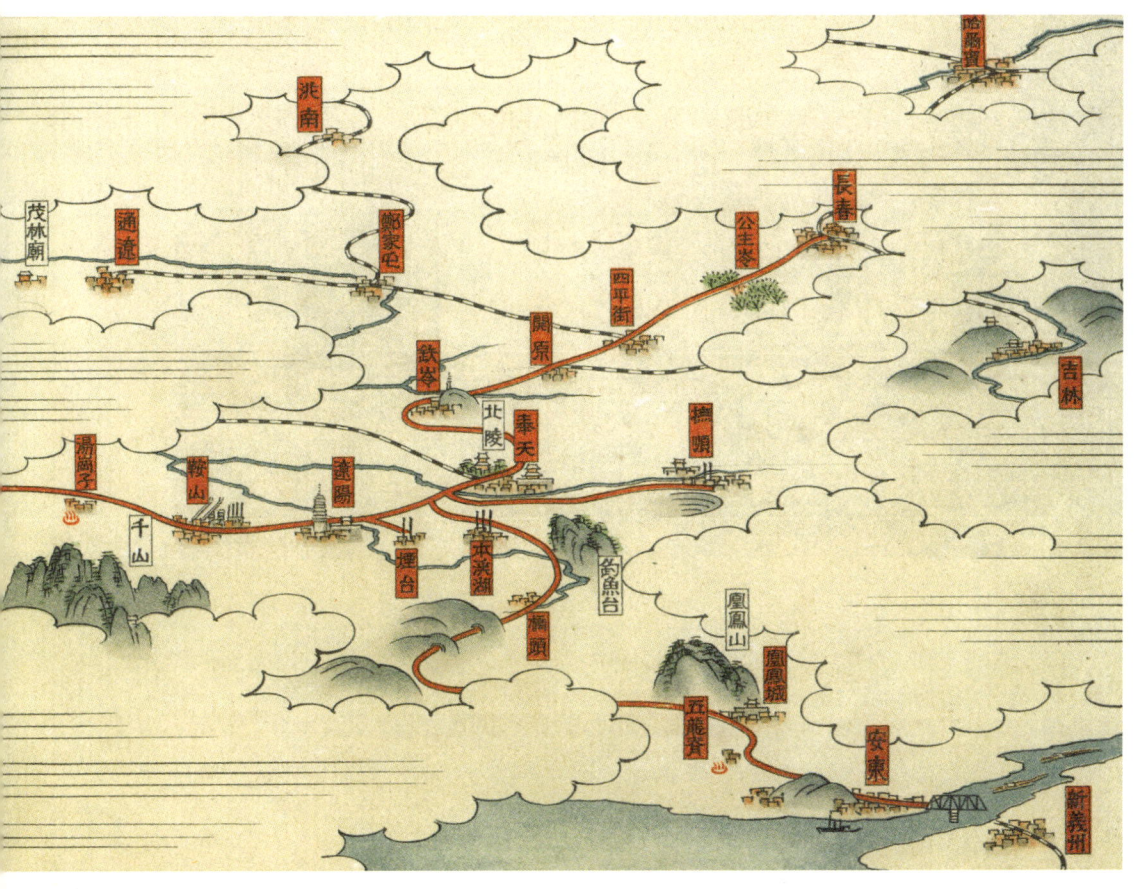

息，立即表示希望邀请梅兰芳顺道到苏联演出。当时我国著名记者戈公振正在苏联访问，戈为此事特与苏联外交人民委员会东方司帮办鲍乐卫商议，鲍乐卫说，梅兰芳若先来苏联，苏方将立缮请书。于是，戈公振以个人名义发电报给梅转述苏方意图，梅当即回电表示乐于前往。不久，苏联对外文化协会又给梅发来一封电报，内容是：欢迎梅先生来苏演出，"在苏联境内食宿招待，可由苏方承担，惟欲外币报酬较为困难……"戈公振也给梅兰芳发一封急电："苏联热烈欢迎梅兰芳，请将表演节目、酬劳及其他一切条件详细函告。"梅兰芳很快给戈写了回信，请戈向苏方接洽剧团人数、出国日期、演出地点与日期、每场剧目安排、剧团往

中东铁路哈尔滨站（原载于1927年版《满洲写真帖》）

返旅费及在苏食宿能否由苏方担负五个方面问题。戈很快复电："根据函开条件，顷晤国家乐剧协会长，渠极表欢迎。"据此，梅兰芳决定暂时放弃赴欧巡演计划，接受苏方之邀请，并当即回电：

> 兰芳已决定年内成行，请代向国家乐剧协会会长致谢，各点奉复如下：
> 一、如仅到苏联，不赴他国，则由莫斯科回海参崴之车票、行李运输是否一律享受免费待遇？
> 二、剧团食宿既归苏联招待，则团员膳费及零用22000卢布即不必另给；
> 三、演出日期及演出次数似嫌太多；
> 四、至早须10月中旬方能成行……①

收到梅兰芳电报，苏方研究后，希望梅兰芳能在这年9月即苏联一年一度的

---

① 李伶伶：《梅兰芳全传》，中国青年出版社2001年版，第419页。

捌　唐德刚《梅兰芳传稿》史实勘误

戈公振1935年访问苏联的记者证

戏剧节期间到苏联，为戏剧节增色，于是给梅复电：

一、自莫斯科回海参崴车票及行李运输由苏方担负；

二、演出次数可减至14次；

三、10月中，各大剧场均有固定表演，不变取消，届时只有小音乐厅可用，恐难展布，仍希9月初到此……①

经过反复协商，1934年10月25日，双方就梅剧团访苏的具体事宜最终达成了协议：

一、日期：3月15日抵莫斯科。

二、表演：在莫斯科为5日，在列宁格勒为3日。

---

① 李伶伶：《梅兰芳全传》，中国青年出版社2001年版，第419页。

梅兰芳1935年在莫斯科
演出时的海报

1935年，梅兰芳（左）赴苏联访问演出途中与
著名影星胡蝶（中）等在"北方号"上合影

三、待遇：（甲）火车由海参崴至柏林，梅氏本人，重要演员及私人秘书乘头等，余均乘二等。（乙）布景及行李，免费运输。（丙）旅馆梅氏本人，重要演员及私人秘书住头等旅馆，余均住普通旅馆。（丁）饭食梅氏本人，重要演员及私人秘书在旅馆用膳，余或在伶界公寓用膳照苏联伶人待遇，或自己备办，照外界工程师待遇。（戊）派专员到海参崴迎接，并沿途照料。①

12月28日，苏联对外文化协会代理会长库里斯科专门给梅兰芳发出了一封正式邀请书：

梅兰芳先生：

　　阁下优美之艺术，已超越国界，遐迩知名，而为苏联人士所钦仰。兹特敦请阁下莅临莫斯科表演，以求广为绍介于苏联民众之前。所有戈公振先生开示各节，遵当接受，惟盼阁下能于明年3月15日前莅临。敝会自当竭诚招待，以谋阁下旅途

---

① 戈公振、戈宝权：《梅兰芳在苏联》，《国闻周报》载1935年6月1日第12卷第20期。

1935年，梅兰芳访苏抵达海参崴时，国民政府驻地领事权世恩举行宴会时合影

之安适。并深信阁下此次莅临敝国，将使中苏两国间文化之关系益臻亲密也。

　　专此，即颂

时绥

苏联对外文化协会代理会长　库里斯科①

接到苏方邀请函，梅兰芳于1935年1月28日做了回复：

　　大函拜悉，殊感盛情。苏联戏剧之优越，久为予所歆羡，倘因予个人之亲近，而能增进两国之文化关系有如阁下所言者，则未免过誉。予乐于接受阁下之美意，并预谢贵国所与之种种便利。①

---

① 戈公振、戈宝权：《梅兰芳在苏联》，《国闻周报》载1935年6月1日第12卷第20期。

1935年，梅兰芳（左一）访苏时与国民政府驻苏联大使颜惠庆及苏联对外文化协会会长阿洛塞夫等合影

梅兰芳正式表示接受邀请之后，苏方特派"北方号"专轮到上海迎接。1935年2月21日，梅兰芳在上海登上"北方号"专轮直赴海参崴，然后再转乘西伯利亚特别快车去莫斯科。梅兰芳于1935年3月12日抵达莫斯科。为迎接梅兰芳到苏联演出，苏方对梅的礼仪非常隆重，专门成立了一个接待委员会，委员中有斯坦尼斯拉夫斯基、丹钦柯、梅耶荷德、爱森斯坦等著名文艺界人士。梅兰芳在苏联演出非常轰动，非常成功。据梅绍武介绍，梅兰芳原计划在莫斯科演5场，列宁格勒演3场，后因观众空前踊跃，经苏方要求，两地演出又增加6场，临别前又在莫斯科剧院加演一场。每场演毕，观众都叫帘多次，最多时曾谢幕达18次之多。在莫斯科演出时，苏联党政领导如人民委员会主席莫洛托夫、外交人民委员会委员长李维诺夫、国防人民委员会委员长伏洛希罗夫，文学家高尔基等均前往观看。苏联媒体也发表许多文章，高度评价梅兰芳的表演艺术，并称梅兰芳的演出，是

---

① 戈公振、戈宝权：《梅兰芳在苏联》，载《国闻周报》1935年6月1日第12卷第20期。

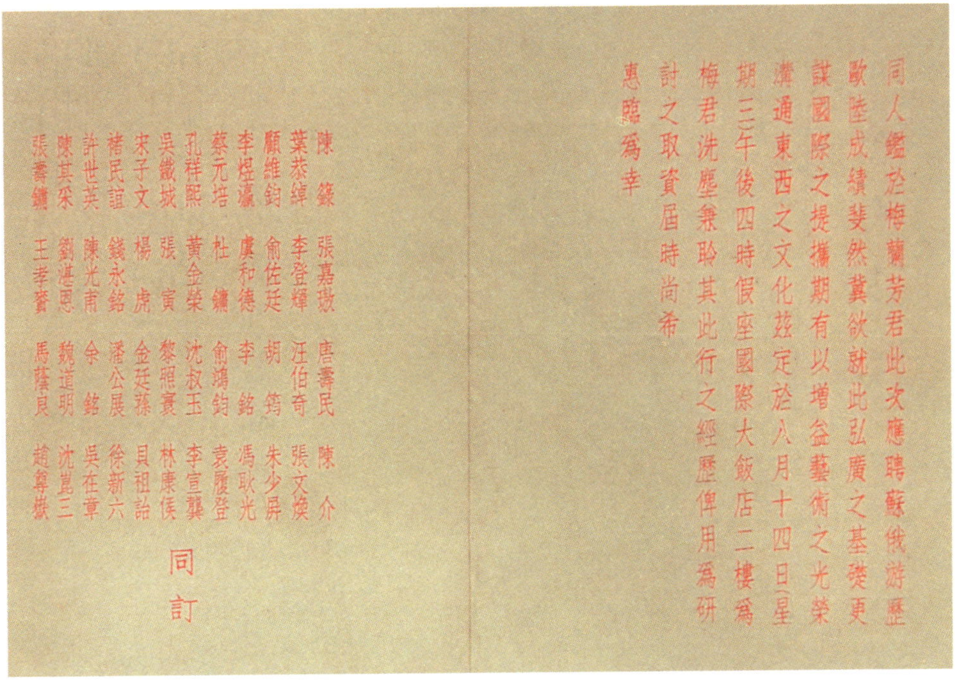

同人鑑於梅蘭芳君此次應聘蘇俄游歷
歐陸成績斐然冀欲就此弘廣之基礎更
謀國際之提攜期有以增益藝術之光榮
溝通東西之文化茲定於八月十四日(星
期三)午後四時假座國際大飯店二樓爲
梅君洗塵兼聆其此行之經歷俾用爲研
討之取資屆時尚希
惠臨爲幸

陳籙　張嘉璈　唐壽民　陳介
葉恭綽　李登輝　汪伯奇　張文煥
顧維鈞　俞佐廷　胡筠　朱少屏
李煜瀛　虞和德　李銘　馮耿光
蔡元培　杜鏞　俞鴻鈞　袁履登
孔祥熙　黃金榮　沈叔玉　李宣龔
吳鐵城　張寅　黎照寰　林康侯
宋子文　楊虎　金廷蓀　貝祖詒
褚民誼　錢永銘　潘公展　徐新六
許世英　陳光甫　余銘　吳在章
陳其采　劉湛恩　魏道明　沈崑三
張壽鏞　王孝賚　馬蔭良　趙尊嶽
同訂

梅兰芳访苏归来，上海各界举行欢迎会，请柬上同订者大都是当时之政要与社会名流

“苏中两国人民文化交流的新里程碑”。①

当时著名影星胡蝶赴苏缘由也与唐先生所述不同。根据文献记载，1934年，苏联为纪念本国电影诞生15周年，决定于1935年2月21日至3月2日在莫斯科举行国际电影展，邀请世界各国电影代表团参加。中国赴苏电影代表团由“明星”、“联华”、“艺华”、“电通”四家电影公司的制片人、编剧、导演、演员共7人组成，演员则由胡蝶代表出席。1935年2月，苏方专门派出一艘“北方号”轮船接梅兰芳及其剧团赴苏，中国赴苏电影代表团的明星影片公司经理周剑云夫妇和演员胡蝶正好与之同船前往。同船的还有返苏回任的中国驻苏大使颜惠庆及其随员，此

① 梅绍武：《我的父亲梅兰芳》，百花文艺出版社1984年版，第127、128、129页。

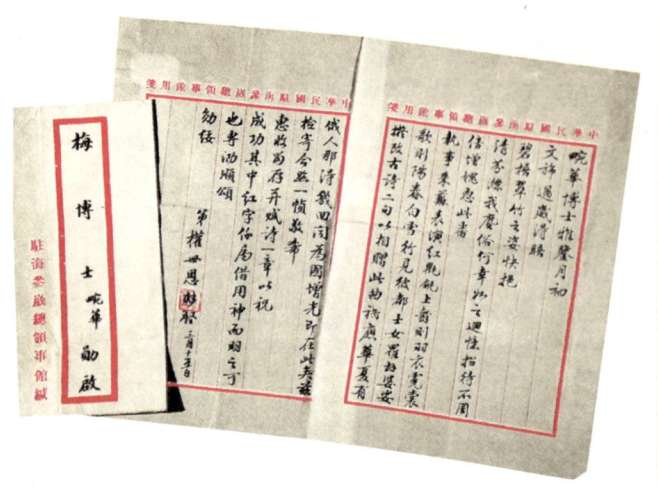

国民政府驻海参崴领事权世恩致信梅兰芳盛赞访苏演出成功　　梅兰芳访苏时给苏联对外文化协会题字"沟通文化，促进邦交"

外还有《大公报》访苏记者戈公振的侄子戈宝权。这就是梅兰芳与胡蝶同船赴苏的原因。

梅兰芳赴苏演出这样单纯的艺术交流事件，未知唐先生为何要将其与"中东路铁路事件"联系在一起进行评论，这其中之用意就不得而知了。但从其用带有嘲讽口吻的话语"梅氏资产阶级的艺术，对那无产阶级国家的国民，也居然有空前的号召力"来看，唐先生是极其厌恶苏共、厌恶社会主义的，而且唐先生将梅兰芳的艺术定性为"资产阶级的艺术"也是一种狭隘的偏见。

还有几点也能佐证所谓斯大林电邀一事不存在：一是梅兰芳是一个很细心的人，自从他于民国初年显露头角之后，凡是一些有价值的资料、信件、合同、戏单等，他都细心留存（如梅1913年去上海的演出合同原件，1913年至他去世为止他演出的全部戏单，梅赴日本、美国、苏联的信函电报等）。但在梅兰芳保存的所有电文、信函原件中，并无斯大林发给他邀请他赴苏演出的电报。二是从外交礼仪上看，作为当时苏联共产党和国家最高领导人，斯大林不会直接给中国一个演员发邀请的。梅兰芳纪念馆收藏的大量史料也表明，梅赴苏演出其接洽、商谈，几乎都是通过民间途径沟通的，我国当时驻苏大使馆很少出面。三是在往来

捌　唐德刚《梅兰芳传稿》史实勘误

1959年，梅兰芳演《穆桂英挂帅》剧照　著名剧评家吴性栽在《京剧见闻录》中评价梅兰芳晚年表演艺术，称梅唱戏于化境似在50岁以后，梅晚年嗓音不塌中，还有小嗓子，仍声容并茂，盛名不衰。著名戏剧理论家张庚于1962年在其《一代宗匠》一文中也评论说："在梅兰芳晚年，他的风格在发展，向壮美方面发展。"于此可见唐德刚称梅1949年后"艺术生命正式收场了"乃是不符实际的评论。

的信件中，有许多是商谈食宿、运输等相关费用问题，若是斯大林亲自邀请，这些小问题苏方自然会事先考虑妥当而不会以信函方式反复商谈的。四是若是斯大林电邀，苏联官方对此事必然会有记载，在梅到访和演出期间，苏方也肯定会安排斯大林接见和观看演出，然而这些均没有。由此亦可断定，《传稿》中称斯大林特地电邀梅兰芳赴苏演技，是没有事实根据的。从表面上看，唐先生似乎是想借斯大林电邀一事来提高梅兰芳的身价，实则是在贬斥梅兰芳被斯大林所利用，被苏共"社会主义"所利用，从而为他的下文"卷入红潮，白玉之玷"一节埋下伏笔。史学家可以有政治立场，但则不可编造史实、杜撰谎言去中伤他人、误导大众，唐先生写作《传稿》的某些做法，不能不说与正直史学家之职业修养是有差距的。这也就不难理解二三十年前与大陆敌对时台湾的刊物，为何要大张旗鼓地为唐先生的《传稿》喝彩。

四、引用的"记者问梅兰芳为什么还不退休"之话题实为虚构

请看《传稿》中的两小段文字：

> 岁月如流，那万恶不赦的日本军阀，终于上了绞架。国府正式还乡，梅郎乃又剃去了胡子，在上海天蟾舞台，再度登台。这时梅兰芳已五十许人，他的一男一女已经也能粉墨登场而名扬报端了。这时他自己虽然还如以前一样文秀可怜，而嗓音毕竟有了变化。他祖父梅巧玲在这年纪已经改唱《钓金龟》了。

> 有记者问梅先生为什么还不退休呢？梅兰芳感叹的说还不是为着北平一批没饭吃的同行吗？但是这时穷困的岂只是北平的剧界吗？就是梅剧团本身也很困难。老实说，没有梅兰芳谁又耐烦去看姜妙香、萧长华呢？

这两小段文字有两处小错，一处大错。两处小错，一是说梅兰芳抗战胜利后在天蟾舞台再度登台，"再度登台"的剧院唐先生说错了，应为上海兰心剧场，再度正式公演则是在上海美琪大戏院；二是作者说"他祖父梅巧玲在这年纪已经

改唱《钓金龟》",抗战胜利为1945年,梅兰芳时年51岁,梅兰芳祖父梅巧玲生于1842年,卒于1882年,享年41岁,他并未活到梅兰芳"这年纪"即51岁,那么文中"梅巧玲在这年纪已经改唱《钓金龟》了"的说法是不成立的。一处大错是作者文中的"有记者问梅先生为什么还不退休"一番话是杜撰的。为了更好地说清楚这件事情,不妨将这句话和作者行文中相关话语的来龙去脉作一介绍。

抗战胜利后,梅兰芳很快恢复了演出,而且每场卖座都很好,观众仍像8年前一样喜欢他,而且因为他抗战期间蓄须拒绝为日伪演出的民族气节,人们对他又多了一份崇敬。但就在这一片赞扬声中,《文汇报》编辑(记者)黄裳却发表文章劝他退出歌坛。那是1947年1月初,黄裳在上海观看了梅兰芳主演的《汾河湾》一剧后,于5日晚写了一篇题为《饯梅兰芳》的文章,宣称梅兰芳老了,"垂老还在舞台上作戏娱人","听说他的唱戏是为了生活,说好听些是为了一批跟着他的班底的生活","一世伶王,他没有余资,垂老卖艺,……有多少说不出的辛酸","嗓子的确不行了,为了保持过去的光荣,梅有理由从此'绝迹歌坛'"。① 了解黄裳写作此文背景和用意的著名作家柯灵后来连续撰写多篇文章,揭露黄裳此文用皮里阳秋的文字嘲讽梅兰芳,用强行饯别的方式宣告梅兰芳艺术生命的终结。柯灵严厉指出:"批评家有没有向艺术家宣布停止创作活动的权利?即使是真正的、最权威的批评家,如果这样做,那就只能证明他的狂妄与无知。"②

《传稿》中的"有记者问梅先生为什么还不退休呢?梅兰芳感叹的说还不是为着北平一批没饭吃的同行吗"的话语,显然就是引用黄裳《饯梅兰芳》一文中的内容。不过,黄裳所写的文章,乃是一篇观戏感想,是他自己主观的评论,他既没有以记者的身份采访过梅兰芳,"梅兰芳唱戏是为了生活,说好听些是为了一批跟着他的班底的生活"的话也是他"听说"而非梅亲口对他所讲,那么这样的"史料"可信吗?引用这样的"话语"并随意杜撰出"记者问"的事实,这对梅兰芳究竟是起正面作用还是负面作用呢?史学家写作引用什么资料、如何引用资料是他

---

① 黄裳:1947年1月8日《文汇报》副刊《浮世绘》之《饯梅兰芳》。
② 柯灵:《百年悲欢》,上海远东出版社1996年版,第287、258、259页。

的权利，但征引资料要说明资料出处以及不得篡改则是必须遵守的基本原则。唐先生既未说明所据之资料出处，也不核实资料的准确性并无中生有杜撰出"记者问"来说事，这种做法与史学家依靠事实说话的职业要求是相悖的。

五、《传稿》称"共党席卷大陆之后，梅兰芳又随着一批难民逃回香港"纯属杜撰

从唐先生行文中"共党"、"红潮"、"赤炎"等的措辞用语能感到他对共产党、对新中国有明显的敌对情绪，比较典型的如他文章中称"北京当朝"为"跳梁小丑"；又如他不用国民党战败撤出大陆的话语，也不用共产党解放大陆的话语，而是用"共党席卷大陆"的表述。不过笔者这里是撇开了政治因素，仅就以客观事实衡量和评论。

按照唐先生"共党席卷大陆之后"的说法，可推算出此当为1949年10月，即中华人民共和国成立至1952年7月《传稿》完成的一段时间。梅兰芳这段时间的活动在《梅兰芳年表》、《梅兰芳年谱》、《梅兰芳全传》等书籍里有详尽的记载，其记述之精细可以查到梅每一天做什么和每一场演出的剧目的名称。经仔细查阅，这段时间梅兰芳并没有去过香港。那么唐先生虚构出"梅兰芳又随着一批难民逃回香港"一事，到底是何用意呢？或许他是想告诉广大读者，梅兰芳并不情愿留在大陆，他为此又逃去香港避难，想在香港静观其变，后来由于一些不得已的原因，才无奈的再返回大陆。很难想象，像唐先生这样有留学背景、有深厚文化修养的学者，在做学术研究、写人物传记时竟然也置职业道德而不顾公然采用杜撰事实的做法，这样做的结果必然是差之毫厘谬之千里。

以上所述只是《梅兰芳传稿》中比较显著的失实之处，因所述之事其本身或背景比较复杂，故而详加评述，以分清曲直，明辨是非。此外，《传稿》中尚有许多错误或不确切之处也有必要指出，以免误导读者，特列表对照如下：

捌　唐德刚《梅兰芳传稿》史实勘误

《梅兰芳传稿》勘误对照表

误正 （均摘自《传稿》原文）	
兰芳一小便绝顶聪明	梅兰芳《舞台生活四十年》第10、11页记述其姑母回忆：就一般人的想像，以为他幼年该是如何的聪明伶俐、与众不同，其实不然。……他8岁的时候，4句老腔，教了多时，还不能上口。朱先生见他进步太慢，认为这孩子学艺没有希望，就对他说："祖师爷没给你饭吃！"一赌气，再也不来教了。齐如山在《清代皮簧名角简述》里亦说少年梅兰芳"木纳"。
五四运动时代，北平学人则说梅是安徽安庆人，不知何所本。盖维扬产的艺人，都说他们自己是扬州人，故有扬州人之传说。至于安徽人一说显系无稽之谈。	文献记载梅兰芳的祖籍"一说泰州人，一说吴人，一说维扬人，一说安徽籍"。著名学者潘光旦于民国二十三年（1934）撰写、商务印书馆民国三十五年（1946）出版的《中国伶人血缘之研究》一书未作定论，只是初步"推为"江苏籍。近年也有学者考定为安徽籍，如华东师范大学东方文化研究中心研究员翁思再在他撰写的《非常梅兰芳》（中华书局2009年版）一书中就持安徽说。梅兰芳的曾祖父籍贯问题较为复杂，在目前尚未取得可靠的证据之前，无论哪种说法都有其可能性，故未做分析而简单地将其中的某一种说法称为无稽之谈，是不妥当的。（梅兰芳祖父梅巧玲之出生地笔者考定为江苏泰州）
齐如山编的《梨园影事》	《梨园影事》，民国十七年（1918）元旦初版，编者为徐慕云，上海大东书局出版，上海大东书局、心声唱机公司、洋洋唱机公司代销，该书收入有关京剧论文及各行当京剧名伶小传多篇，照片多帧。齐如山并未编过《梨园影事》。参见本书附录七。

误正 （均摘自《传稿》原文）	
民国二年（1913），总统及各部部长，蔡元培、梁启超、张謇等观看梅兰芳演出《小尼姑思凡》	查梅兰芳年谱，梅兰芳民国二年（1913）没有在怀仁堂演出的记载，梅当时名尚不彰，乃是一个很年轻的配角演员，故其当时演出既不会在华北地区引起轰动，也不会吸引总统和各部部长争相观看，而且《传稿》所称《思凡》一戏，系1914年才排演。另据史料记载，张謇第一次观看梅兰芳的戏，时间在民国三年（1914）。
在《太真外传》里，（梅兰芳扮演的）玉环妃子在百花亭畔，喝得七分酒意。……她把双手紧紧按住腰下，眉尖下泄露出最淫荡的眼光来。……那在台下看得出神的诗人易顺鼎，这时也"烟丝披里纯"一动，作出一首《万古愁曲》来。	梅兰芳头二本《太真外传》编排于1925年，三四本编排于1926年，头本《太真外传》于当年初夏在北京开明剧场首演，其时著名诗人易顺鼎已去世整整5年。易顺鼎为梅兰芳所做的《万古愁曲》（手迹见本书143页图，诗中有"一笑万古春，一啼万古愁"名句），实写于1913年5月，而非1925年观看《太真外传》后所作。唐先生出生于1920年，梅兰芳《太真外传》演出时他刚满5岁，那么他对舞台上的梅兰芳表演如此细致生动的描绘，只能是后来他依据本人观看过梅戏的印象进行描写，但唐先生一生都没有看过梅兰芳表演，故他为何认定梅兰芳舞台上的眼神系"最淫荡的眼光"也就不得而知了。不过能看出这一段不是史学家以事实为依据的写法，而乃是作者以主观之想象采用文学创作的写法，此对读者误导尤甚。
1917年，27万的北京观众把兰芳选为全国第一名旦。同年，日本人把梅兰芳接到东京去，在东京大舞台演出。	1917年，北京并未举行过名旦评选活动，文献记载北京《顺天时报》曾于1927年6月20日发起五大名伶新剧夺魁票选活动；梅兰芳第一次访日演出为1919年，而非1917年，首场演出在"东京帝国剧场"，而非东京大舞台。

捌 唐德刚《梅兰芳传稿》史实勘误

误正 （均摘自《传稿》原文）	
在日本几个月的勾留，日本少女们为之倾倒。他们被弄得如醉如痴，有的干脆痛快淋漓地写起情书来，那些芳子、蕙子们把兰芳哥哥叫得甜甜蜜蜜。梅郎返沪后，他们好多都葬魂失魄，整日价愁睡昏昏。由于日本女子爱慕梅兰芳，日本权贵又把梅请到日本。	梅兰芳于1919年4月21日到达日本，于5月1日在东京首演，当月27日从下关乘船回国，在日本实逗留1个月零6天而非几个月。至于梅兰芳1919年5月赴日演出和返回中国后日本有许多少女给梅兰芳写情书的说法，则可肯定是没有根据的。梅兰芳于1924年10月9日至11月22日第二次赴日本演出，主要是为东京帝国剧场经理大仓喜八郎先生88岁生日祝寿，同时祝贺该剧场因1923年关东大地震受损修复重张，而非"由于日本女子爱慕梅兰芳"也。
梅兰芳究竟是一代风流人物，于两性之间，难免也有佳话流传。被动的不算，主动的则有他与孟小冬的恋爱故事，为此兰芳家庭中也曾闹倒过葡萄架，那为兰芳作伐的人，也因此在脸上被抓出个永志不忘的疤。	梅兰芳曾有过3次婚姻。梅17岁时与王明华结婚，育有一男一女，但都不幸于幼年时夭折，王明华也于1928年病故；梅兰芳第二次结婚在1921年，妻子福芝芳，旦脚演员，共育有5男4女，不过长大成人的只有3男1女，其中幼子葆玖（1934年出生）也为旦脚演员，系梅派传人，现任北京京剧院梅剧团团长，仍活跃在京剧舞台上；女儿梅葆玥演老生，2000年去世；此外，梅兰芳1926年十二月（农历）曾与著名须生、被誉为"冬皇"的孟小冬女士结婚，但梅孟的婚姻只维持了5年。在梅福、梅孟婚姻存续期间，福孟系分住两处，她们之间的一次冲突是1930年8月梅的伯母去世时，孟前往吊丧，却不能进灵堂，虽经梅兰芳劝说，福仍不允，梅转而劝孟先回其住所，孟觉得在她最期待的时候，梅兰芳使她失望，感到伤心而负气离京赴津，事后经亲戚朋友劝解，梅孟关系虽有所缓解，但终未恢复原来的感情，遂于1931年7月分手。唐德刚先生文中所讲梅之风流韵事和抓出永志不忘的疤，当是指梅孟婚事和福不让孟进门参加其伯母

误正 （均摘自《传稿》原文）	
	葬礼的事情。不过福芝当时并没有动手厮打，福芝也没有抓伤"为兰芳作伐的人"，故而唐先生所说"闹倒过葡萄架"、"抓出个永志不忘的疤"乃系杜撰。梅孟分手之缘由，梅之挚友吴性栽先生所述甚详，请参见本书附录三。（梅孟分手之原因，由于梅兰芳极少谈及，只有孟于1933年9月5、6、7日在天津《大公报》刊发《孟小冬紧要启示》有所提及，内容虽然简略，但仍可看出事情的前因后果。孟在声明中说："经人介绍，与梅兰芳结婚。冬当时年岁幼稚，世故不熟，一切皆听介绍人主持。名定兼祧，尽人皆知。乃兰芳含糊其事，于祧母去世之日，不能实践前言，致名分顿失保障。……冬自叹身世苦恼，复遭打击，遂毅然与兰芳脱离家庭关系。"此系当事人之言，证明吴性栽说法可信）
经过年余的筹备，梅兰芳终于于1929年终，偕21名同行，登轮赴美了。	梅兰芳赴美访问演出，其筹备时间长达6年，而非"年余"；从上海登船启程时间为1930年1月18日，而非"1929年终"。
抗战胜利后在天蟾舞台再度登台	抗战胜利后，梅兰芳再度登台应为上海兰心剧场，他于1945年10月10日在该剧场演出的剧目为《刺虎》。梅兰芳还于这一天在《文汇报》上发表《登台杂感》一文，以表达他欢庆胜利和重返舞台的喜悦之情。梅兰芳再度正式公演则在上海美琪大戏院。
那万恶不赦的日本军阀，终于上了绞架。……他祖父梅巧玲在这年纪已经改唱《钓金龟》了。	日本军阀上了绞架系指1945年，梅兰芳时年51岁。梅兰芳祖父梅巧玲生于1842年，卒于1882年，享年41岁。他并未活到梅兰芳"这年纪"即51岁，那么《传稿》中"梅巧玲在这年纪已经改唱《钓金龟》了"的说法是不成立的。

误正 （均摘自《传稿》原文）	
梅兰芳就是庄子里面的乌龟，现在是被"置诸庙堂之上"了。……你不看他到北京的第一次的演出，便是"招待首长"吗？……不过他的艺术生命却正式收场了。	唐德刚先生是特指1949年国民党战败逃台时梅兰芳没有随国民党去台而作出这个评论的。梅兰芳自1949年10月新中国成立至唐先生撰写《传稿》的1952年并未停止过演出活动，就是到他去世的1961年，他也仍活跃在他挚爱的京剧舞台上，这在《梅兰芳年谱》里有详细的记载，也有大量演出剧照、节目单为证，而且国内外艺术评论都一致认为，梅兰芳到晚年"仍声容并茂，盛名不衰"（吴性栽语），"他的风格在发展，向壮美方面发展"（张庚语）。并非唐先生所称"他的艺术生命正式收场了"。
	另有一点尽管不能用正误说明，但其所产生的不良影响似更大，这就是在唐先生的《传稿》中，他对传主时而称为梅郎、梅君、梅相公、梅博士、少年博士、梅畹华博士，时而又呼为梅澜、兰芳、梅先生、梅兰芳，其称呼共有10余种之多，有些称呼如"梅郎"、"梅相公"、"少年博士"等带有明显的嘲讽口吻。作者为何要使用这么多称谓呢？已故著名作家柯灵在批评黄裳1947年撰写的《饯梅兰芳》一文时，曾讲过一段话似可用来解释唐先生的用意："旧文人称梅为'梅郎'，肉麻当有趣，是传统的轻薄与亵渎；新文人称为'梅博士'，表面抬举，实际是讽嘲。"①

为尚健在的名人作传，因为可以直接访问传主，或完稿之后请传主予以审定，这都不失为确保写作对象事迹真实性和准确性的可行办法，而严肃的史学家就更应当这样做。当然，如果是无法访问传主或搜集资料受条件限制，则可请传主的好友或了解传主的朋友把把关，或多花一些时间认真核对一下史实，这都是弥补

---

① 柯灵：《百年悲欢》，上海远东出版社1996年版，第287、258、259页。

的好办法。然而唐先生并没有这样做,致使该文引用史料连篇累牍出现错误,而文中一些有失偏颇的评论,则是与其作者的政治立场有密切的关系。其实,唐先生写作《传稿》的立意是值得称道的,文笔也生动流畅,可惜的是作者刻意把梅兰芳的艺术和梅兰芳1949年坚持留在大陆的行动,与政治搅合在一起,从而造成这篇《传稿》明显的硬伤,兼之全文多处史实失误,使一篇本来可以写得更好、影响更大的文章,结果却差强人意,这不能不说乃是一大憾事。

最后笔者想说明一点:唐先生是一位很有成就的史学家,也是笔者十分敬重的在世界上享有较高声誉的学界前辈,故而对是否撰写此文笔者曾犹豫过。但考虑到还其历史本来的面目和为了维护梅兰芳的声誉、维护写作传记的真实性和严肃性,最终还是打消了顾虑写下上述文字,权当作为唐德刚先生《传稿》史实勘误,并以此就教于唐先生生前的故交、学生和海内外关注此事的方家和学者。

附录

附录一

梅兰芳和中国戏剧[①]

胡适（中国文艺复兴之父）

在历史上，中国戏剧的成长是受束缚的，它至今还没有摆脱那种跟乐曲、歌舞和杂技的传统联系，尚未形成一种说话自然、表演自发的戏剧。这都是无法也无须否认的。

然而，这种在成长中受传统束缚的事实，倒会使戏剧史研究者对中国戏剧更加感到兴趣，因为当今世界上哪里也看不到今日中国舞台上那样生动地展现戏剧艺术缓慢进化过程中所留存下来那些废除不了的遗迹。你会在那里看到种种历史上的遗形物都以完美的艺术形式给保存并贯彻了下来。你会发现华丽的净角脸谱犹如面具，舞蹈具有传统的常规惯例的节奏，战斗场面出现杂技，几乎每出戏都有独白，伊丽莎白时代和前伊丽莎白时代舞台上那类象征性布景也由道具管理员安排得十分得当。

不用说，这种历史上的原始风格并非与艺术上的美互不相容。正是这种艺术上的美经常使原始的常规惯例持久存在而阻碍它进一步成长，而也正是这种戏剧发展和戏剧特征的原始状态更经常地促使观众运用想像力并迫使这种艺术臻于完美。这两种现象在中国戏剧中得到了明显的证明。

梅兰芳先生是一位受过中国旧剧最彻底训练的艺术家。在他众多的剧目中，

[①] 此文原载1930年美国印行的《梅兰芳·中国戏剧》，此为梅兰芳儿子、翻译家梅绍武先生所译。

戏剧研究者发现前三四个世纪的中国戏剧史由一种非凡的艺术才能给呈现在面前，连那些最严厉的、持非正统观的评论家也对这种艺术才能赞叹不已而心悦诚服。他那些（由笛子伴奏演唱的）昆曲剧目呈现十七和十八世纪的戏剧，而他那些由环珱琳般的胡琴伴奏演唱的皮黄剧目则展示上一世纪的俗剧。前一种中国剧是十七世纪的一些文人学士写的，由于内容比较丰富，意念更加雅致，如今已不再为广大群众所懂得，较通俗的皮黄剧便由此而兴起。但是，梅兰芳演出的一些早期剧目却具有重要意义。譬如，《思凡》一剧从头到尾是一出独唱剧，剧本读起来就像罗伯特·布朗宁描述一位中世纪僧侣画家在寺院斗室里的心理活动那首戏剧性的诗篇。这一时期的另一出戏《贵妃醉酒》则是一系列艰难而精美的舞蹈。在这些和其他剧目中，你不仅会看到这种旧剧中一些独特技巧的艺术展现，而且也会发现这种古老的贵族戏剧逐渐消失而由较通俗的皮黄剧所取代的原因。仅有诗和美是吸引不了一般的普通观众的。

皮黄剧则来自人民；梅兰芳先生的一些朋友近年来竭力在创作不少以他为主角的皮黄剧目。《群英会》是出自大众舞台的，但《木兰从军》和《千金一笑》却是新近的创作。

这些友好的剧作家大都是些旧文人，从没受过西方戏剧的影响。所以，梅兰芳先生这些新剧是个宝库，其中旧剧的许多技艺给保存了下来，许多旧剧题材经过了改编。正是在这个意义上，他的一些新剧会使研究戏剧发展的人感到兴趣。

梅兰芳先生是个勤奋好学的学生，一向显示要学习的强烈愿望。在他那些博学多识的朋友协助下，他已经建立一所中国戏剧图书馆和博物馆。这次出外远行所加的必要限制，使他不得不轻车简从。并且对他的剧目多多少少作了些修改。不过，这种修改是依据他自己丰富的艺术知识完成的。他和他的朋友们为这次访问演出所准备的许多中国戏剧图表和其他解释性资料，对研究世界戏剧艺术史发展的人士来说，无疑具有极大的价值。

附录二

游俄记[①]

梅兰芳　遗稿

序／许姬传

一九三〇年，梅兰芳从美国回来后曾对我说，他早有将中国戏曲艺术介绍到亚洲、美洲、欧洲的打算，所以从美国回来后，就与欧洲驻华使馆的朋友谈及此事，他们表示支持；以后由欧洲来的朋友以及中国的欧洲留学生都和欧洲驻华使馆研究过游欧演出计划。开始他原意到英、法、德、意等国演出，但考虑到费用大而筹备复杂，正踌躇间，戈公振来信转达苏联对外文协邀请梅率团访苏演出。以后，通过中苏两国外交部的联系，于一九三五年二月由沪启程赴苏，三月在莫斯科、列宁格勒两地演出。他后来说："在苏联演出时，有欧洲文艺界人士专程前来观看我的演出。这样，我的亚、美、欧三洲旅行演出计划，也就算达到目的了。"

梅兰芳一九三五年从苏联演毕回国，就有撰写《梅兰芳游俄记》的打算。

那次因中国政府已约好张彭春、余上沅作为正副导演，所以齐如山只担任国内筹备事宜，并未同行。《游俄记》由梅与李斐叔（赴苏成员）和

[①] 原文章标题为《梅兰芳游俄记》，此为第一人称撰写之文章，许姬传作序。本附录中将标题中"梅兰芳"三字去掉。

我三人合写，李斐叔执笔。原定分上下两集，上集写赴苏的筹备经过，下集则叙述在苏联与斯坦尼斯拉夫斯基、梅雅荷尔德、布莱希特、高尔基等在学术上的探索研究。后以日本帝国主义侵华形势紧张，只写了上集（内容从筹备到出国为止）。解放后，梅兰芳打算写下集，但以事务纷繁无暇着笔，搁置下来。一九六一年梅兰芳以心疾逝世，此书遂无法完成。现将上集交北京市政协《文史资料选编》发表，虽非完璧，然亦可窥见赴苏之筹备过程。在梅多次率团出国中，这次规模最大，有著名武生杨盛春演出《盗丹》，这是孙悟空第一次与国外观众见面；另外，演员中的吴玉玲，他是朱桂芬的下手，演《盗仙草》有"出手"，也是梅剧团此次在国外表演的特技之一。还有，梅兰芳原拟在下集中重点谈谈梅雅荷尔德对梅剧团技艺的高度评价。当梅雅荷尔德看了《打渔杀家》后，便邀请梅兰芳到他的剧院看戏，剧情也是表现水上生活。有一场，用一块相当于舞台面积大小的白布，演出中有的演员从白布窟窿中钻进钻出。梅雅荷尔德对梅说："《打渔杀家》只用一把船桨就把水上生活表现得维妙维肖生动活泼，比起我们用白布来表现水面高明多了。"梅雅荷尔德对中国象征性的表演，极感兴趣，认为合乎舞台经济原则，他打算从写实的布景解脱出来。以后他排了个新戏，吸取了中国手法。马彦祥同志在苏联看了这出戏，说明书上还印有"献给梅兰芳先生"字样，可见梅雅荷尔德对中国戏的高度评价和对梅兰芳的深湛技艺的钦佩了。

今年适逢梅兰芳先生诞辰九十周年之际，谨将梅氏生前所写《游俄记》一文整理付印，用寄缅怀之情。此序。

一九八五年二月

游俄动机

二十三年（一九三四年）的四月里，我从汉口演剧完毕返回上海。路过南京的时候，吴震修先生把一封电报同汪先生的原信，转交给我，下面是信和电报原文：

震修先生惠鉴：

晨相遇，甚快。顷得驻俄使馆一电，敬以奉阅，如晤梅君，请代询求意见，是所至荷。专此敬请台安

弟兆铭顿首四·一

南京外交部　〇三号三十一日

苏俄对外文艺协会，闻梅兰芳赴欧表演消息，迭向本馆表示欢迎，极盼顺道过俄，一现色相，并称前年日本艺术家来俄登台，颇受欢迎，此次梅君若来，定更多成功等语。查文化提携于增进邦交原有关系，俄方对于梅君在俄境内一切食宿招待，均可担任，惟若欲外币报酬较为困难。除电北平档案保管处就近以私人资格向梅君接洽外，谨闻。驻俄使馆。

　　这就是游俄事实的肇始。同时我又接到戈公振先生自莫斯科的来电，电云："苏俄热烈欢迎梅兰芳，请将表演节目酬劳及其他一切条件详细函示。戈公振自莫斯科发。"

　　我在接到这两个电报同汪先生请吴先生代询意见的信之后，心上很踌躇，犹疑不决。因为苏联是世界上新兴的国家，他们的戏剧与舞蹈，最为发达且具有悠久的历史。苏联欢迎前往，是不是仅为好奇的心理所驱使呢？中国戏是否可供人家研究呢？总得先认清了苏联邀约的目的和与中国戏的价值，然后才能决定答应与否。

　　苏联驻华大使鲍格莫洛夫先生此时恰巧来到上海，我与他晤谈了几次。我国驻苏大使颜骏人（颜惠庆）先生也恰巧请假回国，正在青岛养病。我又特地赶到青岛与颜大使接洽了好几次。此外并与熟悉国际情势的外交家如陈任先、顾少川诸先生请教了几回。才晓得苏联对外文化协会是苏联最高的一个对外文化机关，他们这次约请我去表演，纯粹基于学术上的研究观念。一九二七年日本戏剧家小出内薰氏的游俄，也曾受到该会的招待，后来日本的剧团，也曾到苏联去表演过。所以苏联这次约我的动机，是想看看中国戏的真实状态，如有可取，即作

为改进苏联未来戏剧之一助。其聘请的意义,倒是很郑重的。

我自从事于戏剧事业,直到现在已经有三十年经验了,我总觉得中国的旧剧,虽然具有悠久的历史,但是处在当前社会演进蜕变时期,不能随着时代的巨轮同步前进,那么在不久的将来,中国的旧剧将成为艺术史上的废墟残垒,徒供后人的感慨凭吊而已!

戏剧的发达,莫如欧美,要想使中国的戏剧成为健全的组织,最好的方法,莫如把中国的戏剧运送到欧美去,请他们的戏剧家、文学家以敏锐的眼光作学理上的研讨,使中国戏剧本身潜存的病态以及可以生存发扬的要素,有所发现,我们便可以据此逐步改进。

一九三〇年,我曾率领剧团到美洲去表演。先此,两次到过日本,在技术方面的收获很为丰富(我已将旅美演出所得的评论译印成册)。因此,把中国戏剧再介绍到欧洲去,用以征集全世界对中国戏剧的评论,作为将来改进戏剧的方针的这一设想,从美国回来之后,始终萦绕在我的脑海里,时时刻刻想把这一理想,变成真切而坚固的事实。

一个人的理想,往往可以随意所之,若欲见诸事实,那就难如登天。所以我的赴欧表演计划,虽在不断的努力,随时随地相机进行,但实现之期,还在依稀渺茫之中。不过最近的进行比较积极,所以国内外都传遍我将有欧洲之行,苏联便利用这一时机邀我顺道赴俄一游。

苏联聘请的目的,既经苏驻华大使面告,其意义甚为重大;再寻绎我驻俄使馆的来电,有"查文化提携,于增进邦交,原有关系"等语。虽然我以庸劣之材,作此一行,也未见得于邦交有什么裨益,不过借艺术上之接触,使彼此人民之间得有互相谅解之机会,倒也似乎责无旁贷的。所以政府当局及国内友好,多怂恿我答应下来,并且答应给我以种种帮助,使我增加了许多勇气。

我既想把中国戏介绍到欧洲去,那么对于苏联的邀请,当然是非常乐从的了。况且苏联在社会主义的进程中,其一切新的建设,皆有超现代的趋势,我想戏剧也未能例外。那么足资吾人参考的也必定很多。至于中国戏是否可供人家研究,在我的心上未免不无踌躇,不过根据在美国所得的收获,我终于添了一针兴奋剂。

其实我也曾想到，在资本主义的国家里，所得的一切经验，或者不适宜于苏联；然而正好借此机会把中国戏运送到另一个环境里去，去博得特殊制度下的另一个观感，然后再综合各方面的言论，来集成中国戏在全世界的评价。

我经过好几番的深思熟虑与博采旁谘，终于答应苏联的请求，请由外交部先复了一个电报：

驻俄大使馆吴代办并转戈公振先生大鉴：

　　苏维埃文化艺术久所佩羡。兰芳欧洲之游如能成行，定必前往。请先代谢文化会诸君厚意，并盼赐教。余函详。

梅兰芳叩

接洽经过

我在复驻俄使馆与戈公振先生的电报的时候，还没有打消带领剧团赴欧洲各国表演的大计划。所以当时与我驻欧各国使馆及有关系的英、法友人接洽的电报函札，仍是往来不断。等到后来，因为筹备不及以及经济的关系，欧游表演的计划才暂时搁置，而专门从事于赴苏表演筹备和处理个人赴欧游历的手续。我现在单从赴苏的问题上来着笔了。

在复电发出之后，我又写一封详细信给戈公振先生，现节录于下：

　　……汉口归来由叔雍先生暨外交部档案处奉及尊电，当经先行电复，度蒙鉴及。苏戏剧有悠远之历史，近年以来更努力演进，蔚为大观，而音乐与舞蹈之精美，尤负盛名。兰芳久欲一观此新国家对于戏剧上之新建设，既承苏联对外协会之邀约，深为欣幸，故即复电应允，想荷转达。兰芳虽庸愚，但对出国表演，虽不敢云代表我国戏剧艺术，亦冀对于本国一部分文化，多少有所阐扬，始不负此行。前接尊电后，当即谒见骏人大使，深荷勉励。并谓中苏自复交以后，在文化方面，亦应有所提携，认为此行为必要。故兰芳对于筹备诸端，固应谨慎将事，亦渴望爱护国剧与宣传文化诸君子，加以充分指导也。兹将拙见所及条列于后，尚希代向苏联方面接洽为荷。

（一）赴俄剧团之组织，现假定演员为八人，音乐员为七人，管理剧团杂务及舞台设备者四人，秘书翻译三人，共二十二人。

（二）现拟十月初到苏联，十一月初由苏联转往欧洲。在苏联逗留以一个月为期。如此时期不适宜，则改为明年春季亦可，请预先商定。

（三）假定在莫斯科表演一星期，列宁格勒表演三五日，其余之时间，余个人拟参观苏联之戏剧组织及其近况，用资研究。

（四）每晚余个人拟演一全剧及歌舞一二段，其他演员则演一二小段，约共三小时。

（五）剧团之组织及其筹备费用浩大，除余个人努力筹集外，至于由海参崴至柏林之车票及行李运输费、在俄一切食宿费，苏联方面能否担任？

以上所陈，敬祈向苏联方面接洽后，早日赐复为祷。

这封信上所列的几条，在事实上是必须言明的。我明知道筹备的费用如演员的薪金，行头的重整，以及宣传品的印刷，平时服装的置办，其一切开支皆非常巨大。但是苏联这次聘请的目的颇为郑重，关系我个人的事小，影响国家体面却很大，与其他营业牟利的性质绝不同。所以我不得不把一部分费用的重担勉强加在自己的肩上，同时还要装出足以胜任的样子来。在致苏联的信上，也绝未提出什么报酬的话。

河南因为救济黄河水灾，刘经扶主席打来了电报，约我去演剧筹款。演了十一日，在将要登车离开开封的时候，省政府方面送来南京外交部戈先生的复电，电文如下：

开封河南省政府请译转梅畹华先生：

根据函开条件，顷晤国家乐剧会会长，渠极表示欢迎：（一）愿担任自海参崴至柏林车票及行李运输；（二）食宿：先生住上等旅馆，余住伶界公寓，另给团员膳费及零用二万二千卢布，并得享外国工程师及苏联伶人两种权利；

（三）自入境至出境共四十五日，出演二十次；（四）最好九月初抵莫斯科，五日起出演。以上如同意，请速电复，并寄英文戏剧说明照像等宣传材料，以备转交并订立合同。至此间详情，请问颜大使。公振（驻俄使馆代发。外交部电报科支）。

接到这个电报之后，心上很感荣幸。他们所给的待遇，不为不优了。因为苏联对于外宾入境限制得很严；除非对于有益于苏联的外宾，如外国工程师之类，才能给以特殊的待遇。在莫斯科且有专为外国工程师特设的商店，店中货物较普通的商店为多，质料也特别好，价格尤廉，不过须持有特许证，才准前往购买。至于国家乐剧会，英文称为 Gomets，是专门管理一部分戏剧的一个机关，由这个机关来办理我的赴苏的一切事宜。不用说，这会对我们有许多便利的。

我回到上海之后，便把我所想到的意见，又向驻苏使馆复了一个电报：

……电敬悉，兰芳已决定年内成行，请先代向国家乐剧会会长致谢。承告各点，兹奉复如下：（一）如仅到苏联不赴他国，则由苏回海参崴之车票行李运输，是否一律享受免费待遇？（二）剧团食宿既归苏联招待，则团员膳费及零用二万二千卢布即不必另给。（三）日期及出演次数似嫌太多。（四）至早亦须十月中旬始能到达莫斯科。以上请先为代达，宣传材料整理就绪即行寄奉。订立合同手续如何，尚乞详示。其余详细办法正与有关方面续商中，容续电闻。

在这个电报发出的时候，欧洲各国之行，我已决定暂时作罢了，所以我提到由莫斯科返回海参崴路费的问题。至于苏联方面主动许诺团员零用二万二千卢布一事，我毅然复电辞谢了。这是为什么呢？因为苏联所提出的待遇已属十分优厚。我是中国人，苏联既很郑重地优待我们，也就是对我们国家的友好表示。我更不应当斤斤于此。至于出演的次数嫌多，一来是我自己对于中国戏还免不了有一种不自信的心；二是同去演员太少，深恐临时搭配不过来，所以我的复电上希望能够减少。至于迟至十月中旬始能到达莫斯科的缘故，是因为一切皆须谨慎筹备，必须有相当时日才能就绪。为此,我才发出前面的一个电报。

不久又接到苏联的复电:

南京外交部请转梅畹华先生:

顷晤乐剧会长,嘱代致谢意。谈及(一)自莫斯科回海参崴车票及行李运输允由苏方担任。(二)出演次数允减至十四次。(三)十月中各大剧场均有固定表演,不便取消,届时只有小音乐厅可用,恐难展布,仍请九月初到此。鄙意俄俗从简,关于团员服装一切均可从简,彼方既热烈欢迎,执事曷早命驾?如何,伫盼电复。

我接到这个电报后,随即又复一电:

……二十一日电敬悉,此间已积极筹备,尽早出发。惟九月初决来不及,乞婉商前途,以十月半为期,务希设法恳商。

现在,关于接洽的要端,是集中于日期的问题了。我的迟迟其行,实在是因为筹备来不及,但是苏联方面极力希望我能于九月里前去,也有他的原因。因为苏联每年举行一次戏剧节,从九月一日起到十日为止。在这十天之内,莫斯科各重要的剧院,都要表演一出代表作的戏剧,并且请外宾来参观,所以他们很希望我能够参与这一戏剧节,以便显示出一种特色。这是第一原因。苏联的戏剧界,每年都有一次长期的休假,大约是两三个月的工夫。在休假期间,各大剧院都停止演剧,重行装修及粉饰内部,演员们也有往南俄风景绮丽的区域或是附近的乡村去休养的。所以在九月里,可以找到一个大规模的剧场供我们演剧之用,同时有许多演员也可以乘此机会来参观中国戏,这是第二个原因。虽然承苏联这样的看重我们,但是在我这方面,事实确系万难做到。幸好苏联方面也谅鉴到我的苦衷,来电应允了日期的展延:

南京外交部请转梅畹华先生：

顷再与乐剧协会接洽，十月中各剧场皆已订约，仓猝难于变更。如九月初不及来，可展至明年四月或五月间，嘱向先生道歉。

公振

这样一来，又多出几个月的时间可以作充分的筹备了。后来，因为我打算在苏联表演完毕之后，即往欧洲各国作个人关于戏剧之考察与游历，为时间上衔接起见，又电请苏联提前一二月，苏联也答应了我的要求；一直到十月二十五日，双方才商定了正式的条件：

（一）日期：三月十五日抵莫斯科。

（二）表演：莫斯科表演五日，列宁格勒三日。

（三）待遇：

（甲）由海参崴至柏林火车费及由列宁格勒返回海参崴之火车费，概归苏联担任。梅氏本人与私人秘书及重要演员俱乘头等，余均乘二等。

（乙）布景及行李，来往一概免费运输。

（丙）到俄后，梅氏本人与私人秘书及重要演员俱住头等旅馆，余均住普通旅馆。

（丁）梅氏本人及私人秘书与重要演员在旅馆用膳；余或在剧界公会用膳，照苏联演员待遇，或自己备办，则照外国工程师待遇。

（戊）派专员至海参崴迎接，并沿途照料。

这个正式条件是由戈公振先生代表我们与苏联对外文化协会商定的。文化会方面曾召集有关方面的人物开会通过决定的；同时成立了一个"招待梅兰芳委员会"，委员名单戈先生随后也寄给了我。兹将其来电及名单录后：

南京外交部请译转梅畹华先生大鉴：

对外文化会二十九日召集有关各方面开会议决，请阁下于三月十五日以前到莫斯科，休息三四日然后登台连演五夜，每夜一正剧一副剧，约自八时至十一时。因阁下为中国第一流艺术家，故由三大剧院院长及对外文化协会会长、中国代办、苏外交部东方司长等合组委员会,筹备招待。现请用英文将五日剧目及说明立即函示,以便译印小册而广宣传。至列宁格勒之三日剧目能并寄更佳。颜大使处请多予接洽。行李除轻便者外,亦可提早运出。

招待梅兰芳委员会委员名单:

主席:苏联对外文化协会会长　阿洛舍夫

委员:第一艺术剧院院长　斯坦尼斯拉夫斯基

丹真科剧院院长　丹真科

梅雅荷尔德剧院院长　梅雅荷尔德

卡美丽剧院院长　泰伊洛夫

名电影导演家　爱森斯坦因

国家乐剧协会会长　韩赖支基

艺人联合会会长　包雅尔斯基

名剧作家　特莱杰亚考夫

外交人民委员会东方司帮办　包乐卫

以上俱系苏联人;中国方面,则有驻苏大使馆吴南如代办及戈公振先生。时颜骏人大使适准备回任,苏联方面,亦拟请渠为主席。

这一年冬天,苏联驻华鲍大使休假回国。又承他向各方面对我作了过分的吹嘘,因而更引起了苏联政府当局和民众对中国戏剧的热情,在招待筹备上,也就更加隆重。

苏联自从正式成立了"招待梅兰芳委员会"之后,便开始进行工作。关于邮寄说明书和宣传材料以及商讨其他琐碎事件,双方来往的函电就络绎不绝,这里就从略了。

事先接洽的大概情形,已经略如上述。自从四月接到驻苏使馆第一个征求意见的电报之后,直到现在,已经过了九个月,接洽也大致就绪。我在二十四年(一九三五年)的一月里,就接到苏联驻华大使馆特派汉文参赞鄂山荫氏送来的苏联对外文化协会正式的聘函,信是由文化会副会长代签的,因为会长阿洛舍夫因事到欧洲去了。现在我把原函同我的复信并录于下,就作为接洽情形的最后交待。

梅兰芳先生:

  阁下优美之艺术,已超越国界,遐迩知名,而为苏联人士所钦仰。兹特敦请阁下莅临莫斯科表演,以求广为绍介于苏联民众之前。所有戈公振先生开示各节遵当接受,惟盼阁下能于明年三月十五日前莅临莫斯科,敝会自当竭诚招待,以谋阁下旅途之安适;并深信阁下此次莅临敝国,将使中苏两国间文化关系益臻亲密也。专此即请时绥

苏联对外文化协会代理会长库里雅科

我的复函:

苏联对外文化协会代理会长库里雅科先生:

  大函拜悉,殊感盛情。苏联戏剧之优越,久为予所歆佩,倘因予个人之接近,而能增进两国文化之关系有如阁下所言者,则未免过誉。予系于接受阁下之美意,并预谢贵国所给予之种优遇。此复。即颂

  近祉

梅兰芳
一月二十八日

筹备情形

  游苏的事实发轫以来,一方面与苏联接洽;一方面即已着手筹备工作。全盘计划的失败与成功,大都系于筹备工作的是否周密与充分,这是最艰巨的一环,关系全局很大。尤其以此行意义的重要,头绪的纷繁,在筹备上,当然更难措置,必须谨慎从事,郑重应付,以免贻笑友邦。但是我的学识浅陋,照顾不到的地方必定很多。所以我曾请求国内的名流学者如胡适之、张伯苓、颜骏人、陈任光、

顾少川、孔庸之、宋子文、唐有壬、宋春舫、吴达诠、谢寿康、徐悲鸿、李石曾、周作民、叶誉虎等诸先生加以辅助教导。而上海戏剧协进社诸公，所给予的助力更大（详情见后）。足见社会人士对于提倡文化事业的热心，这是值得钦敬与感谢的。我现在把筹备情形，分条详述于后。

（一）筹集经费

关于经费的担负问题，简单地说就是：以海参崴为起点，所有往来的车费及留苏的一切食宿费用，概由苏联负责；自上海至海参崴间往来船费及团员薪金与一切筹备费用，如置办戏装之类，统须由我方担任。这个责任，可以说很不轻了，我在前面业已说过，因为国家体面的关系，我不得不勉强应允下来。可是偌大的一笔经费，以我的估计，至少也得十余万元，但又出自何处呢？除我私人竭尽能力可拿出三四万元之外，其余至少还得十万元之数，得恳请社会上热心文化的诸位先生，替我设法筹集了。正好这个时候，上海热心文化的诸公成立了一个中国戏剧协进社。发起人是史量才、杜月笙、张公权、钱新之、陈光甫、冯幼伟、黄金荣、张啸林诸位先生，我也在发起人之列。该社的宗旨，以发扬中国戏剧并促进其出演于国外为宗旨。现将该社发出的启事录后：

中国戏剧协进社启事：

　　窃以发扬国光，争胜国际，端赖文化。而东西洋文化各异，沟通其间，厥惟戏剧。近二十年来，外人之游历来华者，对于我国旧剧亦多相当之认识，争与宣传，互致赞佩。梅君兰芳又且两渡东瀛，一赴美国，莫不名归实至，成绩棐然。同人有鉴于此，为特发起本社，组织剧团出国表演；将以促进吾国之戏剧，兼为国民外交之一助。贤达君子，必荷赞许。用申私意，奉鉴察焉。

在启事中，有组织剧团出国表演的话，刚好苏联此时来邀我演出，于是我就把出国困难之点，请求协进社予以帮助。协进社诸公，站在文化的立场，以国民外交的眼光，接受了我的请求。允对兰芳加以经济辅助其不足之数，并答应代为筹措，使我十分感激。

我国驻苏联大使颜骏人博士，此时正在国内休假，我们进行这件事的时候，颜大使曾函友人转知我。函云：

接莫京电，苏联文化合作社已定明年三月请梅君赴俄，特此转达，并请转告梅君筹备至荷。

弟颜惠庆启

有关赴苏演出的事，我时常向颜大使请示。颜大使深知苏联政府请我去表演，与国家外交也有关系，况这种大事，也不是我个人的力量所能负其全责的。颜大使晓得我筹措经费不易，他就去电政府请求辅助，经由国民政府行政院第一九五次会议决议通过。兹将原案录后。

国民政府行政院训令（第二三九号）

令财政部

案据外交部二十四年一月七日会字第九九号呈称："案据驻苏联大使颜惠庆二十三年十二月二十九日快邮 代电呈称'苏联于物质建设之余，对文化建设也锐意经营，尤以戏剧音乐易于普及民众，更所重视。去岁曾聘欧洲各国名优赴莫斯科参观，今春复约欧洲各国音乐家前往表演，盖不仅提倡艺术，于民族关系亦大有裨益。查苏俄地跨欧亚两洲，在历史上，人民生活颇有与东方人生活类似之处，其戏剧亦多涵有东方色彩。现在决定以国家名义招聘我国梅兰芳博士赴苏表演，并为慎重起见，特行组织委员会，以苏联对外文化协会会长阿洛舍夫、第一艺术戏院主任斯坦尼斯拉夫斯基、梅雅荷尔德戏院主任梅雅荷尔德、卡美丽戏院主任泰伊洛夫、苏联外交委员会东方司长巴罗夫为委员，并约驻苏大使馆参事吴南如参加专司其事。对于剧目脚本、交通居住及日期诸问题，均经接洽就绪。惟剧团人员虽极度减少，亦须二十三四人。所需用费经一再计算，至少亦需十八万元。除由上海各士绅如杜月笙担任十万元，梅君自认三万元外，尚缺少五万元之谱，急切无从筹措。伏思中苏复交以来，在政治方面，因环境关系一时难以进行，而在文化及商务方面亟应着手工作。现梅君之成行与否，系于此五万元有无方法筹措，似为数尚属有限，而其影响则与我中华艺术之宣传，国际感情之联络，在在有关。拟恳大部及其他有关之部署加以赞助，俾利遄行，于中苏邦交殊多裨益'等语。查所称各节确系实在情形，似可照办。惟究应如何之处理，合备文呈请鉴核施行。"等情据此，经提出本院第一九五次会议决议通过，在本年度外交费类第一预备费项下动支，报告中央政治会议。除指令并函请主计处备案暨报告中央政治会议外，合行令仰该部查照拨发。此令

　　财政部自奉到这一训令后，很快拨发五万元，由颜大使具领，转交戏剧协进社发给我们应用。

　　关于经费一层，得蒙政府同戏剧协进社诸公，如史量才、杜月笙、钱新之、陈光甫、冯幼伟诸先生之补助与我私人的筹措，总算有了着落，虽然不富裕，但能用最经济的方法来支配，也可以勉强应付了。至于我私人拟在赴苏之后作欧洲各国之游，借以考察戏剧事业，这笔费用数也不小。因此事纯属个人行动，所有费用自应由我私人筹措，绝不能妄动公帑一文。我顺便在此声明一句。

（二）人事问题

　　人事问题约可分为两部分。一部分是演剧员，包括音乐员、化妆员等；一部分是职员，如指导、秘书、翻译、庶务等。由于经费关系，所以在人员配备上，我们力求减少，认真选择，以期事半功倍。往年随我去美国的一班演员，出国之前都进行过训练，一人可兼两人事，且对国外的日常生活及种种礼节也都有些经验，所以此次同去的演员，除武生杨盛春、旦脚郭建英、吹笙崔永奎及服务员雷俊之外，多半还是旧人。

　　舞台人员固属重要，但最要紧的还在总指挥这一人选。根据往年我在美国同日本演出的经验，我个人一到国外，除表演之外，还得去参观人家的戏剧，而演

讲会客应酬等事尤感繁忙，除重要的事件由我亲自决定，其余布置训练以及对外交涉等事务，都得由总指挥去办理。我往年在美国，承蒙张彭春先生担任此项职务，对内对外无不措置裕如，我能在艺术方面有那样圆满的收获，是和张先生的辛劳分不开的。张先生办事有毅力肯负责任，对中国的戏剧艺术尤多独到的见解，同我平素的想法往往不谋而合。所以我很想请他一同去苏联。颜大使来信也说："最重要者，即仍盼张君彭春偕行。"可见大家瞩望之殷。

不久以前，张先生从夏威夷讲学归来，我们也曾谈及赴苏的问题，他也很兴奋，无如他现任天津南开中学校长及南大哲学教育系教授，校务羁身，不克偕行。后来幸得教育部商请张先生的乃兄伯苓先生，认为此次出国系苏联政府敦请，最近发表之梅兰芳招待委员会委员，尤多苏联文化中心人物与外交界高级官吏，说明苏联政府如此郑重将事，在我们也应慎重从事，俾臻完善。蒙伯苓先生给假两月，张先生这才得以同行。教育部暨伯苓、彭春两先生，为祖国荣誉着想，可谓立意深远，使兰芳感佩非常。

张先生假期只有两个月，我到苏联事毕之后往游欧洲，还得请一人结伴同行；因希望他与张先生一起工作，他也可以帮助张先生处理一些事务，于是我便转托胡适之先生代为征求余上沅先生的意见。余先生是国内有名的戏剧专家，对于话剧尤多研究，请他同行，是再妥善也没有了，经胡先生商促，余先生答应下来；同时教育部又派他考察欧洲的戏剧事业，于是他决定和我同行出国。

职员方面有翟关亮、吴邦本、李斐叔等。翟君是中国旅行社的职员，英文很好，请他担任翻译及一切庶务与舟车接洽等事。吴君是往法国研究戏剧的，法文很好，请他佐助剧团一切庶务与翻译事项。李斐叔在我门下有年，除掌理签记外，如演员不敷时，还可由他来补充。凡此，都可见到用人取才的谨慎。兹将同去人员及职务表列后。

梅兰芳赴苏剧团人员名单：

团　长　梅兰芳

总指导　张彭春

副指导　余上沅

庶务兼翻译	翟关亮	吴邦本		
秘　　书	李斐叔			
演　　员	姚玉芙	杨盛春	朱桂芳	王少亭
	刘连荣	吴玉玲	郭建英	
音乐员	徐兰沅	霍文元	马宝明	罗文田
	唐锡光	何增福	孙惠亭	崔永魁
事务员	韩佩亭	雷　俊	刘德钧	

（三）选择剧本

关于剧本的选择，着实费了一番心思，也曾经征求了许多学者如张彭春、余上沅、欧阳予倩、谢寿康、徐悲鸿诸先生的意见，各有各的见解，各有各的议论。因为苏联是社会主义国家，与资本主义的欧美国家，固属迥然不同，就是与我们中国也不无扞格。但是在中国现代戏剧尚未见萌芽的时候，所能代表中国戏剧的恐怕只有以忠孝节义为中心的旧剧了。忠孝节义、礼义廉耻，本是我中华民族历史上遗留的美德，为什么不能宣扬到国外去呢？所以这次剧本的选择，仍以旧剧为目标，其中偶有离时代较远的，或者在昔曾为一己之宣传品的，则一概删去，这样或不致贻人以落伍之讥。从前赴美演出，美国人的注意力大都集中在演员的技术方面，这是语言不通所必然的结果。所以这次赴苏，对于技术上的注重尤甚于剧本的内容，本来从技术上着手，自比改编剧本为易。因为注重于技术的缘故，所以这次所选择的戏剧，除每晚表演两出正剧外，还表演几段副剧，曩年在美演出时，也是这样做的。在国外表演与国内不同，因为时间的限制，仅能把每出戏中最精采的一节拿来表演，除我个人所表演的正剧较为吃重需时较多外，其余副剧以片断歌舞或武技为重。杨盛春同朱桂芳的武技，都是很有功底的，邀他们同去，也就要显扬中国旧剧技术的特长。

关于时间的分配同剧本的选择，首经过长时间的讨论，与苏联方面往返商酌的函电也很多，直到在海参崴至莫斯科的火车上，我们才作出最后的决定。这些剧目，在国内时我们已开始研究，也可算是经过选择后的剧目表吧。

正剧有:《汾河湾》、《刺虎》、《打渔杀家》、

《宇宙锋》、《虹霓关》、《贵妃醉酒》。

副剧有:《红线盗盒》(剑舞)、《西施》(羽舞)、

《麻姑献寿》(袖舞)、《木兰从军》、(戟舞)

《思凡》(拂舞)、《抗金兵》(戎装舞)、

《青石山》(武术剧)、《盗丹》(武术剧)、

《盗仙草》(武术剧)、《夜奔》(姿态剧)、

《嫁妹》(姿态剧)。

(四)置办服饰

服饰的置办也分为两部分:一部分是属于舞台上的,一部分是团员日常的服饰。往年到美国去的时候,虽也曾全部置备过,但大都陈旧了,不得不重新做。关于舞台上用的,如行头、布景、道具等,都是委托齐如山先生就近在北平督制的。齐先生从前也曾同兰芳一同去过美国,他对于国剧颇有研究,此项工作委托他来办再合适也没有了。内中有一部分绣品,是特地派人到苏州定绣的。例如台前面悬挂的一幅黄绸帐幔尺寸极大,上绣代表国花的梅花,一株兰花,鲜艳夺目,光彩照人,一开幕,便使观众对东方艺术之花的中国刺绣,产生一种惊奇赞美的感觉。其他如布景,画成宫殿式样,雕梁画栋富丽堂皇,显示了东方建筑艺术的伟观。还有定织、定制的台毡、宫灯等物,这些都是我国久负盛名的工艺品。再如行头、道具等物,也无不再三修改精益求精,小至装置行头的箱笼等物,皆髹以红漆,描以金字,表面既求其美观,质地更求其坚固耐用。总之,我们对服饰的筹备很下了一番心思,因为这些东西,都要给人家看的,处处要显露出东方的色彩和我国特有的美术价值。

至于团员们日常的服饰,尤要求其整齐一律。每人皮帽一顶、中山装一套、暖靴一双。因为西伯利亚天气严寒,每人又置有皮大衣、羊毛衫、皮手套等物。我在动身以前,曾昭告团员们说,这一次赴苏,是苏联政府正式的聘请,大家出国后的一切行动以及在演出的时候,都要如服饰一样,清洁整齐,要做到纪

律化、军队化，为国争光，告慰国人。团员们都能身体力行，这是我最愉快的一件事。剧团的徽章是以梅花形式为地，中嵌一古写"霖"字，很觉庄严美观。

关于服饰，全用国货，所费不赀，但求有益于国际观瞻，经济消耗非所计也。

（五）宣传工作

因为语言、文字、风俗、习惯种种的不同，所以我们特别注意做好宣传工作。事先把拟定的几种剧目说明译成英文，寄到苏联去，再译成俄文，以广宣传。同时为使苏联人民明了中国戏剧艺术起见，另编印了三种英文书籍带去赠送给他们。

1.《梅兰芳与中国戏剧》 封面为黑色，印有英文题名及畹华二字的篆印一方，全为金色。书中印有我的化装像片同我的小传，还有张彭春先生写的《中国戏剧艺术之特色》及美国大戏剧评论家史托克扬所写的《梅兰芳艺评》等文。最后一篇是齐如山先生所写，专论中国戏剧表演时的姿势、歌唱、台词，以及舞台上所用的象征道具、服装、乐器及脸谱等，里面还附有服装、道具、乐器及脸谱等彩色的插图多帧，印刷颇为美观。

2.《梅兰芳在苏联所表演之六种戏及六种舞之说明》 此书全为中式装订，封面用黄绫制作，用红丝线装订，很觉古雅可爱。内容分为两部，前部论剧，后部论舞。剧目六个，即《汾河湾》、《刺虎》、《打渔杀家》、《宇宙锋》、《虹霓关》及《贵妃醉酒》。舞剧也六个，即《红线盗盒》、《西施》、《麻姑献寿》、《木兰从军》、《思凡》及《抗金兵》。

3.《梅兰芳在美国所得之评论集》（《梅兰芳在美国；剧艺术批评》，1935年初版，58页，插图5张） 这本书是把我在美国演剧时，美国报纸及杂志中所载对于中国戏之评论集印而成。本来在美国所得的评论不只这几篇，因限于篇幅，仅将较为重要的几篇选入。

此外，还印了许多化装像片，先寄到苏联去，以资宣传。而苏联方面，在我们未到之先，对于宣传一事尤为努力，现把《国闻周报》所载戈公振、戈宝权先生的《梅兰芳在苏联》一文中，关于苏联事先宣传的情形节录于后：

……苏联这一次邀请梅兰芳演出，事先曾作过有系统的宣传。当梅兰芳由上海出发时，莫斯科的街头巷口，发现许多很简单的印有"梅兰芳"三个中国大字的招贴，旁边有几行俄国字，是"自三月二十三日至二十八日，音乐厅表演中国戏剧六天"。色彩鲜丽，甚引人注目。同时象彼特洛夫卡街一带大商店的玻璃橱窗内，也陈列着放大的梅兰芳的本来面目或是戏装的照片。

梅兰芳一入苏联国境之后，街头巷口又发现了许多印有在莫斯科表演六天的戏目的大招贴。及到了莫斯科，如《真理报》、《消息报》、《莫斯科晚报》、英文《莫斯科日报》及法文《莫斯科日报》等大报，皆连续不断地登载关于梅氏的新闻和照片，以及关于介绍中国戏剧的文字等。《消息报》馆屋顶上的流通电灯新闻，则逐日报告关于梅氏的消息。

戏票从三月五日起即开始出售，不到一个礼拜的工夫，即全数销售一空。票价增高到和大剧院一样。正厅中前排的座位是二十五卢布一张，若是外国旅客用美金购买是四元半一张。后来的人无法购到票时，便从他人手中间接购买，听说票价比原价高出四五倍。列宁格勒一地也如此。

按照苏联的惯例，剧院中每日皆为突击队的工人（即劳动模范）留下若干座位，不必出费，此例也只得暂时取消。但是每天还留下一百五十个座位，供艺术俱乐部的会员用，因为他们带有研究性质，不能不特别优待……

苏联对外文化协会，恐观众对于中国戏剧及剧情不能了解，亦编印有三种俄文书籍，在剧院出售：

1.《梅兰芳与中国戏剧》 此书之封面，为木刻画家爱及斯道夫所作。书中有照片多桢，及阿洛舍夫、华希礼、爱森斯坦因、特莱杰亚珂夫、张彭春等五人所写的文字，多系介绍及解释中国戏剧艺术，价一卢布五十戈比。此书有英文译本，价亦相同。

2.《梅兰芳在苏联所表演之六种戏及六种舞之说明》（兰芳案：这就是我前面所述的第二本书，原系英文，寄苏后，经译成俄文发售的，价值一卢布。）

3.《大剧院所演三种戏之对白》 梅剧团在莫斯科及列宁格勒两地表演完毕

后，又在莫斯科的大剧院表演一次。当日共演三戏，即《打渔杀家》、《盗丹》、《虹霓关》，此书即为三戏中对白之全文，价五十戈比（兰芳案：此系在苏表演后，译成俄文者，系由苏方编印）

（见《国闻周报》第十二卷第二十二期第七页）

观上所述，我们这边同苏联方面，在我们成行之前在宣传上都曾进行过一番努力。我们为了宣扬我国的文化艺术，这是应有的一个步骤。至于苏联政府事先也同样从事扩大宣传，是为了要引起苏联人民对中国戏剧的注意。他们如此重视以及友好的表现，很使我们感动。

（六）确定行期

赴苏的途径，原拟自上海乘船直达海参崴，再由海参崴乘西伯利亚火车到莫斯科。但是因为苏联政府尚未开办由上海至海参崴直达的航线，所以我们不得不假道日本，预备二月二十日由上海动身往日本，二十六日由日本之敦贺，转船赴海参崴，倘若车行无阻，三月十四日就可以到达莫斯科。在这个时候，日本方面听说我将从日本经过，便托我在东京的友人发来个电报："闻将由日赴俄，日方希望能于二月二十四日到东京一转，大仓男爵等，已准备盛大欢迎"等语。虽然日本诸友好的盛情可感，但我是否须由日本经过，此时还未确定。我因为携带箱笼很多，且极笨重，深感辗转运输不便，最好的行程，当然是由上海直达海参崴比较省事。这时候，颜惠庆大使适来一信，也是为了行程的问题，略谓：

> 闻前加拉罕回国时，曾向怡和租一三千吨轮船，直放崴口，所费并不甚奢。似可向该行一询，如果合算，不妨照办。

我觉得这确是一个好办法，就托旅行社代为查询。据旅行社答复："如租用太古船须费一万元，最少也得九千元左右，而且船舷受侧面的风击，再加之船中没有装货，必极颠簸，恐怕团员们受不住风波之苦。"这样一来，租船之议，便无形打消了。

由于颜大使的关怀，不久苏联外交部派东方司帮办与我国驻苏大使馆接洽，苏联政府拟派一专轮直接驶沪来迎。使馆方面极表感谢，随即电呈外交部，转告颜大使同我。这艘船名"北方号"，定二月十五日由海参崴驶到上海，二月二十日左右，再由沪驶崴。可谓佳音天外来，久久未能决定的行期，到此才算获得妥善的解决。本来预备先期运苏的大件箱笼，现在既有了专轮，便决计随身带走。这时苏联方面又来一电报，告知行李到达时，特许免验。象这样的优待，怎不使人感激呢？

行期确定了，于是我便集中团员于上海，整装待发，并乘此机会，演了几天义务戏；决不敢自誉"乐善"，不过借此出国之际，与国内人士作一临别纪念罢了。

国人的策勉

筹备就绪，成行有日，除各报纸逐日登载关于我们的消息并加以勉励之外，各方的友好函电纷驰，慰勉交加。起程之先，我又适有南京之行，蒙行政院财政部及中央各当局宠赐祖饯，慰勉有加，使我产生亦喜亦惧的心情。喜的是政府对我国固有的戏剧艺术不以菲薄见遗，且能如此重视，使有数千年历史的旧剧于危急存亡之秋，萌发了复兴之机，所以我感到非常快慰；而所恐惧的，就是这一次出去，事关祖国声誉，担子沉重，但又深知自己能力薄弱，能不能达到我理想中的目的告慰于国人，确是一个疑问，所以又非常惧怕。

（一）茶会饯别

上海方面热心文化的诸公，在我就道的前三天，又发起茶会饯别，承蒙各界奖掖，更增加了我发扬踔厉之心。爰将请柬小启及发起人姓名书后：

> 梅兰芳君宣扬艺术，名越国界，累游海外，所至蜚声。此次苏联国际文化协会为研究东方剧艺起见，自去春以来，一再向我外交当局表示，拟邀请梅君组织剧团赴莫斯科、列宁格勒两处表演，俾资借镜。我政府以此举足以沟通两国间之

文化，并增进两国间之友谊，允促其行，特予援助。上海同志复组织协进社同力促进，现已筹备就绪，聘书敦迫，不日首途，宜有饯别之会，以壮其行。兹定二月十八日午后四时半至六时半，假座国际饭店二楼茶会，届时务希苍止是幸。

  陈 镩 张嘉璈 唐寿民 陈 介 叶恭绰 李登辉
  汪伯奇 张文焕 熊希龄 俞佐廷 胡 筠 朱少屏
  顾维钧 虞和德 李 铭 冯耿光 蔡元培 杜 镛
  俞鸿钧 袁履登 孔祥熙 黄金荣 沈叔玉 李宣龚
  吴铁城 张 寅 黎照寰 林康侯 李煜瀛 杨 虎
  金廷荪 贝祖诒 褚民谊 钱永铭 潘公展 徐新六
  许世英 陈光甫 余 铭 吴在章 陈其采 刘湛恩
  张竹平 沈崑三 张寿镛 王孝贲 马荫良 赵尊岳
  同订

这一天到的来宾很多，济济一堂，颇极一时之盛。惭愧感激之情，无时不萦回在我的心曲。吴铁城市长、颜骏人大使、苏联驻华代办司尼尔凡尼克先生等都有演说，兰芳也曾作答词。二月十九日的《申报》报道如下：

> 市政府及各界领袖
>
> 欢送梅兰芳茶会
>
> 计到中苏来宾三百余人
>
> 吴市长致欢送词情形极热烈
>
> 本市市长吴铁域及各界领袖，于昨日下午四时半，假座静安寺路国际大饭店二楼举行盛大茶会，欢送梅兰芳赴苏。计到中苏男女来宾约共三百余人。席间由吴市长致欢送词，苏联代办司尼尔凡尼克及褚民谊、李石曾、颜惠庆等相继致词，末由梅君致谢词，直至六时半始散。
>
> 各界计到吴铁城、颜惠庆、梅兰芳、李石曾、褚民谊、顾维钧夫妇、唐友壬、杨虎、余铭、熊希龄夫妇、文朝籍、温宗尧、陈箓、李择一、徐佩璜、俞鸿

钧、李大超、王之南、张廷荣、俞佐廷、虞洽卿、颜福庆、王晓籁、杜月笙、张啸林、陈翊庭、钱新之、贝淞荪、徐新六、叶扶霄、陈光甫、许世英、汪仲苇、汪伯奇、林康侯、黄任之、黄涵之、吴蕴斋、郭秉文、张公权、魏道明、劳敬修、关炯之、严独鹤、李馥荪、谭泽闿、褚慧僧、黄延芳、余上沅、罗明佑、黎民伟、陈燕燕、林楚楚、阮玲玉、王人美、黎灼灼、林语堂、欧阳予倩、朗静山、朱少屏等，及苏俄驻华代办司尼尔凡尼克暨中俄来宾约共三百余人。

吴市长致欢送词，略谓：梅君系吾国艺术家，此行应苏俄之敦请，实为国人之光荣。希望梅君将我国有悠久历史之艺术带至苏联，促进东西文化之交流，增进中苏两大民族之友谊及两国之邦交。

苏联驻华代办兼上海总领事司尼尔凡尼克致词，略谓：今天能参加如此盛大茶会，不胜荣幸。梅博士是中国的戏剧家，欧美闻名，尤其是苏联未有不知道梅博士的大名。苏联为钦佩中国戏剧及梅博士的艺术，特地邀请梅博士赴苏表演，梅博士允许前往，苏联各界无不表示热烈欢迎。

我国驻苏大使颜惠庆博士致词，略谓：中俄自恢复邦交后，今天之盛大茶会，可说是破天荒第一次，各界人士群集一堂，足证我国对苏联之友好。梅博士此次到苏联，系代表我国发扬艺术，并沟通国际文化，希望中苏两国之邦交更臻亲睦。

此外行政院秘书长褚民谊、中委李石曾、市商会主席俞佐廷暨本市绅商领袖王晓籁、虞洽卿等均先后致词，均望梅君此次赴苏，能将我国固有艺术宣扬国外，沟通国际文化，以促中苏两国邦交日臻亲善。

梅兰芳博士答词，略谓：今天承蒙诸位先生在这里替兰芳饯别，实在荣幸，非常感谢。诸位先生刚才对兰芳的诸多勉励，我当奉为圭臬，终身不忘。此次赴苏演出事，酝酿一年多了。开始兰芳不敢冒昧地答应，因为苏联是一个文学、戏剧、音乐历史悠久的国家，自从革命以后，成绩更是一日千里。兰芳去苏固可以借此机会参观研究，或有所得，这是值得庆幸的一面；但是另一面，也着实感到自己能力不够，深恐不能把中国戏剧的精华贡献给人家。后来苏联方面函电交驰，邀请赴苏，态度十分恳切。我国政府同颜大使鉴于邦交关系，都主张兰芳答应下来，这样我才作出了赴苏演出的决定。承蒙政府当局同颜大使诸公多方援助，又承上海诸位先生组织了戏剧协进社指导赞助，兰芳实在感激。遗憾的是最初发起戏剧协进社的史量才先生，未曾等到兰芳出国，就与世长辞了，今天不能听到史先生的训勉，这是我心中最难过的一件事。苏联是一个文学、戏剧成就伟大的国家，兰芳的表演，能否使苏联人民满意，我还有很多疑虑。希望今天在座的诸位先生多多指教。兰芳同剧团同人已定后天随同颜大使乘苏联派来的轮船直驶海参崴，再由海参崴乘西伯利亚火车到莫斯科，时间很匆促。刚刚这两天又演了几场义务戏，所以来不及到诸位先生那里去一一辞行，今天就乘这个机会，向诸位先生辞别。谢谢诸位先生的盛意。

（二）社会舆论

在我们未到莫斯科以前，国内的报纸已盈篇累牍发表了关于我赴苏的消息，其中也有从苏联方面传来的。现在我择要节录于下，以见舆论的一斑。

一九三五年一月十九日南京《中央日报》载：

> 苏俄为研究东方戏剧请梅兰芳赴俄表演
>
> 苏当道声称决无失败之虞
>
> 梅下月起行政府将予补助

我国自与苏俄复交以来，政治经济上之关系，尚无显著之进步，而中苏之文化艺术渐见沟通，去年既有徐悲鸿氏在苏之画展，今年又将有梅兰芳赴苏之演剧。据熟悉情形者谈，梅氏赴苏演剧，系发动于去岁之夏，迄至最近，始决定于本年二月下旬成行。此事原为俄方所发起，其国家乐剧协会会长对此事尤为热心，允给于种种优待。故由俄方三大剧院之院长及对外文化会会长、俄外交委员会东方司长等，合组委员会筹备招待，对外文化会且已发出正式之请柬。此事主动之最力者为俄方曾经驻华之使领人员，对于梅氏艺术颇有相当认识；另有一部分戏剧专家则认为中国舞台布景，纯取象征主义，足为苏联新式舞台之借镜。现在莫斯科最新式舞台，布景力求简单即系循此主义进行试验。苏联戏剧正在创造之中，对于各国新旧戏剧，均愿观摩，邀请外国戏剧前往表演者岁必数起。前年日本剧团，曾在莫斯科登台。惟苏联人士认为最能代表东方戏剧者应为华剧。此次邀请梅氏实全为研究艺术绝无其他作用。惟国人颇虑梅氏此去不免失败而终其行者，日前苏俄外委会东方司长，向我驻俄使馆说明此事已不能中止，且剧本等均曾经审查，决无失败之虞，望中国放心。故我国政府方面业已决定酌予梅氏以补助，俾梅氏得以如期抵莫。考苏联戏剧中，常有涉及中国情事者，大都模拟失真，海参崴有中国剧院一所，尤遗不良印象。梅氏此次去苏，至少当使俄人对于中国戏剧得一正确观念，即于中苏两大国间之文化自亦不无裨益云。

一九三五年一月十日上海《时事新报》：

梅兰芳赴俄演剧
政府决酌予补助

政府方面对梅兰芳于二月下旬赴苏演剧一事，以苏方对东方戏剧极为热心，敦促甚力，且此举足以沟通中苏文化艺术，决酌予补助，俾梅得如期成行。

一九三五年一月十四日南京《中央日报》：

汪院长宴梅兰芳
邀苏联驻华代办作陪
席间商梅赴俄表演事

行政院汪院长，以为兰芳来京，为各省筹募旱灾救济会南京分会演唱义务戏，特于昨日正午十二时在外交部大礼堂欢宴梅氏，并邀苏联驻华大使馆代办司尼尔凡尼克及教育部长王世杰、行政院秘书长褚民谊、政务处长彭学沛、外交部次长徐谟、唐有壬等作陪。闻席间对梅兰芳赴苏联演剧事略有商谈。又南京市市长石瑛,定十四日中午在公余联欢社欢宴梅氏;行政院秘书长褚民谊定十五日中午在公余联欢社欢宴梅氏,仍邀苏联驻华代办司尼尔凡尼克作陪。

一九三五年一月二十三日 天津《大公报》莫斯科专电:

  梅兰芳赴苏 苏方极为重视
  认为文化界重大事项
  苏将派专轮到沪迎接
 苏联定下月中旬派轮赴沪迎梅兰芳一行来苏,颜大使届时或将搭该轮返任。记者访此间著名戏剧家梅雅尔荷德,据谈,彼认为梅氏此行为本季中最重要之文化事项。苏联剧家均认为中国舞台为纯粹戏剧艺术的最佳典型云。另据此间观察者意见,中苏文化之沟通,将为两国间未来经济政治友好关系之先导云。

一九三五年一月二十三日上海《新闻报》南京电:

 苏俄大使馆接莫斯科电,促梅兰芳赴苏表演,二十二日下午,派汉文参赞鄂山荫访行政院秘书长褚民谊,对梅起程时间及经过地点勾留时日,均有详细接洽。褚定本星期杪赴沪晤梅,商出国手续及表演戏剧各问题。

一九三五年一月二十九日上海《申报》:

 颜惠庆二十八日晚抵京,语中央社记者,此来谒蒋委员长、汪委员长请示,在京留二、三日即返津。苏联特派专轮来华迎梅兰芳前往演剧,并在轮船内特为予预备房间,以盛意难却,故将由下月中旬由津乘车赴沪,约二十日左右搭该轮返苏。至梅兰芳赴苏表演事,彼方极表欢迎。中国戏剧有若干年历史,虽与欧西各国艺术不同,亦有研究价值。又张彭春、余上沅等偕梅前往。

一九三五年二月八日南京《华报》：

苏联迎梅（兰芳）剧团专轮，定十五日由海参崴开沪，十八日由沪启碇赴俄，颜惠庆定十一日由津南下，向中央请训后，即乘该轮返任。

报上所载各种消息太多了，不能备录，现将由苏联传来的一篇通讯录在下面：

苏俄戏剧界
期待梅兰芳赴俄
对中国戏剧表示仰慕

现在莫斯科市上，已经张贴揭示说："中国伟大的戏剧演员梅兰芳氏将来莫斯科和列宁格勒献技。"一般行人都伫足在揭示板下，仔细地阅看着。戏剧界人士对于梅氏惠然肯来，更认为是本季节中一件最重大的事，足以增进中苏的友谊。记者为梅氏此来，可以一饱眼福，更认为是个人的幸事。我以为按实际讲，中苏的戏剧很有相像之点。

记者为采访苏俄艺术界人士对于梅氏所抱的感想起见，特意去拜见了苏俄戏剧界的两大泰斗：一位是戏剧导演梅雅尔荷德氏，一位是电影导演爱森斯坦因氏。梅氏对我讲："鄙人能为国际文化机关招待梅氏的委员之一，荣幸得很。梅氏演剧和歌舞的天才，我们已经是久仰了。苏俄的剧院和扮演，受中国的影响不少。所以我们这一次乘梅氏来俄的机会，企图要得着最大限度的收获。爱森斯坦因氏对于中日两国的旧戏都很热心研究，记者在他家曾经作了一席长谈。他的书桌上乱纸堆中，放着一个小型的梅兰芳塑像。爱氏告诉我说："梅君的这个塑像，是一九三〇年我从好来坞得来的。不巧得很，我到那里的时候，梅君已经先一个星期离开了。"我再观察爱氏的书室，有一排书架上，全放着关于中国戏剧和梅兰芳的书籍，此君亦可谓爱梅成癖了。"梅君此来"爱氏继续对我说，"于苏俄戏剧和电影艺术的发展上，是具有极大的意义的。我希望因此能确定电影导演所必须明白的几种基本原则。我在旧金山就开始研究中国戏的表演艺术，每晚我必去中国戏院里看戏。在这以前,我只看土过日本歌舞伎座表演的旧戏。我对于中国戏表演上每幕的动作和地点的移易是怎样衔接起来的,将要特别注意,因为电影也应当根据这种原则的。我希望在这一点上,能够求出一个基本定律。这是我看梅君表演时候要研究的问题之一。"

记者在讨论苏联的艺术文字里,时常指出中国旧戏对于苏联戏剧学的重大影响。这次和上述的两位大戏剧家谈话的时候,也涉及此点。苏联新剧院的领袖、世界戏剧伟大理论家之一的梅雅尔荷德氏,用逻辑方法向记者作了下列的说明:"俄国的戏剧,到十八九世纪方才成功为一种艺术。前世纪俄国舞台上最伟大的演员希普金氏本来是一个农奴,当时社会人士的观点认为男女优伶是一种贱业。所以俄国戏剧革新的时期,直接受了德、法、英各国舞台的影响。在这些国家里,戏剧的艺术已经日趋退化。所谓自然主义,就是退化的表征。这一派对于舞台的布景以及演员的情态,总讲究和真的一般无二,就象照像一样的呆板。演员喝真的酒,室中一切布置和真的一些不差。这种自然主义的发展,曾经使得俄国的戏剧遭受打击。现在欧美的戏剧,仍然还没有脱离这种恶影响呢。苏联一般的青年戏剧家,包括我本人在内,就反对这一种落后的自然主义,开始探求戏剧学的真正原则,以便于创立苏联的戏剧。我们发现英国、西班牙和中国在十六世纪的戏剧艺术具有许多的特色,可以表现出编剧、导演和演员伟大的艺术的和审美的能力。我们就用这些作为模范。关于十六世纪的戏剧,我们曾经根据书本研究过。我们发现日本的戏剧和古代的戏剧很为相像。我们对于日本歌舞伎座的旧戏,曾经作过缜密的研究,以为它实际就是由中国戏剧化出来的。苏联的新戏剧,想根据着中国旧戏的评论和歌舞伎的实际经验得到一种基本原则,借以探求舞台的社会的现实主义。"

苏联观众对于梅兰芳的表演,并不用一种好奇的眼光去看待。苏联有许多著名的艺术家已经定下了研究和观察的方案。

梅雅尔荷德一派,为促醒苏联戏剧界在革命前的昏睡状态起见,在他们发展苏联戏剧的过程当中,曾经有一时期专研究建设和运用习惯的方法。他们完全废弃了布景,一出戏演完以后,也不用闭幕。他们用绳索把梯子吊在天花板上,演员就在梯子上道白。他们认为这并不是他们的目的，而是他们的方法。但是这个时代现在是已经过去了。象梅雅尔荷德、爱森斯坦因这一辈知识分子的领袖，都以为中国十六世纪旧剧可算是几于达到戏剧艺术尽美尽善的阶段；所以他们现在看中国的旧戏，就想探求一种完善戏剧的写影。爱森斯坦因氏对讲："四百年来中国戏剧的写实主义变迁的并不多。它比日本的歌舞皮旧戏较为纯粹些，所以它影响苏联现代戏剧的潜能性很大。不过很明显的，我们并不期待要模仿梅兰芳氏的风格。"

在和这两位苏俄戏剧家谈话快完的时候，我又特意问他们，苏俄戏剧专家对于梅兰芳既然这样深切的注意，但是寻常观众的态度又怎样呢？他们能否欣赏梅氏的唱做？梅氏是这样答复的："我在谈话当中得知中国一般的民众很喜欢听戏，苏联的听众也和中国一样。我们的时常是满座的。戏院里苏联的文化逐渐发达，又常给民众去戏院的机会，所以他们的欣赏能力提高了。苏联的观众有理解和响应的能力。我们在探求社会的写实主义的时候，就给听众许多的试验。我们现在对于情感、恋爱、愤怒或是英勇，全用新的方式去表现。中国戏的象征主义或是情感的表现程度是很高的。我相信苏联观众的反应一定要较其他欧洲国家的观众来得敏捷。关于布景，以苏联观众的文化素养，完全可以欣赏中国戏剧的高深艺术。中国舞台的布景惯例，遵守着几种基本原则，在线条、设色、结构和形式方面，可以应用于一切艺术。苏联戏剧十七年来的过程，观众已具备适合听梅兰芳戏剧的训练。它在形式上可以代表世界最古和最纯粹的戏剧。"

爱森斯坦因的答复也是很肯定的，他说："语言问题并不能隔阂苏联观众对于梅兰芳所感的兴趣。乔治亚剧团在莫斯科和列宁格勒也是很受观众欢迎的。其余象犹太、亚米尼亚、白俄罗斯的戏剧在这两大城市里也很能叫座，并没有发生言语上的困难。还有一件事我愿意声明的，就是现在苏联戏剧已经确切规定要遵循着中国旧剧的途径走，所以此时梅兰芳来苏，可以使那些由自然主义或是由习惯主义走上写实主义的苏联戏剧界人士，明了中国戏是怎样解决艺术的写实主义问题的。这对于我们将来研究怎样达到社会写实主义的目的，可以发生重大的影响。"

苏联戏剧艺术的表演在欧洲占第一位。我们看苏联国际旅行社主办的戏剧节的成功,就可以知道外人对于苏联戏剧是怎样注意的了,他们到苏联来,主要是为了研究苏联戏剧的新奇特色。

这次欢迎梅兰芳的苏联艺术界人士,在舞台方面有名导演梅雅尔荷德、斯坦尼斯拉夫斯基、南赤罗维区·丹真珂、泰伊洛夫、白蔓诸人。电影界的著名导演有爱森斯坦因、鲍多夫金、艾克、杜夫真珂和万西里夫兄弟。著名男演员有加察洛夫、莫斯克文、里翁尼多夫、伊林斯基;著名女演员有巴巴诺娃、瑞琪、柯南、谷谷里娃、贾克荷娃、白罗蔓泰塔·玛拉。编剧家铁提崔可夫、维许斯基、亚菲诺吉诺夫、加尼夫泰伊夫、A·托尔斯泰。编制乐谱家有秀司太珂维区、万喜伦珂、伊朴里笃夫·伊凡诺夫。大剧院的歌唱名家有麦克萨可娃、尼杰丹诺娃、巴苏娃、柯司洛未斯基、皮禄戈夫诸人。

单莫斯科一个地方,正式的戏院就有七十所以上,戏剧学校有二十八所,学员的人数达数千。戏剧学校当中最有名的要推BalletTochNicum,最近它曾举行一百二十五周年的纪念。这次梅兰芳游苏,可以说是莫斯科爱好戏剧的公众全在期待着的一件大事。梅氏到此之后,就可以看出公众和戏剧界对于他的歌舞表演是怎样的注意了。

梅雅尔荷德氏最后对我说:"苏联对于中国的戏剧,比对任何国家都要接近一些。因此我们两国的戏剧界应该加强联络,彼此互有启发。有一句话应该请阁下特别注意的,就是我们竭诚地欢迎中国伟大的戏剧家梅兰芳!"

启行的一瞥

苏联派来的专轮"北方号"原定二月二十八日由沪驶崴,后来因为我们在上海演义务戏箱笼等件来不及收拾完毕,所以该轮又等候了几天,直到二月二十一日才启碇,直放海参崴。这天下午一时,团员们由旅馆出发,径往虹口招商局北栈码头登轮,我同张彭春、余上沅先生各自分别登轮。与我们同行的除返苏联回任的我国大使颜惠庆博士及其随员外,还有明星影片公司的经理周剑云夫妇同电影明星胡蝶女士,他们是为参加在苏联召开的国际电影会去的。

这天登舟送行的友好人数极多，客厅中几无隙地，花篮等物堆满左右。各报摄影记者尤难一一应付。社会的深切期望和友好的殷勤关爱，使我心中的感愧之情，将与万里长途同其绵远！

经历了一年多的时间，耗费了多少人的心思，赴苏的梦想终于成为事实。

这时"北方号"启航的汽笛声，送来的不是"离情别绪"，而是国人的谆谆嘱咐，声声珍重。我定将努力于艺术，为国争光，并为沟通中苏两国文化作出贡献。

[原载中国人民政治协商会议北京市委员会文史资料研究委员会编：《文史资料选编》（第二十七辑），北京出版社1986年第1版]

附录三

梅兰芳在苏联[①]

戈公振　戈宝权

一、引言

"今天离开了贵国的边境，回想起我个人和剧团在旅居上所感到的快乐，环绕着我们的热情和殷勤的款待，以及能和如此聪慧的观众——他们能明了和欣赏这似乎是相去很远的戏剧艺术——相接触，自引以为非常荣幸。我在此，特对贵国政府，贵会，国家乐剧协会[②]以及所有的苏联社会人士的爱护，掬忱敬致谢意。"

这是4月21日，梅兰芳在苏联边境的涅戈列洛耶（Negoreloye）车站上，致苏联对外文化协会（VOKS）[③]会长阿罗舍夫（A.Y.Arosev）的一通电文。梅兰芳

[①] 此文原载《国闻周报》1935年6月1日第12卷第20期。戈公振（1890—1935），著名新闻学家，江苏东台人。1933年3月随我国首任驻苏联大使颜惠庆赴苏访问至1935年秋，写了大量有影响的通讯，后被编为《从东北到苏联》一书。1935年秋回国创办《生活周刊》，不幸于当年因病去世。东台建有戈公振纪念馆。戈宝权系戈公振之侄子。曾在《时事新报》工作，1935年2月以天津《大公报》记者身份，与梅兰芳剧团同乘"北方号"轮赴苏联访问。

[②] 国家乐剧协会是一个为管理音乐会、杂剧及马戏等而设立的机关。

[③] 苏联对外文化协会是苏联对外文化机关，负责招待及联络各国文化界。

这一次到苏联来演剧，自发起筹备以迄表演，前后共经历了一年一月又半的时光，至此逐告一圆满的结束。

梅兰芳这一次在苏联演剧，大获成功，并深得各方面的推崇，这是不出我们所预料的。至于在今日的中国，能在苏联之邀请而不致发生任何疑问的，恐怕要以梅兰芳是最适当的人了。按中苏两国自复交以来，除了使节往还以外，并无什么事可供记载，而况近因中东路的出卖，更显得利害各不相谋。苏联为联好于中国人民起见，不使双方感情过于冷淡，所以对于这次梅剧团的招待，特别热烈。

同时，我国大使馆之热心提倡此事，也是因为苏联戏院中关于中国的表演，每多穿凿附会，而国人在苏联所创设的戏院，又是非常的简陋，故对于纯粹的中国戏剧之来临，于对外文化宣传上，也甚有裨益。

二、事前的接洽

苏联邀请梅氏来此演剧的缘起，在去年3月2日。我国驻俄大使馆的代办吴南如氏因为筹备中国绘画展览会一事，就特约苏联对外文化协会的艺术部主任乞尔略夫斯基等人至大使馆茶叙，讨论一切进行事宜。在谈话中，提及梅兰芳将往欧洲各国游历并考察戏剧，若道经莫斯科，苏联方面将如何招待？乞尔略夫斯基等人就表示：梅氏的艺术是举世闻名的，若能现身于苏联的舞台，那必定能受到热烈欢迎的。

及至后来，在招待杨杰军事考察团的席上，我又和外交人民委员会的东方司帮办鲍乐卫氏（Borovoy）谈起这一件事。鲍乐卫说："梅兰芳如能在赴欧之前，前来苏联表演，则我方毫不迟疑，立缮请书，并可保证其表演必大获成功。"鲍乐卫氏在中国多年，通中国语文，并好与中国人交还，这一次梅兰芳来苏联演剧之成为事实，可说一部分须归功于鲍氏。

我当时因为大使馆和外交人民委员会双方皆已表示赞同，就先以私人资格，打了一个电报给梅兰芳，征求他的意见。不久得他的复电：

苏联之文化艺术，久所佩羡。欧洲之游，如能成行，定必前往。请先谢文化协会之厚意，并盼赐教。

自从接到这一电报之后，我即向各方面商询，梅氏也表示了他来此演剧的几种条件：

（一）梅剧团演员为8人，音乐队为7人，管理台事物者为4人，翻译为3人，共22人。

（二）假定10月初到苏联，11月初往欧洲，其间1月为期。如此时期不适宜，可预先商量变更。

（三）每晚彼自演一全剧及一、二段歌舞，其他配角演一、二小段，约共3小时。

（四）假定在莫斯科表演一星期，在列宁格勒表演3、5天，其余之时间，彼个人拟作苏联戏剧之研究，并赴各剧院观剧。

（五）希望除由海参崴至柏林之车票及行李运输费外，一切食宿由俄方担任。

上面所提出的这几个条件，已经不是普通的问题，而是专门的问题了。苏联对外文化协会是个文化机关，自身并无剧院等设备，即无法解决，所以乞尔略斯基就写了一封信介绍我去看国家乐剧协会的丹克曼（Dankman），以便作具体的接洽。我和丹克曼所讨论的结果如次：

（一）自海参崴至柏林之车票及行李运输全由苏联担负。

（二）食宿方面，梅氏本人住头等旅馆，余均住伶界公寓。团员膳费及零用，另给2万2千卢布，并得享受外国工程师及苏联伶人之两种权利。①

---

① 莫斯科等地皆有为外国工程师所特设的商店，品种较多质较佳，价较廉，惟须持证方可购买。

（三）自入境至出境，工作45日，出演20次。

（四）最好能于9月初到莫斯科，5日起表演。

当时梅氏赴欧洲的行期，尚未决定，至于苏联方面希望梅氏能于9月初到莫斯科，也有几种原因。一种原因是俄国的戏剧界每年皆有一次长期的休假，大概是两三个月的工夫。当时休假的时候，各大剧院皆停止演剧，重新装修及粉刷内部，演员则往俄风景绮丽之区或乡村去休养，所以当9月初时，最容易空出一所戏院来，以供梅氏演剧之用。一种原因是苏联每年皆举行一次戏剧节。例如去年是从9月1日起至10日止，在这10天之间，莫斯科各重要的剧院皆表演一出代表的戏剧，以招待外国来的游客观看，所以他们也很希望梅氏能参与这一个戏剧节，俾更增色。

我当即将和国家乐剧协会接洽的结果，电致梅氏，旋得梅氏的复电：

（一）如不赴他国表演，仍由莫斯科从原途返国，所有车票及行李运输费等，是否一律享受免费待遇。

（二）剧团食宿即归招待，则团员膳费及零用2万2千卢布一项，即不必供给。

（三）日期及出演次数，似嫌太多，望酌量减少。

（四）最早10月中旬始能抵莫斯科。

我又往与国家乐剧协会商询，所得的结果为：

（一）自莫斯科回海参崴之车票及行李运输费，概由苏联担任。

（二）出演次数减至14次。

（三）10月中各大剧院皆有固定表演，不便取消，届时只有小音乐厅可用，恐难展布，仍请9月初到此。

梅氏复电，说筹备需时，9月初抵莫斯科，恐难为事实。国家乐剧协会也因为10月已与其他剧团有约，仓卒难以变更计划，所以他们最后就表示：如梅氏9月初不能来，则可展期至今年（1935年）4月或5月。梅氏因有欧陆之游，为时间上衔接起见，又来电提前1、2月，国家乐剧协会答应了这个要求，在10月25日，双方商定了正式的条件：

（一）日期：3月15日抵莫斯科。

（二）表演：在莫斯科为5日，在列宁格勒为3日。

（三）待遇：（甲）火车由海参崴至柏林，梅氏本人，重要演员及私人秘书乘头等，余均乘二等。（乙）布景及行李，免费运输。（丙）旅馆梅氏本人，重要演员及私人秘书住头等旅馆，余均住普通旅馆。（丁）饭食梅氏本人，重要演员及私人秘书在旅馆用膳，余或在伶界公寓用膳照苏联伶人待遇，或自己备办，照外界工程师待遇。（戊）派专员至海参崴迎接，并沿途照料。

苏联对外文化协会又召集有关系各方面的人物，开了一个会议，决定上述的条件，并组织了一个招待梅兰芳的委员会，招待一切。委员名单如次：

主席：苏联对外文化协会会长阿罗舍夫。
委员：第一艺术剧院院长斯坦尼斯拉夫斯基
　　　丹青科剧院院长丹青科
　　　梅耶荷尔德剧院院长梅耶荷尔德
　　　卡美丽剧院院长泰伊罗夫
　　　名电影导演家爱森斯坦
　　　国家乐剧协会会长韩赖考夫
　　　外交人民委员会东方司帮办鲍乐卫。

以上俱系俄人，中国方面则有吴南如及戈公振两人，时适颜大使准备回任，亦也被邀请为主席。

此后苏联文化协会及国家乐剧协会，即分头编印、翻译说明书籍及布置宣传事宜等。及至去冬，苏联驻华大使鲍果莫禄夫氏返国，谈及梅氏的艺术之高超绝人，因而更引起苏联人士对于中国戏剧的热情，招待因而更加隆重。

苏联对外文化协会会长阿罗舍夫，此时适因事赴欧，即由代理会长库里雅科在12月28日，发出一封正式的邀请书，由南京苏联驻华大使特派汉文参赞鄂山荫送交梅氏，原函为英文，现意译如次：

梅兰芳先生：

阁下优美之艺术，已超越国界，遐迩知名，而为苏联人士所钦仰。兹特敦请阁下莅临莫斯科表演，以求广为绍介于民众之前。所有戈公振先生开示各节，遵当接受，惟盼阁下能于明年3月15日前莅临。敝会自当竭诚招待，以谋阁下旅途之安适。并深信阁下此次莅临敝国，将使中苏两国文化之关系，益臻亲密也。

专此即颂

时绥

苏联对外文化协会代理会长库里雅科

1月28日，梅氏复函，意译如次：

大函拜悉，殊感盛情。苏联戏剧之优越，久为予所歆羡，尚因予个人之亲近，而能增进两国之文化关系有阁下所言者，则未免过誉。予乐于接受阁下之美意，并预谢贵国所与之种种便利。

从去年3月2日的建议，以迄这一封信为止，接洽的事情，可说是告一结束。

三、抵莫斯科后各方的招待

梅兰芳即接受了苏联对外文化协会的正式邀请书，即准备于2月间启程。初本拟经神户及敦贺赴俄，后因俄方特派"北方号"专轮于2月21日离沪，27日晨即抵海参崴，苏联国家乐剧协会所特派的专员罗加支亦来码头迎接。

抵海参崴的当晚，远东州州长即设宴于交涉署中，欢迎梅氏。翌午，我国驻海参崴总领事馆权世恩总领事，又设宴为梅氏洗尘。在海参崴因候车的关系，共留4日。3月2日，即乘西伯利亚的特别快车，向莫斯科进发了。

车行10日，3月12日晨抵莫斯科。苏联对外文化协会、国家乐剧协会、外交人民委员会及我国大使馆，皆有代表来站欢迎。梅兰芳、张彭春及余上沅等3人，由苏联对外文化协会招待，住于都会大饭店，其他团员则住于新莫斯科旅馆中。

梅兰芳抵莫斯科后，因旅途辛苦，想稍事休息，所以在表演期前，就谢绝各方面的宴会。其中所接受参加的，只有对外文化协会的午餐和晚餐，我国大使馆的茶会及苏联驻华大使鲍果莫禄夫的晚餐。

苏联对外文化协会的午餐是在3月14日举行。参加者有苏联驻华大使鲍果莫禄夫，外交人民委员会东方司长及情报司长，以及欢迎梅兰芳委员会的全体委员等。席间阿罗舍夫致词大意谓：

> 莫斯科现在有机会能欣赏最高贵艺术了。梅博士这一次的来临，引起社会上极大的注意，只要看《真理报》、《消息报》等报中每日连篇累牍的记载，即可以推知。又听颜大使说，中国的各大报纸，也是同样的对于此事甚有兴趣，其可以增进中苏两国的友谊，是毫无疑义的。前几天此地举行国际电影展览会，参加者有欧洲各国的代表和东方的代表，而今天我们的午餐席上，又有中国电影界最优秀的代表胡蝶女士。回忆去年徐悲鸿教授在此间开中国绘画展览会时，就决定中苏两国间交换绘画，现在苏联送去的绘画，已在南京展览，以此足证两国文化上的合作，已有远大的进展。光阴似箭，转瞬又是夏季，中苏两国的友谊，因梅

博士的光临，顺时序而更加亲密，是可预料的。

我国驻苏联大使颜惠庆亦起立致词，谓：

苏联对外文化协会欢迎梅博士，我能在前一日赶到，不可谓非幸事（按：颜大使13日抵莫斯科）。不过在今天的盛筵上，我仿佛是个配角，所以少说几句话。我很同意于主席的意见，增进两国的友谊，当先以文化为基础，而继以经济和政治上的合作。现在梅博士已到贵国来表演，语云"来而不往，非礼也"。所以我很希望在不久的将来，也有苏联的艺术家如梅博士其人者，出现于中国的舞台之上。

梅兰芳继亦起立致答词，谓：

我能来此戏剧艺术最发达的国家观光，心中至感愉快，而今日又得与素所钦佩的文学家、戏剧家等相晤谈，更是生平的乐事。中西的戏剧虽不相同，但是表演却可互相了解，艺术之可贵即在于这一点，所以"艺术是无国界的"一句话，诚非虚言。现在中西的戏剧，有一个相接触的机会了，我很希望在此戏剧最发达的中心，不久即有新的艺术产生，融汇中西的艺术于一炉。我将尽我之所能在此表演，倘承诸君不吝指教，则最为荣幸。

泰伊罗夫、爱森斯坦及特烈杰亚考夫等人亦先后起立演说，除赞美梅氏的艺术可供俄人参考之外，更希望彼此为戏剧的质量而奋斗。并云：联合中苏两国民族的力量，定可创造出一种新人类的艺术来。

餐后开演梅氏抵莫斯科时的电影即苏联最成功的名片《恰巴耶夫》。

苏联对外文化协会的晚餐系17日晚举行，参加的人员与14日的午餐相仿。餐前有钢琴独奏及木偶戏，表演完毕后，即进餐及举行跳舞，夜半始散。

我国大使馆的茶会，于3月19日下午5时起举行。这一个茶会的目的：一方面是欢迎颜大使回任,一方面是介绍梅兰芳于苏联各界之前。参加者有外交人民委员会的委员长李维诺夫妇,副委员长克列斯丁斯基,苏联政府各部要人,各国大使公使及代表,苏联的名作家、名美术家、名戏剧家、名电影家以及旅俄的华侨及中外记者等。当日,在使馆的大会客厅中,搭了一座戏台,以供梅氏表演之用。来宾进茶点后,即至会客厅中观剧。杨盛春先表演《盗丹》一剧,梅兰芳则与留连荣合演《刺虎》一剧,表演真挚动人,掌声历数分钟不断。剧完后,又有音乐跳舞等为余兴,其盛况为前此各宴会所未有。

苏联驻华大使鲍果莫禄夫的晚餐系于3月21日举行,地址为外交人民委员会的迎宾大楼。参加者有颜大使,大剧院的院长及欢迎梅兰芳委员会的各委员,苏联对外文化协会,外交人民委员会和中国大使馆的高级职员,名女优,如柴霍甫夫人、柯兰女士及胡蝶女士等,亦在被邀请之列。

席间鲍大使致辞,谓:

> 当我在中国看到梅博士演剧的时候,就曾经想过,如何能请梅博士到苏联来表演。后来我和梅博士谈起此事,他并不反对我的意见,很希望能有成为事实的机会。这一次梅博士能到苏联来表演,其意义是非常重要的,这可说是中苏两国文化合作的先声。若能由此而引伸至其他各项合作,则必有益于世界的和平。

梅氏继亦答词,申谢鲍大使的盛意。餐后有音乐及歌唱,胡蝶女士亦清唱《夜来香》一曲,以应众宾之要求。

梅兰芳在莫斯科及列宁格勒两地演剧完毕后,就假都会大饭店,于4月14日宴请苏联各界人士,以答此次招待之盛意。参加者有颜大使、李维诺夫夫人,各大剧院院长则有梅耶荷尔德、泰伊罗夫等,名电影导演家则有爱森斯坦,名作家有特莱杰亚考夫,名记者则有拉狄克,名女优则有柴霍甫夫人、柯兰女士、静娜黛·赖赫女士等,此外尚有外交人民委员会、苏联对外文化协会、国家乐剧协会及艺人俱乐部之高级部员,中国大使馆全体馆员及旅俄华侨知名女士等。

席间梅氏起立致辞,表示感谢此次苏联招待的盛意。阿罗舍夫答辞,谓:

梅博士这一次到苏联来剧演，留给苏联戏剧界一个很深的印象，想苏联的戏剧界一定也给梅博士一个深刻的印象。我很希望梅博士能在莫斯科多住几日，除去往各大剧院观剧之外，更可一睹苏联其他的许多新事业和新建设。

演讲及进餐完毕后，即继以音乐及跳舞，至午夜2时，始尽欢而散。

四、演剧的宣传

苏联这一次邀请梅兰芳，事先曾作过有系统的宣传。当梅兰芳由上海出发时，莫斯科的街头巷口，就发现许多很简单的，印有"梅兰芳"三个中国大字的招贴，旁边有几排俄国字，是"自3月23日至28日，在音乐厅表演中国戏剧6天"，色彩鲜丽，甚引人注目。同时像彼得洛夫卡街一带大商店的玻璃橱窗内，也陈列着放大的梅兰芳的本来面目或是戏装的照片。

梅兰芳一入苏联国境之后，街头巷口又发现了许多印有在莫斯科表演6天的戏目的大招贴。及至到了莫斯科，如《真理报》、《消息报》、《莫斯科晚报》、英文《莫斯科日报》及法文《莫斯科日报》等大报，皆继续不断地登载关于梅氏的新闻和照片，以及关于介绍中国戏剧的文字等。消息报馆屋顶的流通电灯新闻，则逐日报告关于梅氏的消息。

戏票从3月5日起开始出售，不上一个礼拜的功夫，即全数销售一空。票价是增高到和大剧院的一样，正厅中前排的座位，是25卢布一张。若是外国旅客用美金购买，就是4.5元。后来的人即无法购买到票，只得从他人的手中间接购得，听说票价要比原价高四五倍。列宁格勒也如此。

按照苏联的惯例，剧院中每日皆为突击队的工人（即模范勤劳的工人）留下若干位置，不必出费，此例也只得暂时取消。但是每天还留下150个位子，供艺人俱乐部的会员使用，因为他们是带有研究的性质，不能不特别优待。

梅氏为使苏联人士明了中国戏剧艺术起见，在国内时，就编印了三种英文书籍，带来此间作为赠送之用：

（甲）《梅兰芳与中国戏剧》。封面为黑色，印有《MeiLan—Fang and Chinese Theatet》的英文题名及"浣华"二字的篆印一方，全为金色。书中有梅氏演剧时的照片，梅氏的小传，张彭春所作的《中国戏剧艺术之特色》及美国人斯托克·杨（Stark Young）所作的《梅兰芳艺评》等文。书末有齐如山所作的一篇长文，专论中国戏剧表演时的姿势、歌唱及台词，舞台上所作用的象征道具、服装、乐器及脸谱等。该文中附有服装、道具、乐器及脸谱的彩色插图多帧，甚为美观，可使读者更为明了。

（乙）《梅兰芳在苏联所表演之六种戏及六种舞之说明》(《Performances of MeiLan—Fangin Soviet Russia》)。此书全书中式装订，封面为黄绫，边装以红线，颇为古雅可观。内容分为两部：前部论剧，后部论舞。剧共分为六种：即《汾河湾》、《刺虎》、《打渔杀家》、《宇宙锋》、《虹霓关》及《贵妃醉酒》。舞亦分为六种，即《红线盗盒》、《西施》、《麻姑献寿》、《木兰从军》、《思凡》及《抗金兵》。

（丙）《美国戏剧界对于梅氏剧艺之批评》(《MeiLan—Fang in America：Reviews and Critcisms》)。此书系集梅氏在美演剧时，美国报纸及杂志中之批评而成。

苏联对外文化协会，恐观众对于中国戏剧及剧情不能了解，亦编印有三种俄文书籍，在剧院中出售：

（甲）《梅兰芳与中国戏剧》。此书之封面，为木刻画家爱乞斯道夫所作。书中有照片多帧及阿罗舍夫、王希礼、爱森斯坦因、特莱杰亚考夫、张彭春等5人所作的5篇文字，多系介绍及解释中国戏剧艺术者。价1卢布50戈比。此书有英文译本，价亦相同。

（乙）《梅兰芳在苏联所表演之六种戏及六种舞之说明》。此书即前述第二种的俄文译本。价1卢布。

（丙）《大剧院所演三种戏之对白》。梅剧团在莫斯科及列宁格勒两地表演完毕后，又在莫斯科的大剧院表演1次，当日共演3戏，即《打渔杀家》、《盗丹》、《虹霓关》。此书即为3戏中对白之全文。价50戈比。

梅兰芳在此演剧时，我国有中央社，苏联有塔斯国家通讯社（TASS）尽量地发出消息；新闻电影制片厂则将梅氏演剧时的情形摄成影片；无线电台则请梅氏播音，其盛况可想而知。

五、莫斯科及列宁格勒两地演剧情形

梅兰芳这一次到苏联来演剧，因道途遥远，交通不便，一方面要顾虑到人选，一方面又要顾虑到道具；所选择的戏既要内容有意义，同时又要迎合观众的口味，所以在准备及表演上，不能如在国内之方便。

梅剧团的全体团员，共有24人。梅氏为团长，张彭春为正指导，余上沅为副指导。翟关亮及吴邦本两人，管理行李及庶务事宜。此外配角及乐师共19人，为旦脚姚玉芙、李斐叔、郭建英，老生王少亭，小生杨盛春，花脸刘连荣，武生吴玉玲，胡琴徐兰沅，弦子霍文元，吹笛马宝明，大锣罗文田，小锣唐锡光，吹笙崔永奎，打鼓何增福，月琴孙慧亭。雷俊、韩佩亭及刘均等3人，管理服装及道具等。

至于所演的剧，梅氏本人主演的，共有6种戏及6种舞，戏为《汾河湾》、《刺虎》、《打渔杀家》、《宇宙锋》、《虹霓关》及《贵妃醉酒》；舞为《红线盗盒》、《西施》、《麻姑献寿》、《木兰从军》、《思凡》及《抗金兵》等。其他演员所演者，为《青石山》、《盗丹》、《盗仙草》、《夜奔》及《嫁妹》等剧。

莫斯科演剧，系3月23日起至28日止，共6天；列宁格勒自4月2日起至4月9日止共8天。兹将演剧的情形，分述如次：

（一）在莫斯科

在莫斯科，梅氏是出演于高尔基街的音乐厅。现在可将梅氏演剧时舞台上布置的情形讲一讲。音乐厅的中央是正厅，三面为包厢，在靠近舞台两旁的包厢中，一边是装着中国的国徽，一边是装着苏联的国徽。舞台的幕启后，即有一幅黄缎幕，上面绣着一株梅花和几枝兰花，并绣有"梅兰芳"三个大的黑绒字。在舞台

前的两旁，各装有一节小红漆的栏杆，与黄色的缎幕相对比，甚为美丽。缎幕提起后，即为宫殿式的布景，两旁有门，可通至后台。当演剧时，乐师皆在幕后奏乐，所以舞台上仅有演员出现，可使看戏的人注意力集中。

3月22日为试演之日。自下午1时起，试演的几种戏，是《汾河湾》、《嫁妹》、《剑舞》、《青石山》及《刺虎》等。23日晚8时，即正式开演。在开演之前，苏联对外文化协会的会长阿罗舍夫先走至幕前演说，介绍梅氏，并申述梅氏这一次到苏联来演剧，对于沟通中苏两国文化甚为重要。颜大使亦也继而演说，解释忠孝节义。他说：中国戏剧的特色，就在提倡忠孝节义，所以了解这四种要义，就可以明了中国戏剧所表现的剧情了。张彭春则代表梅氏致谢辞。演讲完毕，即启幕。第一出是梅氏本人与王少亭合演的《汾河湾》。演前，先由一俄人用俄文将剧情解释一番，以期观众了解。第二出是刘连荣、杨盛春、吴玉玲、郭建英等人合演的《嫁妹》，第三出是梅氏的《剑舞》，第四出是朱桂芳、吴玉玲及王少亭合演的《青石山》，最后一剧，就是梅氏与刘连荣合演的《刺虎》。此剧最受观众的欢迎。欢呼鼓掌要求梅氏出幕者，凡数次之多。

此后各开演之前，均由乞尔略夫斯基或特列杰亚考夫演说。

（二）在列宁格勒

在列宁格勒，系出演于文化厅。演前均由东方语言学校教授王希礼或乞尔略夫斯基演说。

（三）在大剧院

梅兰芳本定在莫斯科表演5日，在列宁格勒表演3日，后苏联对外文化协会的请求，莫斯科改为6日，列宁格勒改为8日。但因购不到票而不得入场者，仍不知凡几。所以当梅氏从列宁格勒演剧归来，对外文化协会又续请梅氏于4月13日在莫斯科的大剧院表演一次，作为临别纪念。

大剧院是苏联戏剧界最高的学府，专演歌剧及歌舞。中国戏剧能在此表演，更足以显得出中国戏剧之崇高。大剧院系创于沙皇时代，至今已有百年以上的历史。内部装潢非常华丽，真是所谓画梁雕栋，座位则尽为红天鹅绒所铺成。剧院的中央为正厅，三面为包厢，共分为6层。梅兰芳系于12时起演，但12时以前，正厅和包厢中，早已拥挤满了观众。演剧之前，乞尔略夫斯基演说，张彭春致谢词。当晚所演的3种戏，是从梅剧团这一次在苏联表演最成功的几出戏中选出来的，一为梅氏与王少亭合演的《打渔杀家》，一为杨盛春主演的《盗丹》，一为梅氏与朱桂芳合演的《虹霓关》，至深夜3时始散。

当梅兰芳在莫斯科演剧时，除戏剧界外，苏联政府要人，如人民委员会主席莫洛托夫，外交人民委员会委员长李维诺夫，国防人民委员会委员长伏洛希罗夫，教育人民委员会委员长布勃洛夫，大文学家，如高尔基、亚列克赛·托尔斯泰等人，均前往观剧。李维诺夫夫人则每日皆往观剧，并掷花束，以示敬慕之意。此外梅氏也从各方面收到许多信函和纪念品，都是赞美他的艺术的。

当演剧时，有许多太太们，还穿着中国人所不穿了的古装绣花的衣服，表示出他们是到过东方的，或是富于收藏的旧家。有许多戏迷，或是买不到票的人，则围在剧院的门外，想一睹梅兰芳的本来面目，因而要劳动警察骑着马来驱散，方能辟开一条路。还听说有许多女子，竟大声直率的叫喊："梅兰芳，我爱你！"或是托人转示爱慕之情，于此就可以知道梅兰芳在苏联之轰动一时了。最有趣的，就是马路上的小孩子，看见衣冠整洁的中国人走过，就喊一声"梅兰芳"，可以见影响之大了。

六、各大剧院招待梅氏观剧

梅兰芳在苏联，除去自己演剧以外，大部分的时间，都是消磨在观剧上。举如在莫斯科曾看过大剧院的歌剧《叶甫格尼·奥涅金》和歌舞《三肥人》，斯坦尼斯拉夫斯基剧院的歌剧《鲍尼斯·戈都诺夫》，丹青科剧院的歌剧《特拉维亚他》，第一艺术剧院的话剧《樱桃园》、《恐惧》和《杜尔宾的时代》，第一艺术剧院的话剧《钟表匠和鸡》，梅耶荷尔德剧院的话剧《茶花女》和《三十三次发昏》，卡美丽剧院的话剧《埃及之夜》和《乔弗莱－乔弗拉》，瓦盒坦高夫剧院的话剧《人之喜剧》和《屠兰道公主》以及写实剧院的话剧《贵族》等。

在列宁格勒曾看过大歌剧院的舞剧《胡桃夹子》，小歌剧院的《马克拜斯夫人》，话剧戏院的《理查三世》，小话剧戏院的《为生命祈祷者》以及儿童剧院的傀儡戏等。

此外参观过戏剧学校、电影学校以及莫斯科历史博物馆中举行的苏联17年戏剧艺术展览会等。访问方面，则曾拜访斯坦尼斯拉夫斯基、梅耶荷尔德及适来苏联考察的英国名剧作家戈登·克莱格（Gordon Graig）等人。

梅氏在莫斯科及列宁格勒两地，又均曾至艺人俱乐部演讲中国戏剧艺术，并由剧团团员当场表演各种手势及步法，弹奏皮簧昆曲及歌唱等。参加听讲者，多为各剧院的高级艺员，他们感觉得非常有趣，因而誉称梅氏为"Master of Masters"（大师中的大师）。

梅氏每至各剧院观剧，剧院的院长，均备茶点招待，并领导至后台参观。同时当开幕时，皆先介绍梅氏于观众之前，其时电光即射向梅氏，一时掌声四起，甚为有趣。

七、苏联人士对梅剧的批评

中国戏剧，在中国人的眼光看来，觉得是很平常，可是在西洋人的眼光中看来，立刻即可发现其中的许多特点。就拿这一次苏联的观众来讲吧，也可以分为两类：一类是普通人，他们仅存着一种好奇心，称赞场面的富丽和剧情的热闹而已。还有一类就是专家，他们是富有研究的兴味的，所以特别注意于唱工和做工等几点。举如《贵妃醉酒》一剧，贵妃始则掩袖而饮，继则不掩袖而饮，终则随意而饮，在一戏剧家的眼中看来，就知道同是一种举动，就有三种表演的程序。又如《虹霓关》一剧，当女主人公将茶杯放下时，斑鼓有声应之，在一音乐家的耳中听来，就立刻知道音乐是与做工息息相关的。又如中国戏剧中所用的服装，颜色多喜大红、大蓝或大黄，在一美术家眼中看来，就知道音乐服装的色素是怎样配合的。更有一位俄国美术家说，俄国戏剧中所用的服装亦也喜深色，大概是受中国的影响的原故。

当梅兰芳初到莫斯科的时候，莫斯科的各大报纸上，皆有文字介绍中国戏剧艺术及梅氏的技艺等。及至梅氏演剧后，各报又载有对于梅氏演剧的批评，兹特介绍一位政论家和一位美术家的批评如次：

莫斯科《消息报》（3月23日）拉狄克作：

予于中国戏剧为外行，予不知其与痛苦之生活奋斗以及与中国习俗相距之远，是否有如梅剧团第一次公演时所表演之甚也。吾人不谙中国语文以及中国戏剧特有之习惯，然梅氏之表演，则诚令人惊异。此人也，以其与吾人生疏之语言，扮演旦脚，能以如魔之艺术，迷醉听众，同时能产生栩栩欲生而令人置信之形象焉。梅氏眉目传情，及其手部与全身之苗条姿态，令人忘其一切，均与吾人不同。以梅氏之天才，而能传导千百年来之思想，令其得为一般人所了解。至于此等戏剧本身，不仅与吾人之生活不同，且与中国劳动大众无关，唯彼等益令吾人之不得不将吾之思想，传达于伟大的中国人民及奋斗也。中国剧团所表演之天才，及其对于劳动之爱好，如能用诸中国民族之解放，则中国必能解脱其束缚而创造其新而伟大之艺术。此种艺术决非纯粹模仿欧西艺术，而为运用中国古代之技巧与伟大之经验也。

《红报夕刊》（4月9日）拉德洛夫作：

关于中国戏剧，一切颂扬欢迎之辞，业已成篇累牍，刊诸报端。今当提出一较合实际之问题，即我人所得之经验，究与我人有何益处？此番梅氏表演，我人可取的何种教训是：

余观梅剧仅两次，欲藉少数之时日，对如此完全特别之艺术，领略其究竟，恐不可能。故余之意见，不免有浮浅之处，斯应首先声明者也。

余观察所得之第一点，即凡一切真正之艺术，必超越种族与时代之屏障，得有深刻的、内在的共通点及共同约束点。凡属真正之优伶，其表演时，在任何意义内,均须依照斯坦尼斯拉夫斯基之系统,遵守一定不移之法则,即对于人类行为有充分根据与理由。梅兰芳为中国戏剧界之泰斗,其地位与俄国名女优科采莎日夫斯卡娅(Komissarzhevskaya)相埒。试将其微细之心理表现,细加观察,将见其每一行动,均有深刻之理解力。《刺虎》中女主人公自杀前令人永不能忘之轻声微笑,《虹霓关》中女主人公玩弄爱人手帕时之神情,暨令丫环离室时半嗔半羞之做作,以及《汾河湾》中夫妻调情之举动,凡此种种,均足深刻表现写实性的,及真实的悲剧之艺术,创出若干生物学上及社会学上完成之模象。

第二观察点,即我人对于戏剧类别之见解,显极含混,有欠完善之处。余意非谓我人当就习于中国戏剧。中国之戏剧,依吾人之观察,为混合之艺术,为尚未能自史诗之范围中脱颖而出之戏剧。故伶人不仅代表船中之渔人,且不得不代表浮沉水浪中之渔船。欧洲之剧作家所编之剧,自较中国剧本为完善。但我剧作家、舞剧家及歌剧导演家,当于此寻得一创造歌舞剧新形式之途径。对于此两种艺术,当设法如何使其混合为一,斯乃须吾人三思者也。

第三观察点,乃我人对于主题及其变化之了解,在戏剧经验方面,尚有不甚熟悉之处。我人力谋简单与流滑,对于舞台上各项冲突之主题,每仅略予涉及。如《虹霓关》一剧中,寡妇于仇人间之交战,而间以美妙的热情之'闭音',主题变化之丰富、完美,实令人敬佩不已。剑术与舞蹈两者交综错合之各种姿势,诚可叹为观止。此种提高艺术家创作力要求之新方法,诚足供吾人之借镜也。

第四观察点,乃为优伶技术之丰富,杨盛春君在《盗丹》一剧中所表现之惊人武技及旋转身躯,我歌舞剧导师应予相当注意。梅兰芳君之手,实为吾人所不悉之表现力之利器,此手自长袖中伸出时,诚如伶人自幕中呈现色相,其美丽不啻赏鉴中国之古画及雕刻。我人不能不承认欧人之面部表情,较诸华伶为进步,但华人手指之柔和与生动,则为吾人所望尘而莫及。梅君于手之表演中,已具有伟大之表现力矣。

此外,中国伶人兼歌舞、武技、战术而并习之,其综合之才艺,诚使吾人为之惊讶。吾人对于近代优伶技术训练之要求不高,是吾人之缺点也。

本文章草率之处,尚求读者原宥,但吾人酷好学习,且明知社会主义时代对于艺术有极大之要求，凡由全人类之劳动力与天才所造成之一切优点，未来之社会主义艺术，当悉予以吸收之。

八、结论

梅兰芳这一次到苏联来演剧，颇引起许多国人的忧虑，以为像这样陈旧而简单的皮簧，是否为艺术湛深而新颖的国家所欢迎；但是事实上，梅兰芳这一次在苏联表演，不但没有失败，反而各方面都得到很满意的印象。

我们想，这种成功不是偶然的，一来，中国的戏剧，在世界上是另成一个系统的，既然和西方的戏剧不同，当然即有研究的价值。二来，梅兰芳在中国的戏剧界，已有很高的地位，而且曾应聘到过日本和美国表演，则其表演的艺术必有一看的价值。三来，苏联的新戏剧，颇趋象征主义，中国戏剧的表演，舞台的布置，大有供参考的价值，所以这次苏联邀请梅氏表演，就存有研究的态度。

我们又不可不知道，这次梅兰芳在苏联演剧的情形，是和国内所常见的不同。第一，每天自晚间8时起，至11时止，共演戏5出，中间还有一次休息。这5出戏，全系精华，一、三、五三出由梅氏本人主演，其他两出，则由其他配角担任。时间既不长，而剧情又精彩，不致使观众精神涣散。

第二、这次所演的各剧，是从许多有意义的旧剧中挑选出来的，表演的时间既然缩短，而歌唱及对白又重新编制过，举如《虹霓关》一剧，在1小时之间即可演完。时间虽短，但其中仍包含有唱做、说白、短打多种表演，这是西剧中所不易见者。俄国人虽不懂中国的语言和习惯，但竟有连观五、六天终场而不去者。还有人每当剧终时，就包围在舞台之前，欢呼鼓掌，必揭幕数次而已，可见中国的戏剧自有掀动观众的能力。有一位俄国作家这样写道："4万万人所能欣赏的戏剧，如何可不称为艺术。"

第三，舞台的布景，是仿照颐和园戏台的图案而绘成的，能充分表现出东方建筑的美，一开幕时，就给观众以一个很好的印象。

第四，帐幕服装等物，全系新制，而且是丝织或是丝绣的，轻柔光泽，经电光一射,则更为悦目。

第五,舞台上的道具非常简单,管理道具的人,只有必要时,方出现于舞台上。音乐师均在幕后奏乐,舞台上仅有演员出现,这也很能集中观众的注意力。

苏联重视戏剧,与教育等量齐观,一方面固然在创造新的戏剧,一方面也保存着旧的戏剧,即如大剧院的歌剧和歌舞,依然保有最高的位置。民之所好好之,不以封建留遗而一概废弃。所以我们对于旧剧,不必徒抱悲观,而应于提倡新剧之际,同时努力改造旧剧,像这次梅剧团在苏联表演时所用的方法,多少可供参考之用。

从梅氏个人讲,他在旧剧方面,如唱辞的润饰,情节的增删,服装和布景的力求美观,不能谓为全无贡献。设若他不想以伶人而终身,那我们很希望他能利用在国外演剧所得的经验,自己组织一个剧院,并根据幼时所受的科班制度的训练方法,自己设立一个学校,造就一批人才,当然是男女同教男女同演,然后方能从不良的积习中,开辟出一条新的路线。举如苏联的斯塔尼斯拉夫基、丹青科、梅耶荷尔德、泰伊罗夫等人,皆是独身奋斗,方卓然而有所树立,所以梅氏也应该当仁不让呵!

附录四

在《舞台生活四十年》以外谈梅兰芳[①]

吴性栽

近代京剧史中,前后有两个人称"伶界大王":一个是风流未歇,余韵犹存的谭鑫培;一个是舞台上的长胜将军梅兰芳。这是艺有真赏,才实至名归的,所以称之者不为谀,受之者不为愧。

说到梅兰芳,我不想谈到他的艺术方面,一来因为我懂得不够,二来他的《舞台生活四十年》已有翔实的记载,他所谈到的范围,不仅是他个人的,也是一时代的,其价值将愈久而愈显。

我所要谈的,只是他自己所不肯谈的做人方面,是他整个的人格表现。要是附带会谈到我和他的关系,我也不辞有"我与梅兰芳"的自我标榜之嫌。

我认识他已有30多年了,做朋友有来往则是近10多年来的事。他是我少数衷心悦服的朋友之一,在他的美德之中,我觉得最难得的是他的弘和毅。

所谓毅,该是一种坚持到底,锲而不舍的力量;弘则是不固执己见,宽大和能容。这两个字含义有相当的矛盾,能毅的往往不能弘,反之亦然。梅兰芳则是既毅且弘的人,他专心一志于剧艺,抓得紧,一步不肯放松,但同时有能虚心接受别人意见,择其善者而从之,兼收并蓄,而又不是无原则的。

[①] 此为吴性栽先生自1961年2月起为香港《大公报》所撰谈京剧的9篇文章的第二篇,此9篇文章后来分别由香港和内地结集出版。吴性栽简介见本书129页。此文录自北京宝文堂书店1986年版本。

在我狭隘的社交范围中，只有很少数人具此条件，不在行内的且不谈。其实以梅的性格如果换了个地位、职业，我相信他也一定有成就的。从辛亥革命到解放后的今天，时代已屡经更迭，革命的性质也绝然不同了，可是他的艺术生命固然愈老愈光辉，他的为人在新社会尤其比在旧社会更站的稳，更合适，更有贡献。这是什么缘故？是不是因为他是艺术家，如某部分人说的，艺术是超阶级的，所以他也是超阶级的？我觉得不应如此解释。在旧社会中，他的艺术自然也得人尊崇，他的为人也受人敬重，但他和社会整个儿还是矛盾的；在新社会中，他的艺术，他的为人，都已不是他个人的，他的艺术已成为新社会中京剧艺术这一门承前（传统的）启后（创造的）的标志，而他的品格与为人，正以其所居的领导地位，对人对事业都有潜移默化的功能了。

梅的天赋好，嗓子宽亮，有膛音，有韵味，身材扮相，都符合最理想的尺度，有了这些基本条件，再加以他视舞台为第二生命，孜孜矻矻，自强不息，所以他到今年68岁（他是甲午年中日战争那一年生的），嗓音不塌中，还有小嗓子，在舞台上仍是声容并茂，受人爱戴，盛名不衰，这在京剧乃至于整个舞台戏剧史中，可说没有前例的。他对于京剧的爱好，已不是职业的了，这和天鹅顾影而舞的寓言相似，离开了舞台，他的生命将失去意义。具体地说，五六年前我知道他患着高血压症，那时国内还没有专治高血压的特效药，他不止一次地告诉我，他发现在演戏之后，血压会降低的，最初在家中量了血压，到戏演毕，回家再量，证明血压降低；后来带了医生到后台去，在上演之前量好血压，一下台立刻再量，更准确地证实了。如说演戏对减低血压有特效，这说法不科学的；如说他个人对演戏之爱好和期待，有如小孩爱好和期待新年一样，演戏是他的享受，是他生活的解放，是他生命力的表现，能使他的神经松弛，因而降低了血压，这是可以解释的。他在舞台上追求一种艺术和人生的完美境界，孜孜不休，乐而忘倦。

他在《舞台生活四十年》中说自己是个极笨的人，从某一角度看，也许他说这话并非自谦；但我认为这只是由于他的乐业精神所致，因乐业而敬业，因敬业故对所学习的细枝末节，非到至精至微，不肯放松，看来他的学习进程很慢，实则他比人家学得踏实到家。即使如此，他也从不把自己所学习的，看做一成不变的。他学习，不固执已有的成就，只要在他认为别人的批评有理，他不惜重新来过，这种刻意求精，学到老，学不倦的精神，在他《舞台生活四十年》的字里行间，处处可见。他的虚心学习、请人批评的诚恳态度，使人无从怀疑这是出于他的礼貌或世故。他的不自满足，并非没有自信，他只是认为艺术表演无止境，它山之石，可以攻玉，任何人的意见都可能使他的表演更进步。由于他求教的诚恳，人家对他自然知无不言，言无不尽。所谓"河水不捐细流，成其大；泰山不让土壤，成其高"。梅今日的成就，和他悠久的艺术生命，都非偶然幸致的。而且照我看，他是大器晚成，唱戏入于化境，似在50岁以后，比前辈或并时诸大家来得慢一点；但正因此故，其所蓄者厚，而成就也更大。

他的《霸王别姬》，是叫座戏之一，和他合演的霸王，前后有三，是杨小楼、金少山、刘连荣。解放之后，仍时时贴演这戏。这戏起初是杨小楼的《楚汉争》改编的(杨的《楚汉争》则改编自昆曲的《千金记》)，由剧坛某名宿执笔。戏排好，预告登出，几天的戏票就一扫而空。照例事先再响排一次，请他的朋友提意见，不料看了排演以后，梅的一位银行界至好朋友吴震修独持异议，因为这戏分两夜演出，吴认为非并做一夜演出不行。他的理由是戏的重点在"别姬"，第一夜的观众见不到"别姬"，第二夜的观众见不到戏的过程，失去"别姬"一场戏的应有效果。异议一出，某名宿当然反对，彼此争持的非常激烈，某名宿负气把剧本往吴身上一扔，对吴说："我没有办法这么改，要不，就你来！"吴虽国学有根底，对戏也有了解，可从没有编过剧，但难不倒他，他说："你一定不肯改，我来干也行，那得看浣华的意思怎么样？"当时大家愣住了，局面显得非常僵。梅的处境的确很难，第一，以前的辛苦和既成事实，全部推翻，从头来过。第二，得罪了合作多年的某名宿。但他经过郑重考虑之后，为了戏剧至上，毅然决然，放弃了一切顾虑，把改编的事交给了吴，一面固然尽量跟某名宿讲好话，一面还要登报道歉，退票还钱，重起炉灶，重新排演。吴震修改编的《霸王别姬》，果然深得观众欢迎，红遍南北，同时也替京剧增加了一个最普遍风行的剧目，卖座历数十年而不衰。梅的乾坤一掷的魅力和知人善任，有如此者。

某一年，他在上海义演《贩马记》，一时找不到小生，就请昆曲传习所出身的顾传玠配演（那时昆曲传习所的人都风流云散了，顾也放弃舞台生活，进东吴大学读法律了），合作的很愉快。戏演过后，大家一起吃饭，梅顺便征求顾传玠的意见。顾年青，不懂得世故，他建议写状后，桂枝和赵宠先后下场时，增加两句念白和小身段，大家知道《贩马记》是梅的名作，已不知演过几百次，他的征询别人意见，认为无非是一种世故客套，都暗笑太天真了。岂知在这次后，梅再演《贩马记时》，果真照顾传玠所提的意见演出了，这种不耻下问，从善如流的精神，并世有几？

他的从善如流，并不影响他对事物的正确选择，他自小家贫学艺，律己甚严，又习惯于细务操作，惟精惟勤的，所以他在台上是角儿，到了后台对谁都一视同仁，甚至对跑龙套，也低声下气，从来不端角儿架子。他在家中，杂务都亲手料理，对朋友倒茶递烟，不麻烦别人。对同事们非常宽和，但不受人操纵，或如某种艺人，自己不出面，却纵容别人去扮黑脸。如果他的属下犯了错误，他虽不当众指责，关起门来，他会不客气地指出他们的错误。他的口中绝不褒贬别人，更不在背后说人短长，假使有必要说的时候，也是当面说，关起房门来说的，这正是他爱人以德，不肯姑息之处。至于他自己，真正做到闻过则喜，不替自己掩饰的境界。他没有嗜好，自奉甚俭，取不伤廉。

他现在担任了中国戏曲研究院院长，他对该院只做提纲挈领有原则的领导，下面推选适当人才，去分门别类的担任各种职务。这是真正有效率的领导。

梅剧团本身仍然存在，私营公助，不受公家的经济帮助。剧团成员都已老迈了，梅不愿公家替他挑这副担子，他还是每年靠到各地演戏来维持团体，让每个成员的生活供应无缺。他们的待遇等于包底拆账，有找无还的。出外时也决不向其他京剧院动用一个人。因为他的艺术已成为人民喜爱的典型，而且大家抱着看一回少一回的感情，所以所到之处，总是座无虚席，除掉1955年拍电影有一笔亘收入，没有到外埠演出外，其他每年总是组织演出四至五个月，历年行踪遍及全国各省。

他紧守本位，不抢镜头，在大庭广座之间尤其如此。在第一次政协会议的发言中，他真是说得要言不烦。他不是不会说话的，他是大辩若讷。好像在1954

年他巡回演出到长沙，戏剧界为他开了个座谈会，大家提出了许多具体问题，他站起来足足说了两个小时，把问题说得鞭辟入里，有条有纹，使在座的人觉得上了最有价值的一课。

梅是言必信，行必果的，他答应的事，没有不兑现的，对朋友如此，处理业务也是如此；但他不能答应的事，也绝不敷衍，这种言信行果的美德，正是使他在国难时期得以韬光隐晦的原因；如果当时的压迫者加以任何强迫，我相信他是会表现他人格的另一面——持节不屈的，我们可以从梅多方面的品格断定这一点。一个人言信行果，才能有为有守，梅在舞台上50年（照现在计算）的艺术生活，是以完美的品格为基础的。

由于梅的对人恕，对事忠，所以他自舞台成名，以至组成梅剧团，数十年来，作风都极为民主。要做到这点，自然还需要别种美德，如谦和，不矫情，不意气用事；但是作为一个领导人的最紧要条件，还在乎从能够肯认输着手（比如《舞台生活四十年》中承认自己是个极笨的人就是一例）。肯认输才可面对现实，肯认输需要勇气，从这点说，我敢说梅是具有大勇的人。所以他不但具有成为最好的京剧艺人的条件，也具有成为一个最好领袖的条件。

梅的声光所被，仰望者众，可说是40多年来卖座最好的演员。他的双肩所挑的担子可不轻，梅剧团之外，还负担了好多人的生活，跟过他后来离开了他的人，有什么困难要他帮助，他从不拒绝，而且不必等求助的人开口，他已把钱袋在封套里塞了过去，他不让人家因求助而感到屈辱。他对于帮助过他的人，总是念念不忘，这在《舞台生活四十年》中是到处可见的，但他对于别人在尽心尽力的报答，就一字不提了，我自然不便在这里提到，免得违反他的本意。基于上述情况，他的演出收入虽好，个人不会有积蓄。到了抗战时避地香港，便不得不出卖收藏的和自己的字画以维持生活了。在币值不稳定的年头，支出更多，在我和他合作之前，所有包银，除去分给剧团成员之外，落到他手里的已所剩无几。因为梅剧团的成员越来越多，老的他不忍去，新的又要增加，这新的成员有的不是为了剧团需要充实阵容，是为了同情苦同行，不得不照顾。譬如吴富琴原是程砚秋的得力配角和办事人，地位相当于梅剧团的姚玉芙，加入后不过陪梅唱唱《探母》

的四夫人，《宇宙锋》的丫环，这种人材，班底里有的是，但他只是为了"有饭人家吃"，不忍拒绝要帮助的人，宁可自己刻苦，家人刻苦。他对太太很顺从，对下人绝无疾言遽色，什么杂务都相帮做，但一谈到公事，就没有太太说话的份儿了，所以邀梅者从来不走太太的路线的。他所敬重的人，也不让太太失礼。即使在解放之后，他也不把担任已久的经济责任推卸，仍凭他一个人的舞台收入来支撑。

　　历史上有个故事，鲍叔是管仲唯一的知己，恒公问管仲，为什么他不推荐鲍叔？管仲说，鲍叔为人正直，又很知人，但善恶太分明，所以不宜为相。梅责己虽周，但对人能和光同尘，兼收并蓄，这是有容人之量，不是姑息。梅剧团里面办事的人，如姚玉芙、李春林等，对外接触都根据梅的意思做，很少舛错。不拘到那里，梅唱营业戏，和别人正相反，唯恐馆子不赚钱，所要的包银数字，总是合理的。包银里面，他自己拿得少，让大伙儿拿得多。他和馆方有争执，可是不是包银多少，而是要争取票价卖得低，使经济力量不足的人，都可以看到他的戏。不是不肯给好戏码，而是好戏码卖了钱，就不肯更动。一般的角儿则和他大大不同，如果馆子里赚了钱，角儿总觉得自己吃了亏似的，因而如果那个戏码上了座，便不肯多唱，好似给了好戏码就剜他的肉一般。直到馆子唱冷了，观众失去了信心，那时再拿好戏码出来打强心针，已无补于事了。

　　在抗战时期，我和梅兰芳打算合作，没有成功，但经过值得一记。

　　八一三战争之后，梅避地到香港去了，我对他仰慕已久（过去因同是某影业公司董事的关系，相见不过点点头，并无深交）。那时我接办了卡尔登电影院，改唱京戏，采前后台分账制。后台由周信芳负责，我征求了周的同意，拟请梅回沪和周信芳同台演出。卡尔登换别的节目，梅周一局打算挪到大上海戏院去唱，这是一所比卡尔登理想的园子，等级高，座位多，设备也较好，出本有把握。周不但同意而且极兴奋，他自愿挂实二牌，也不要挂什么特别牌之类与梅争席。老友费穆，和梅很契合，梅对他像过去对南开大学教授张彭春一样，视同畏友（这点感情保留到费穆死时，他在津沪车上闻耗为止，他对费穆的痛悼是极真挚动人的，见《舞台生活四十年》第一集第一版及第三版最后一页）。他特地为我到香港和梅接洽，我提出的办法是，梅剧团过去因团员多，开支大，梅本人差不多拿不到钱。现在把梅本人和化装师跟包等作一单位，其他配角和场面另算，分别致酬。我所拟邀的角儿，除梅周外，为老生谭富英，小生姜妙香、俞振飞，丑角萧长华，二路老生王少亭，花脸刘连荣，为周配戏的旦脚王熙春，再加上卡尔登的班底做伸缩。所拟的戏码是周的《明末遗恨》，加梅的《费宫人刺虎》；梅的《玉堂春》，周加入串蓝袍(刘秉义)。《牡丹亭》，前周、王合演《春香闹学》，后梅、俞、王合演《游园惊梦》；《霸王别姬》，周加入照老路勾脸串霸王（周的名作《楚霸王九战章邯》是用面具的）。此外拟请费穆改编梅的《太真外传》(梅唱此剧分四夜唱完)为《长生殿》、浓缩到一夜或二夜唱完，梅的贵妃，周的唐明皇，俞的李太白，王的梅妃，由费担任导演。更有一出《战蒲关》，梅的徐艳贞，周的刘忠，谭的王霸（据《舞台生活四十年》的记载，周信芳和他幼年时在喜连成搭班，合作的正是这出《战蒲关》）。以上几出戏真的珠联璧合，大家可以尽量发挥所长的，当时虽是一种拟议，而今日言之，犹有余劲。梅对上述提议一切同意。但他提出两件事，一件是顾竹轩、金廷孙两位开戏院的闻人倘多闲话，应由我应付（其实梅和他们毫无首尾，可是这批闻人对名角老爱装榫头，说和他们有合同）。第二件，这时上海租界四周，已经群魔乱舞，倘"大道市政府"强他广播，院方应替他抵挡，他是决不妥协的。费穆把这回话带到上海，自问没把握应付，只得忍痛作罢。周信芳，他打算演楚霸王已做好一身黑靠，除了唱《别姬》这一身黑靠是别无用处的，可能今天还搁置在周的衣箱里。

　　解放后的今日，梅、周二人都得人民政府的尊崇，他们的艺事自是各有千秋。但周对梅真是心悦诚服的，他们的合作虽没有实现，可是偶尔也有机缘在义务戏里碰头。抗日胜利，他们在上海美琪戏院演庆祝戏，剧目是《打渔杀家》，我在后台亲自听到周对梅称大爷而不名，我觉得这两个人惺惺相惜，都各有其不可及处。（北京对于大爷称呼有两种用法，一种是对祖父辈的称呼，祖父成爷爷，祖父的朋友称大爷，这是尊称。一种是对平辈的尊称，戏剧行中只有两个人是官中"大爷"，一个是"王大爷"王瑶卿，一个是"梅大爷"梅兰芳。）

　　我和周合作在前，和梅合作在后。一九四六年，我经营上海天蟾舞台，如愿和梅愉快地前后一共合作了三期，在票价和戏码方面，我几乎完全听从他的意见。

他是不愿意票价太高的，他要照顾到二楼和三楼的低价观众，不让观众花费得太多，即使有人保证高票价也能满座他也不愿意，他觉得这是近乎对观众乘机要挟。多数好角儿，不论京朝派或海派，能够吸引高票价观众的，便不易吸引低票价观众；反之，能吸引低票价观众的，便不易吸引高票价观众。自南至北，不论何时何地，能网罗各阶层观众，座况始终不衰的，只有梅一人而已。我了解梅之为人和梅剧团组织，故票价方面从无争执，以梅的意见为意见；有时对于戏码，反而有不同意见，梅的卖座戏不愿意轻易更动，他卖低票价为的照顾观众，不愿意更动卖座的戏码，为的照顾院方，他要保证卖座第一。我们合作期间，一星期决定一次戏码，如果卖座，就一星期一星期地把老戏码顺延下去。有时我觉得老这样唱，业务固然有把握，可是一成不变，也未免有点儿腻。要求姚玉芙、李春林和梅商量改动戏码。提出梅的几出好戏，他一定要问，某先生能保证满座吗？四千人才能满座的天蟾舞台，我自然无法肯定说每出戏一定卖满座，于是只能更动更动他的戏前面几出戏的码子过过瘾。

从胜利到解放的短短几年中，币制是始终不稳定的，我和梅合作，包银根据金价计算，以第一次合作期间的金价做标准，总不让他们吃亏，有时候一期之中前后也不同。梅剧团人多，天蟾本身的班底也多，人多角色齐整，老生有杨宝森，小生有姜妙香、俞振飞，二路旦脚有芙蓉草、魏莲芳，武生高盛麟、杨盛春，花脸刘连荣、刘砚亭、钱宝森、王泉奎，老旦李多奎，里子老生王少亭、哈宝山、张国斌，小丑萧长华、茹富蕙，其他能独当一面的角儿还多。有一期加进陈永玲，专唱花旦戏。陈是魏莲芳学生，魏是梅的学生，师徒三代合唱过一次《洛神》。梅、杨合作固然配搭整齐，分开唱也充分有人可配，有许多人还是不能每天唱到戏的。戏码主要是《四郎探母》、《王宝钏》、《霸王别姬》、《宇宙锋》、《醉酒》等等。

大轴子之前，戏码有机会更动，有时李多奎唱《太君辞朝》、《行路训子》，或李多奎、姜妙香、王泉奎唱《打龙袍》，高盛麟、杨盛春唱《四平山》，或高、杨二人每天轮流唱一出武戏，姜妙香有时唱折子小生戏开锣。在那时，敢说一句话，进了天蟾，没有一出戏没有一个人不可看的，除大上海梅周合作一局未曾实现之外，难以想象再有如此圆满的安排了。

1947年，我和梅正在第三次合作，当时我因买进了台湾一家最大的火柴厂（解放后即为反动的国民党特务所掠夺），去台湾看看，无意间遇到了老友某大律师，他是有操守有能力的法律家，我对他向来佩服。他突然问我："现在天蟾舞台是不是你在搞？"我说："是的。"他说："你好大胆！"我为之愕然。他告诉我天蟾上下能容四千人，单三层楼足足要容两千人，三层楼下面的柱子少，前面已倾斜，万一出事，不堪设想。我一到上海，实地去天蟾观察，只见三层楼的观众，散戏时如潮涌下，证明某大律师的顾虑是对的。我捏着一把汗，勉强等梅唱满了，再不敢冒这险了，放弃经营天蟾，我和梅的合作只好因此告一段落。

说到梅的戏，我原不想谈，因为欣赏他的戏的人太多，凡是有戏瘾的人，没有不看过梅的戏的。可是情不自禁，怎么着也得简单谈几句：他严格按京剧的规律，尽量发挥他演技的真、善、美，而声音响堂，嗓子宽而有力，送得远，所以人人听得到，听得清，因此能受到普遍的欣赏。他去过美国、苏联和日本，在不同性质的国家中，都获得了最大的声誉回来。但其间显然有分别，美国人拥护他是受了梅的盛名歆动，或看到台面之美和新奇，因此他得了个博士衔头，我可没听到美国人对他艺术说过一句深入了解而中肯的话。苏联则不同，虽没有送他什么虚衔，但是苏联的艺术家（记得内中有爱森斯坦），有更深一层的对于他艺术的了解和体会，他们曾有极精辟的介绍与批评，使我们国内对于梅的艺术已欣赏有素的人，也为之心折。如说梅的水袖功夫固然是中国所独有的美妙到极巅的艺术，可是他露出手来时的动作，也符合世界艺术的最高水准。不同的艺术部门，在美的范围内，自有一致的顶点。他们举出《别姬》的舞剑，《穆柯寨》、《穆天王》等梅的手法和动作为例。我为了要证实苏联艺术家们指出的特点，曾邀约了几位对西洋舞台艺术及文化有修养的朋友，同看梅的几出名剧，其中记得有名编导曹禺、黄佐临在内。曹禺对于梅在《穆柯寨》中的表演，情不自禁的从座中蹦了起来大声叫好。他们认为苏联艺术家对梅的好评真中肯，真懂得梅的艺术。我觉得梅的表演，是集美的大成，是美的化身，动作美、姿态美、唱相美。有的旦脚唱得很好，但很少注意到唱相，往往咧着嘴、张着喉咙嚷，破坏了形象的美的统一。我相信，梅的唱是经过不少次训练和纠正的，再加以他的嗓音高低阔狭，能随心所欲，掏出来就是。更难得的是有天然的磁性和媚音，学梅的人天赋不够，强学他的媚音，结果变成了嗲腔。有一期，我觉得他在演出生旦对手戏对坐讲话时，左肩太侧，显着有点僵，不好看，那时我和他的交情浅，心里想说不便明言；过些时这个缺点完全改正了，也许有人指出，也许他自己发现的。要把习惯已久的姿势一旦改去，这需要多少警惕和气力！我看他的《宝莲灯》，在帘内唱【二黄倒板】："耳听得二娇儿一声请"，然后缓步登场，转【慢板】唱到"站立在屏风后侧耳细听"，这时刘彦昌正在盘问沉香兄弟，唉声叹气；王桂英一出来就偷听他们讲话，偷听说话是女人最小家气的一种行动，而王桂英是丞相之女，状元之妻，一个有身份的人，所以身段表情，很难拿捏得适当；但梅演的王桂英既大方又从容，丝毫不失剧中人应有的气度，同时又不抢镜头，破坏了刘彦昌对孩子们正在对演的戏。我看过许多其他名角合演的《宝莲灯》，绝难与梅和王凤卿合演的相提并论。

梅的某一时期演了许多古装戏，大多是齐如山编剧的，如《嫦娥奔月》《黛玉葬花》、《天女散花》、《上元夫人》、《麻姑献寿》、《俊袭人》、《太真外传》、《别姬》、《洛神》等，到现在有的久已不演，有的如《别姬》和《洛神》则仍常演的。这种有别于其他京剧原来旦脚装束的古装，可说是由梅开始的，以后普及到全国的任何剧种，凡是古装戏都采用了。曾到香港来的上海越剧团，所演的古装戏如《红楼梦》中的黛玉等，莫非承袭梅所创始的古装而来，只是因为普及了，没有人再会想到它的原始来龙了。

我和梅相识30多年，做朋友不过10多年，故对他的了解，在我仍不能说有什么深度的。他虚怀若谷，谦谦君子，在舞台上尽管享盛名而不坠，作为一个艺术家和一个人，我觉得也是唯一不为盛名所累的。他不求特出，只求平凡，也许可以说，最高的艺术是从绚烂到平淡。他具备一切不平凡的美德，身体力行，终生不懈。这种美德和新社会的美德标准，也是相合的，所以他和新社会融洽无间，使他的艺术和工作有更大的贡献。

这种平凡的伟大，是真正的伟大。

附记

梅兰芳本人的成就，是光辉的，可是他也得藉助于许多人的帮助，才能有斯光辉的成就，这使我第一想起了王凤卿。在梅的《舞台生活四十》中，说到王凤卿之处很多，他长梅半辈，人称凤二爷（他的哥哥王瑶卿，人称王大爷），是汪（桂芬）派的传人。照我了解，在我所看到的艺人中，真能称得上汪派的，王凤卿一人而已；他真能运用丹田气转为脑后音（如无这点功力，便谈不到什么汪派）。他第一次和梅到上海，挂牌在梅之上，但他竭力怂恿梅唱大轴子戏，无私的帮助他，让他奠定了成功的基础，梅果然没有使他失望。他们王家和梅家已有数代的交情，而他对梅的奖掖，简直到了忘我的境界。第二次到上海，他安心乐意的为梅挂二牌，并以此终其生。这种自我牺牲精神，在倾轧成风的梨园行中，找不出第二个例子。

我对于王凤卿的认识不深，一方面由于他的恬淡，一方面由于梅的声光如日丽中天，以致他的长处为人所忽略了。我记得有一次看过他和梅合作的《宝莲灯》（在天蟾舞台前身大新舞台时期），大段【二黄原板】，有几句把身子一摇，脖子一梗，满宫满调，十足唱出了汪派的味儿，真如春雷般惊醒了我，不禁对于过去之未曾认识到他在台上的真功夫后悔。（这次演的《宝莲灯》是全本的，大轴子让给李万春唱《劈山救母》，李的年龄还不过十几岁，是第一次到上海，面如满月，圆得可爱。武功又冲，演沉香正合式；他给梅、王二人这么一捧，大红特红，前辈艺人的肯捧人，真是使人感动，这出《宝莲灯》，人是人戏是戏，是我平生看过最圆满的一次。）

当梅蓄须明志，在上海稳居养晦时，我正避地北京，王搭了尚小云的班，在尚的《青城十九侠》等无聊本戏前头，来一出折子戏，后面戏大，他在7点多钟就上了，我的家离馆子远，总赶不上看他。这是中国近代史的黑暗时代，许多名艺人自然遭遇这个命运的（当然也有人在那时刮其"粗龙"）。但我还记得有一次会戏，他和贯大元合演《战长沙》，他饰关公，按汪派路子，用胭脂揉脸，在长锤声中缓步出场，并无惊人之处，可是一句【倒板】，响遏行云；开打过后的亮相，右手把住冷艳锯（即俗称青龙偃月刀）身后一竖，左手拂髯，一挫身，偏过头来，两眼一瞪，既边式，又神完气足，照此间行话说，这个亮相就已"值回票价"了（《三国演义》记载，关公的眼叫凤眼，王的眼尾长，眼神足，正合得上称为凤眼，并世艺人中只有王和杨小楼、谭富英、白玉昆四人的眼，有此特点）。王体弱，学汪虽有心得，可不能从头到尾照汪那样唱法，每出戏总有几句声韵之美，情感之丰富，是不消说的了。

他在抗战胜利后，即已退休，有二子，少卿，小名二片，是梅的得力琴师；幼卿，小名三片，正宗青衣，是梅葆玖的青衣师傅。我和梅合作时，曾不止一次建议，按"四管"之例，邀王到上海一游，如能在梅唱完后，另送赞敬，登几天台，让爱好他艺术的观众，有机会再看到他一次戏。那时他已患重听，听不清台上的胡琴声音，我预备送他一副耳聋机，因为他是唱胡子的，藏在后面，是无碍观瞻的。但因他一世谨慎，对艺术十分重视，不肯轻举妄动，虽经一再邀请，没有成为事实。

1956年，我去北京，曾对谭富英说："当代老生行文武兼资的应推凤二爷为第一人，也真有好东西可以传授人，而有条件可以向他学习的，也只有你才配，你应该赶紧向他学几出冷门戏如《凤鸣关》之类。"他颇以我的话为然，可惜王已中风，连话都不能讲，不要说教戏了。王凤卿一死，"汪派"一脉，自此而斩。我由此感慨地想，京剧老艺人，身怀绝技硕果仅存的已寥如晨星，现在后学们如不好好学习，便是不可挽回的损失。如黄（月山）派武生传人马德成一死，《双枪定燕平》这出戏也给带进棺材去了。这是一出扎大靠、戴大额子、雉尾披狐狸毛、挂白满、持双枪的重头戏。武生不够条件的，便无从学起，我曾和李少春说过，他没有来得及赶马德成生前向他学这出戏，现在连知道黄派有这出戏的人也不多了。

《文昭关》、《取成都》，这是谭鑫培所不动的戏，都归入汪派的，只有照汪派的唱法才能把两出戏悲惨愤慨喷吐出来。而今王凤卿既死，杨宝森又亡（以余派称的杨宝森，唱《文昭关》是采汪派路子的，力虽不足，犹有可听处），这类戏还有谁能唱得对工？

谈王凤卿谈得离题太远了，还是回头再谈谈几个梅的辅佐人吧：萧长华（他是京戏教育家，我当专文阐述）、姜妙香、刘连荣佐梅最久，自是梅剧团的中坚人物，循规蹈矩，对梅尽绿叶之妙的。管事姚玉芙、李春林，自谢绝舞台，退而为梅处理对外事务，因他们懂得戏，故能接受梅的领导，为梅办事。过去北京所谓"经励科"这一行专替角儿办事的管事们，懂得戏的太少了。

梅的有名的剧本，多出于齐如山、李释戡等名士之手，后期得益的朋友有张彭春和已故的费穆。而梅的最高决策人，则是吴震修，他今年也快80岁了，这个金融界有名人士，干了一辈子银行，可从不曾攒过钱，书生本色，是我生平所敬服的一人。他有肝胆，有担当，有"我不入地狱，谁入地狱"的勇气，如有机会我将详细谈谈他之为人，现在北京，当中国保险公司的总经理。

始终维护梅，历50年如一日的冯幼伟（官称冯六爷）。其他对梅有贡献，有辅益的人尚有很多，不能枚举了。

为梅司管宣传和文书的，有文公达等，后起最得梅青眼的，是南通伶工学社出身的李斐叔，因病死与梅中道乖离，和梅心爱的年青艺人李世芳之死一样，他们都是使梅一谈到就要感到伤心的。

现在梅的主要秘书是许姬传，文化程度高，对戏的了解又有深度，《舞台生活四十年》将使他和梅的盛名永远流传。

以下得说一下梅的家人。

梅的原配夫人王氏（须生王少楼的姑母），体弱早故。继配夫人福芝芳，旗人，原为京城艺人，性格豪爽，气度恢宏，对梅的事业，从不干预；这固然是梅处事的原则，多半也由于她的贤淑，相夫承志，不逾越自己的范围。女葆玥（小名小七），曾从李桂芬学老生，加入中国京剧团，有时也唱小生。子葆玖（行九），是梅的最小的一个儿子，梅请王幼卿教青衣，陶玉芝教花旦刀马旦，朱桂芳教武功把子，另请名师教昆曲，梅之为子择师，可说是尽善尽美了。在梅剧团中，他是经常的演出者，天资聪明，进步很快，前途是很远大的，只是和父亲不同的一点，他对于舞台生活的兴趣，还没有他父亲这样高，因为他的性格倒是接近机械工程的。

　　梅的弟子甚多，有人以此为梅病，梅不是好为人师，明知其中许多人只是想挂个名，借他自重，梅也乐于成人之美，不忍拒绝，台上的玩意本来含糊不得，兴之所至的票友更不必说，尽管有许多人以梅的学生自居，可是要使观众承认他是个"梅派"，又是另一回事。据我看，说得上是梅传人的，到今天还举不出来，但梅在他服务的园地上，是一个勤恳的园丁，辛苦的栽培中，自会有后起之秀追踵前贤的。

　　临了，我还想说几句梅先生的"坏话"。

　　梅兰芳的人格无疑是崇高的，但他决不是一般人心目中的所谓"圣人"。他是一个人，凡人都不会是完美无疵的。只因梅对人好，人缘绝佳，所以很多人一谈到他，便只有赞叹颂扬的份儿，不愿提到他生活上的半点瑕疵，这我以为是不对的。梅的好友们最不愿谈的是梅和孟小冬的一段故事，有时甚至干脆否认，斥为谣言。其实，我以为大可不必。因为第一，凡事总是越否认越叫人相信，越不谈便越有人谈（例如英人A.C.Scott写的书里就提到此事），第二，便是在梅的这一件错事上，我觉得也颇能显出梅氏的为人，所以我必须在这里谈谈。

　　当时梅跟孟小冬恋爱上了，许多人都认为非常理想，但梅太太福芝芳不同意，跟梅共事的朋友亦不同意。后来梅的祖老太太去世，孟小冬要回来戴孝，结果办不到，小冬觉得非常丢脸，从此不愿再见梅。有一天夜里，正下大雨，梅赶到小冬家，小冬竟不肯开门，梅在雨中站立了一夜，才怅然离去。所以梅孟二人断绝来往，主动在孟；但虽如此，梅总觉得是他对不起人。他想送一点钱给小冬，作为他对她爱情上缺陷的补偿；可是他实在没有钱，最后，他把心爱的无量大人胡同的房子（就是他当年和印度大诗人泰戈尔一同照过相的地方）卖掉了，大概得到了三四万块钱，托人送给了孟。其实那时小冬的生活很有办法，无需梅的照顾。梅非要这样做不可，只是求他心之所安，尽他一点责任罢了。

　　此外，他从前在上海有一个旧情人，是个大学生，有地位的，梅为了保全别人的名誉，和不愿意破坏别人的家庭幸福，从来不肯讲出这件事；就是梅到上海时，大家只通一个电话，双方都保守秘密，所以知道这件事的人很少。一般说来，梅在私生活方面，比较上不那么谨严，但是他对一切所做的事，总能负起应负的责任，而且能处理得很小心。我们如果再从另一方面看问题，设身处地想想，在旧时代做一个"戏子"，尤其是唱旦脚的"戏子"，要想"逃过美人关，不落陷人坑"，那是多么的难。你虽然想洁身自好，荒淫的社会却偏要把你往肮脏的泥潭里拉。所以多少有天分的青年，多少有前途的艺员，一朝出名，便落陷阱，以致他们的艺术生命短促得很，往往象昙花一般，才放即谢。梅在任何方面都更加有资格成为引诱的对象，因此，他比别人得过更多的关，得跳更多的坑，这中间虽不免有时摔跌，但他毕竟顺利地跳过了，安全地跳过了。想到这一点，我觉得，梅即使在私生活上，不但是谨慎的，而且也是严肃与聪明的。

本文作者注：这里所讲的故事，是当年从梅氏管事姚玉芙那里听到的。后来一直不曾问过梅先生本人，也不曾跟吴震老谈过此事。最近友人田先生看了此稿，对这一点提出了更正，他来信如下："关于《别姬》修改一节，吴二爷（按：即吴震修）亲口向我谈过，说他看了《别姬》本子，觉得分两夜演出不合适，于是提笔将不重要的打斗场子删去很多，没有提到与齐先生（按：即本节中所说的"某名宿"）争执的事……而且戏在第二日即照修改本演出（因已售票，不能回戏），齐先生确未因此离开梅家。"

又，齐如山先生在其所作《漫谈杨小楼》一文中，也说"出演之前一日，友人吴震修详谈剧词之后，特来见余，并云此剧分为两本嫌太松，前部一定不够看，我再看也觉得他的话很有道理，似乎非改正不可，乃决定改成一本，一日演完。……"

从上面二位的证言看，我相信姚玉芙所说者并非事实。本拟将此段文字全部改作，只因在这有些出入的故事中，相当真实地表达了梅氏一丝不苟，宁缺毋滥以及从善如流的精神，故于指明事情经过之余，却仍将此事简单当作故事保留下来了。

附录五

梅兰芳艺术走进巴塞尔文化博物馆[①]

吴开英

2011年9月6日，筹划了整整一年、展期长达6个月的《粉墨登场——中国京剧艺术展》在刚维修竣工的巴塞尔文化博物馆隆重拉开帷幕。巴塞尔城市半州州长Guy Moriny以及州文化部长出席开幕式并为展览剪彩。参加开幕式的还有展览赞助商、著名瑞士钟表企业TITONI瑞士梅花表总裁丹尼尔·史洛普(Daniel Schluep)以及从瑞士全国各地专程前来祝贺的嘉宾以及当地文化艺术界人士、观众共1200余人，我国梅兰芳纪念馆馆长秦华生，国家文化部文化科技司原副司长、梅兰芳纪念馆学术委员会常务副主任吴开英也应邀出席了开幕式。

巴塞尔毗邻德、法两国，是瑞士第三大城市。巴塞尔文化博物馆是欧洲展示民俗文化最重要的博物馆。该博物馆历史悠久，藏品丰富，其收藏历史始于1848年，现有藏品30余万件。该馆主体建筑系一座三层楼的古建筑，属于巴塞尔地标式建筑大教堂周围建筑群的一部分，为重要文物古迹。10年前，该州政府通过法案并拨款2000万瑞郎（另由各界捐助1000万瑞郎，1瑞郎合7.96人民币），批准文化博物馆在保持该建筑原貌的前提下，可在顶部加高一层以扩大展馆面积，同时对原馆内部进行全面维修。为此，该馆邀请瑞士著名的设计师设计了名为"鸟

[①] 此文刊于《中国文化报》2011年9月15日，发表时标题改为《中国京剧艺术瑞士展陈六个月》，之后中国艺术研究院《艺术科学通讯》、中华人民共和国文化部官网、文化艺术世界网等多家媒体均予以转载。

巢"的方案，并于2009年初动工修建。为了使重新维修后的博物馆有一个崭新的面貌"亮相"，该馆于一年前就着手筹划重新开馆的特别展览项目。通过对多种方案的论证、比较，曾在中国南京大学留过学的瑞典人卡尔森·金策划的"粉墨登场——中国京剧艺术展"最终被确定为入选方案。卡尔森·金向笔者介绍，随着中国国力的增强，中国文化在世界上的影响也日益扩大，而具有中国国粹美誉的京剧艺术，也愈来愈受到西方人民的欢迎。特别是中国京剧大师梅兰芳1930年、1935年首次赴美国、苏联表演京剧以来，京剧已经成为西方人认识中国文化的象征性符号。若能将中国京剧艺术作为该馆重新开馆的特展，既可以为更多的瑞士人乃至与巴塞尔毗邻的德国、法国人提供了解中国文化、中国京剧的机会，也可以借此拉近东西方文化之间的距离，进一步促进瑞中的文化艺术交流，这就是她为什么策划这个展览的动因。而用"粉墨登场"成语作为展览主题，不仅形象生动，而且包含对博物馆重新开馆的寓意，也体现了策展人的睿智和对中国文化、中国京剧的深刻理解。这一富有创意的方案，赢得了专家的称赞并被采纳。中国驻瑞士大使馆吴恳大使了解这一展览计划后，也大为赞赏，并指导其将这一展览活动纳入巴塞尔城市半州州长事务部和巴塞尔文化博物馆定于2011年9月7日至12日为华人举办的"巴塞尔2011年中秋节"活动内容，吴恳大使以及驻瑞士使馆文化处等有关部门官员12日（中秋节）还专程到巴塞尔与当地华人共度中秋并兴致勃勃参观了展览。

"粉墨登场——中国京剧艺术展的设计与布展"，最大的特点是针对西方人的欣赏习惯和接受程度，通过聚焦西方人熟悉的京剧代表人物梅兰芳的方式，选用有重大文献价值且新奇、好看的展品和撰写生动有趣的说明，引导观众了解京剧、认识中国。同时编辑出版图文并茂、内容丰富的介绍中国京剧的《北京京剧》一书赠送观众。展览由三部分内容构成：一是梅兰芳生前使用的戏衣、头饰、1913年去上海演出的合同、1920年演出戏单、历史照片、梅兰芳收藏的戏画、部分京剧乐器、道具、其他角色行头等共30余件，其中清末画家沈容圃绘制的同治光绪年间13位著名京昆演员巨幅写真画《同光十三绝》和描绘《太真外传》、《西施》、《汾河湾》三出剧目舞台造型等作品均系第一次出国展出；二是上海京剧院部分传统剧目的演出录像；三是中国当代油画家有关京剧题材的绘画作品。笔者注意到，前来参观展览的当地文化艺术界专家、文博人士和年轻学生，兴趣非常浓厚，看得十分仔细，许多人还用不太熟练的中文对笔者说"很棒"、"棒极了"；有的则在展品前认真临摹、作参观笔记和拍照留念。瑞士苏黎世大学民族学博物馆馆长 Mareile Flitsch 等专家，还主动和笔者联系，也希望共同组织类似这样的展览。展览开幕后的热烈反响，则使巴塞尔文化博物馆馆长 Anna Schmid 兴奋不已，她于展览开幕后第四天特别约见笔者与秦华生馆长，商谈继续合作事宜。许多华人在参加开幕式和参观展览后，心情都格外激动，一位在当地生活了24年的北京籍女士刘丽霞动情地说："当地政府这么隆重、这么高规格举办中国京剧艺术展，并将博物馆广场、舞台提供给华人作为欢度中国传统节日中秋节的场地，这是有史以来的第一次。京剧艺术展给我们带来了浓浓的乡情，让我们倍感亲切和自豪，这是我终生难忘的一次最幸福、最快乐的时刻。"有位叫何立群的80后在当地一家著名建筑设计公司工作，因为她会德语、英语等多种语言，又懂京剧，展览开幕后她成了公司最忙的人，已经多次共带领20多位同事参观展览，而在参观后不少人又希望在她回国度假时和她一起到中国游览和观赏京剧。在展览现场，笔者还见到许多从德国、法国前来参观的观众。最令人感动的是，一位在香港居住从事京剧研究和艺术品交流的观众，他说他非常崇敬梅兰芳，梅兰芳的音像光盘、剧照、戏衣、绘画等他都看过，但唯独没见过梅兰芳收藏的《同光十三绝》原作，他本以为这将是他一生最大的遗憾。当他从朋友那里得知这次展览将展出《同光十三绝》真迹时，毅然将已计划好的项目推掉而专程赶来观看。在《同光十三绝》画作前笔者见到这位执著的观众，他向笔者竖起大拇指，连说："太棒了，太棒了，终生难忘，终生难忘！"这也让笔者真切地感受到这次展览的吸引力和影响力。

　　我国梅兰芳纪念馆是这次展览的合作方，但策划和出资均为巴塞尔文化博物馆，巴塞尔城市半州政府和中国驻瑞士大使馆给予全力支持。展览开幕前巴塞尔市大街小巷都悬挂博物馆重新开馆和中国京剧艺术展开幕的彩色横幅，在大巴塞尔小巴塞尔之间的莱茵河桥的两边护栏上则插着开幕的彩旗，主要街道一些建筑物上张贴着开幕的海报，整个城市到处洋溢着展览开幕的喜庆气氛。开幕之后，瑞士和当地许多媒体都对这次展览进行了报道和介绍。中国驻瑞士大使馆文化处一等秘书刘忠泽先生说："在世界上推广中国文化，一方面需要我们投入，另一方面也要积极寻求对方投入。若对方主动提出、愿意出资，我们就要抓住机会努力促成。梅兰芳纪念馆这次与巴塞尔文化博物馆的成功合作，探索了一种新的合作与交流的模式，很有意义，值得借鉴。"刘秘书表示将把这次展览的情况和经验报回国内。

展览将持续6个月，定于2012年2月26日闭幕。[①]

[①] 该展览展期后来延长了一个月。闭幕时，北京梅兰芳纪念馆、泰州梅兰芳纪念馆应巴塞尔文化博物馆之邀，分别派员前往协助撤展并安全地将展品护送回国。

梅兰芳艺术走进具有悠久历史的巴塞尔文化博物馆　瑞士巴塞尔文化博物馆维修竣工后，于2011年9月6日至2012年2月推出以梅兰芳旧藏为主要展品的京剧艺术展作为重新开馆特别展览，吸引了当地以及毗邻的德国、法国众多观众前往参观，使梅兰芳再度成为欧洲人关注的人物。作者有幸被邀请前往巴塞尔协助布展并出席开幕式，亲眼目睹了梅兰芳艺术深受欧洲观众喜爱的动人情景。

附录五

跨河大桥两侧飘扬着庆祝展览开幕的彩旗 巴塞尔文化博物馆位于大桥的左侧（吴开英摄）

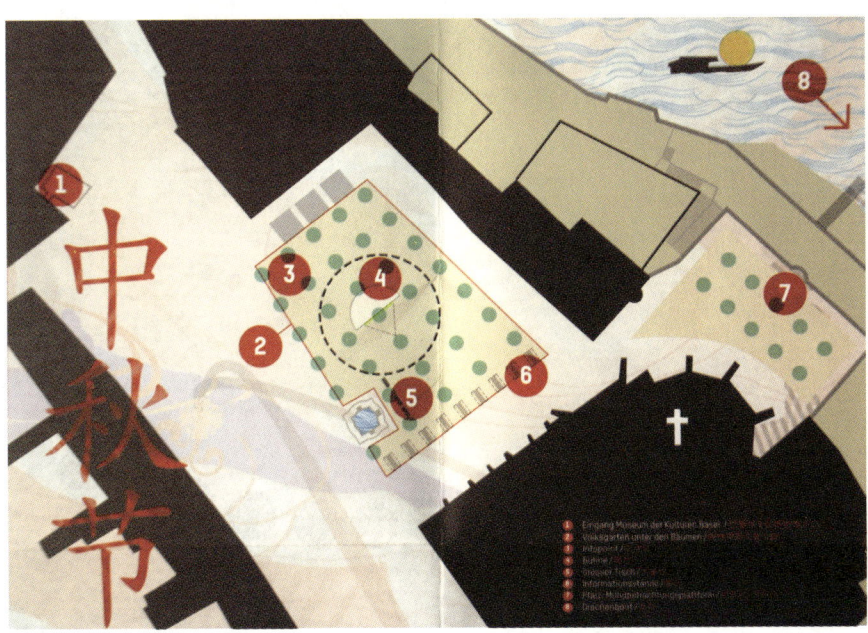

巴塞尔文化博物馆所在地平面图 此图影印自2011年巴塞尔中秋节活动招贴画，1为巴赛尔文化博物馆，2至6为中秋节聚会、演讲位置，7为观景台，8为莱茵河，十字架标志为巴塞尔大教堂。从此图可见莱茵河的方位。

285

巴塞尔文化博物馆馆长 Anna Schmid 在开幕式上致辞，盛赞梅兰芳艺术成就和举办京剧艺术展的意义。（吴开英摄）

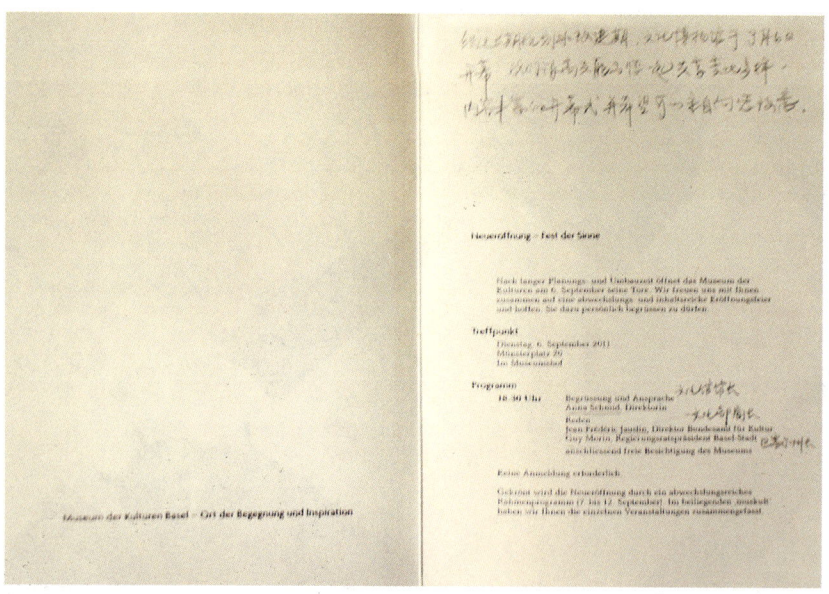

巴塞尔文化博物馆维修竣工重新开馆请柬　此为以巴塞尔所在的城市半州州长、文化局局长、博物馆馆长名义给吴开英发出的开幕式的德文请柬。请柬内容是："经过长期规划与施工，文化博物馆定于2011年9月6日开幕。我们很高兴邀请您一起共享丰富多彩的开幕式，并希望可以亲自向您致意。"请柬上的中文为旅德华侨孙娴女士翻译并手书。

附录五

展览场景（一）"粉墨登场——中国京剧艺术展"开幕后，如潮的观众涌入展厅。（吴开英摄）

巴塞尔文化博物馆特意将"粉墨登场——中国京剧艺术展"开幕式活动与巴塞尔所在的城市半州2011年9月12日（中秋）在"大教堂——博物馆广场"为当地华人举行的庆祝中国中秋节活动结合起来，吸引了众多当地和其他地区的华人前来参观，使展览产生了更为广泛的影响。中国驻瑞士馆吴恩大使也于中秋节这一天，率领使馆主要人员前来观展。图为吴恩大使正在专注地观看梅兰芳1913年的演出合同书和1916年的演出戏单原件。（中国驻瑞士大使馆文化处供图）

附录五

梅兰芳纪念馆秦华生馆长应邀出席"粉墨登场——中国京剧艺术展",见证了梅兰芳艺术走进欧洲博物馆的历史时刻。图为秦华生先生(左二)和巴塞尔文化博物馆策展人卡尔森·金女士(中)参观展览。左一为当地华侨、德语翻译刘丽霞女士。(吴开英摄)

2011年巴塞尔中秋节活动招贴画(局部)

附录五

巴塞尔文化博物馆"粉墨登场——中国京剧艺术展"巴塞尔文化博物馆将梅兰芳收藏的清代画师沈容圃作品《同光十三绝》陈列于展厅入口处最醒目的位置,这也是欧洲国家第一次展出这一反映我国京剧成熟期各行当著名演员扮相的写实画作,对弘扬我国国粹之京剧、宣传梅兰芳的艺术精神和促进中瑞文化艺术交流都具有重要的意义。该图描绘了同治、光绪年间不同行当中具有代表性的十三位著名京剧艺术家。左三为梅兰芳祖父梅巧玲在《雁门关》中饰萧太后形象。由于当时摄影技术尚未传入我国,故此画留下的图像具有很高的史料价值。画中人物自左至右:郝兰田(《行路》中饰康氏)、张胜奎(《一捧雪》中饰莫成)、梅巧玲(《雁门关》中饰萧太后)、刘赶三(《探亲》中饰乡下妈妈)、余紫云(《彩楼》中饰王宝钏)、程长庚(《群英会》中饰鲁肃)、徐小香(《群英会》中饰周瑜)、时小福(《采桑》中饰罗敷)、杨鸣玉(《思志诚》中饰明天亮)、卢胜奎(《空城计》中饰诸葛亮)、朱莲芬(《琴挑》中饰陈妙常)、谭鑫培(《恶虎村》中饰黄天霸)、杨月楼(《探母》中饰杨延辉)。

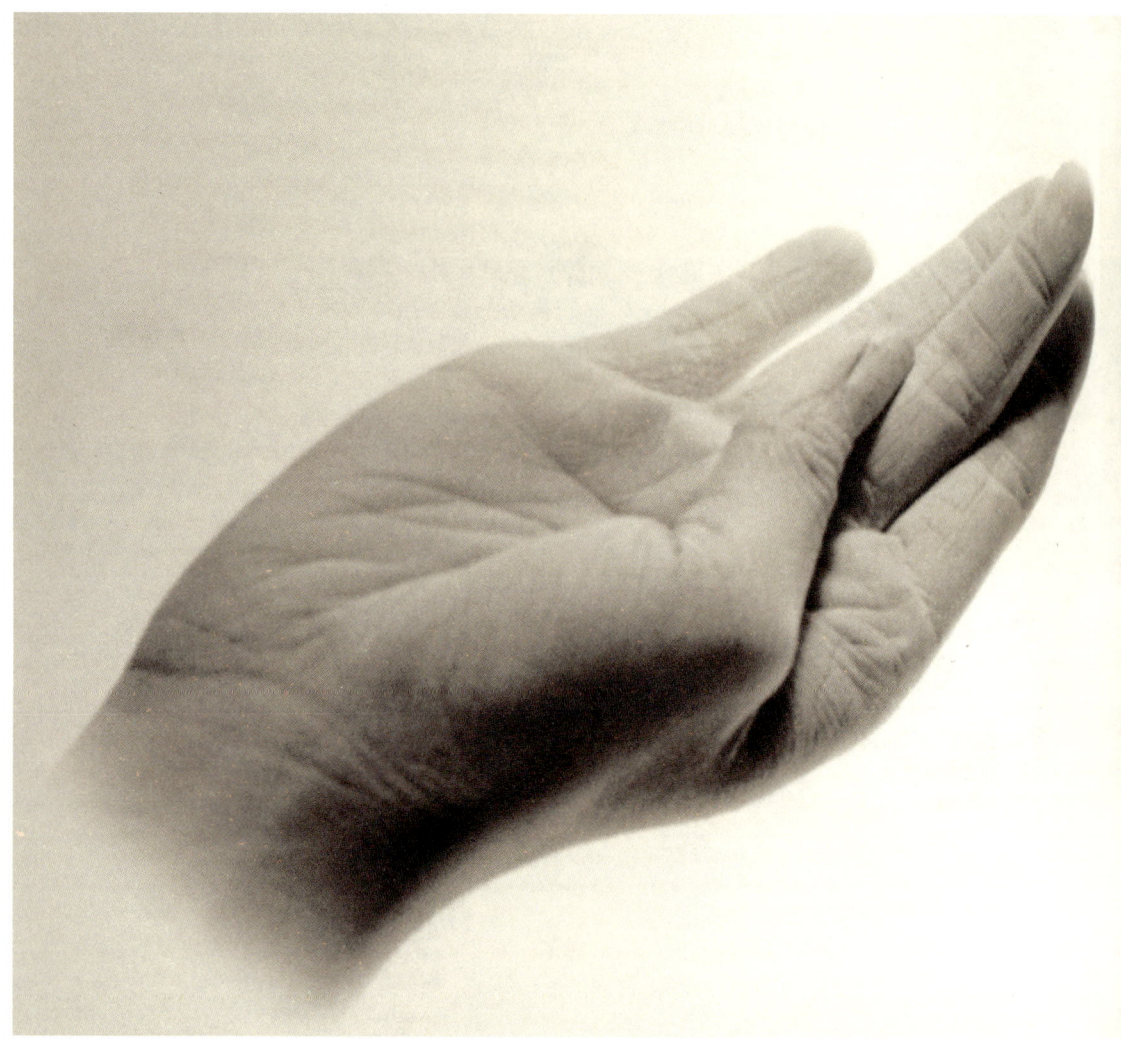

巴塞尔文化博物馆"粉墨登场——中国京剧艺术展"·梅兰芳手之姿式

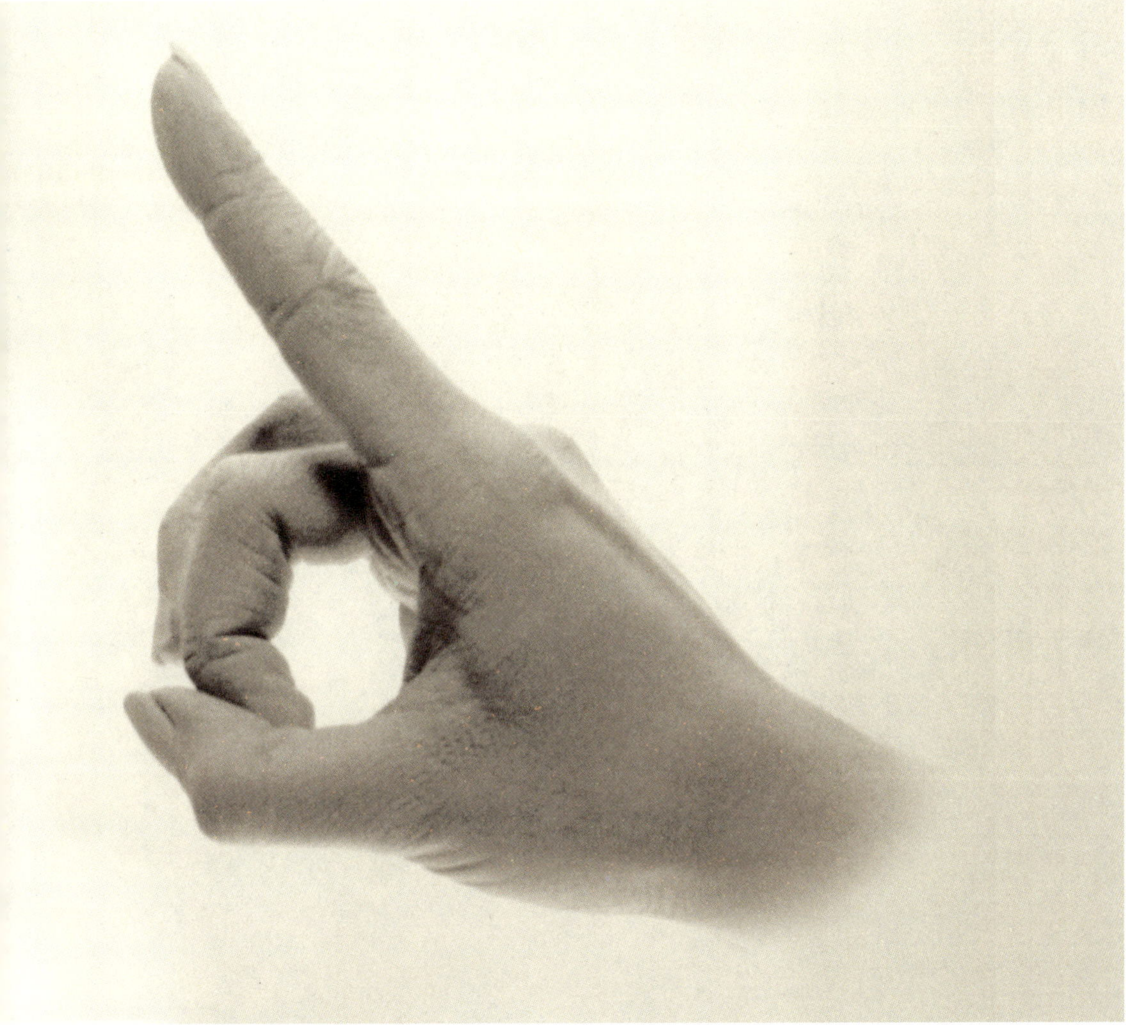

附录五

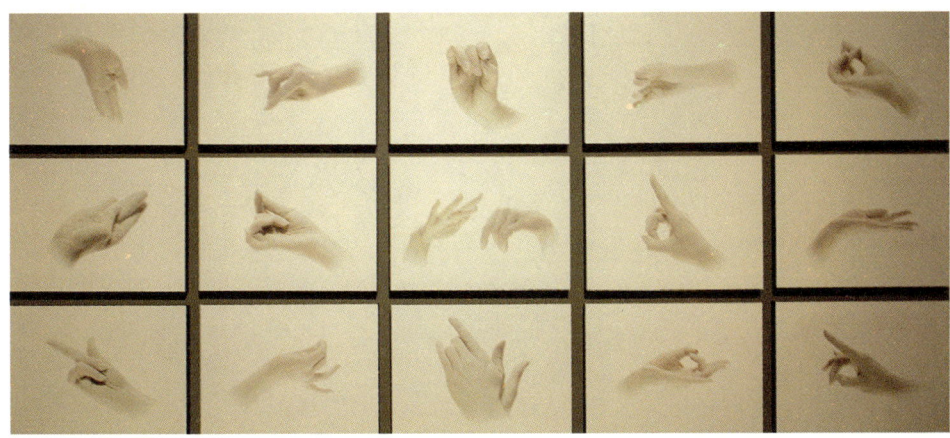

293

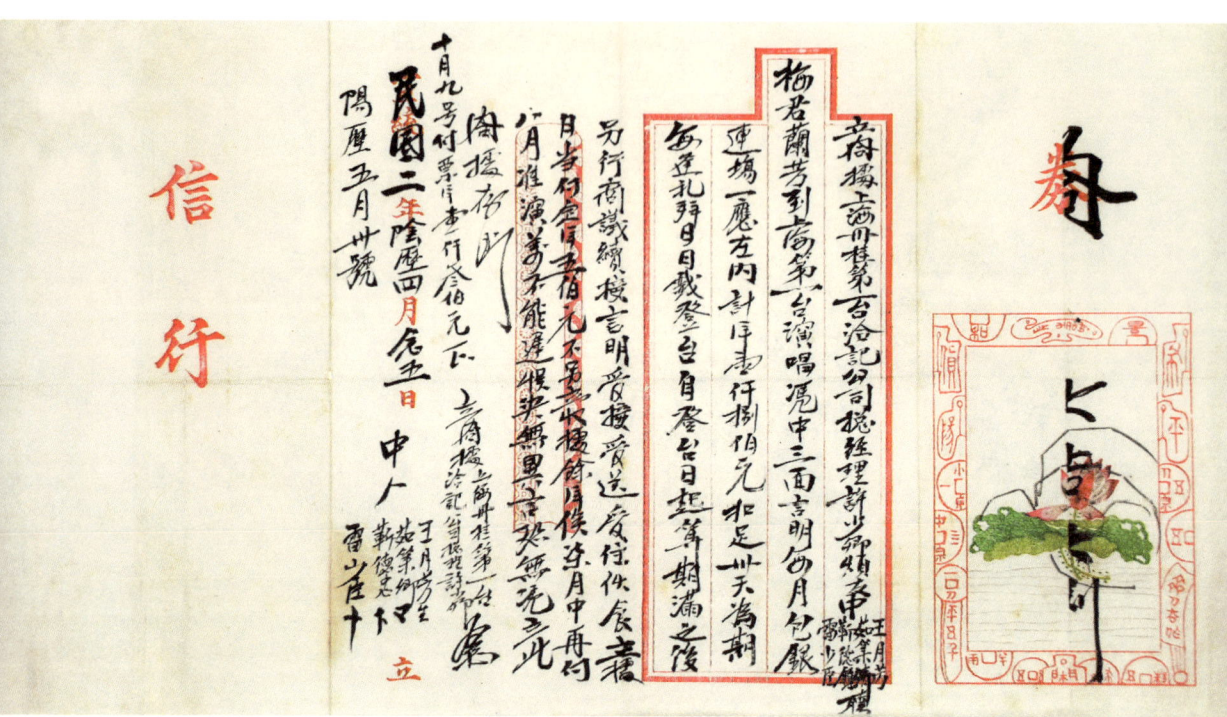

巴塞尔文化博物馆"粉墨登场——中国京剧艺术展"·梅兰芳1913年演出合同书

附录五

巴塞尔文化博物馆"粉墨登场——中国京剧艺术展"
本书作者应邀参与了"粉墨登场——中国京剧艺术展"展前筹备工作,亲身感受到了梅兰芳在国际上的影响力,也深深为中华民族产生这样一位杰出的表演艺术家感到骄傲与自豪。图为作者(右二)在博物馆召开展览新闻发布会前,与该馆喜爱梅兰芳艺术的工作人员在《同光十三绝》旁合影,其背景为刚刚维修一新的宽敞的主展厅。(巴塞尔文化博物馆供图)

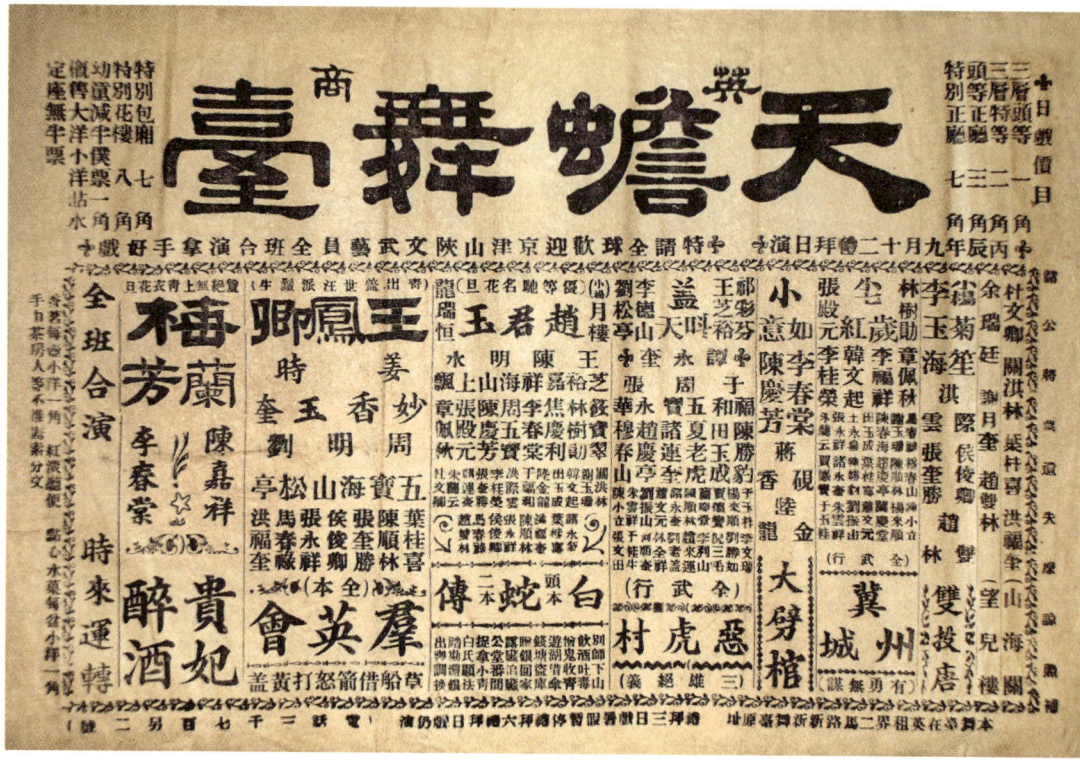

巴塞尔文化博物馆"粉墨登场——中国京剧艺术展"·梅兰芳1916年演出戏单

巴塞尔文化博物馆"粉墨登场——中国京剧艺术展"·梅兰芳藏清宫写真戏画《太真外传》

巴塞尔文化博物馆"粉墨登场——中国京剧艺术展"·梅兰芳戏衣

附录五

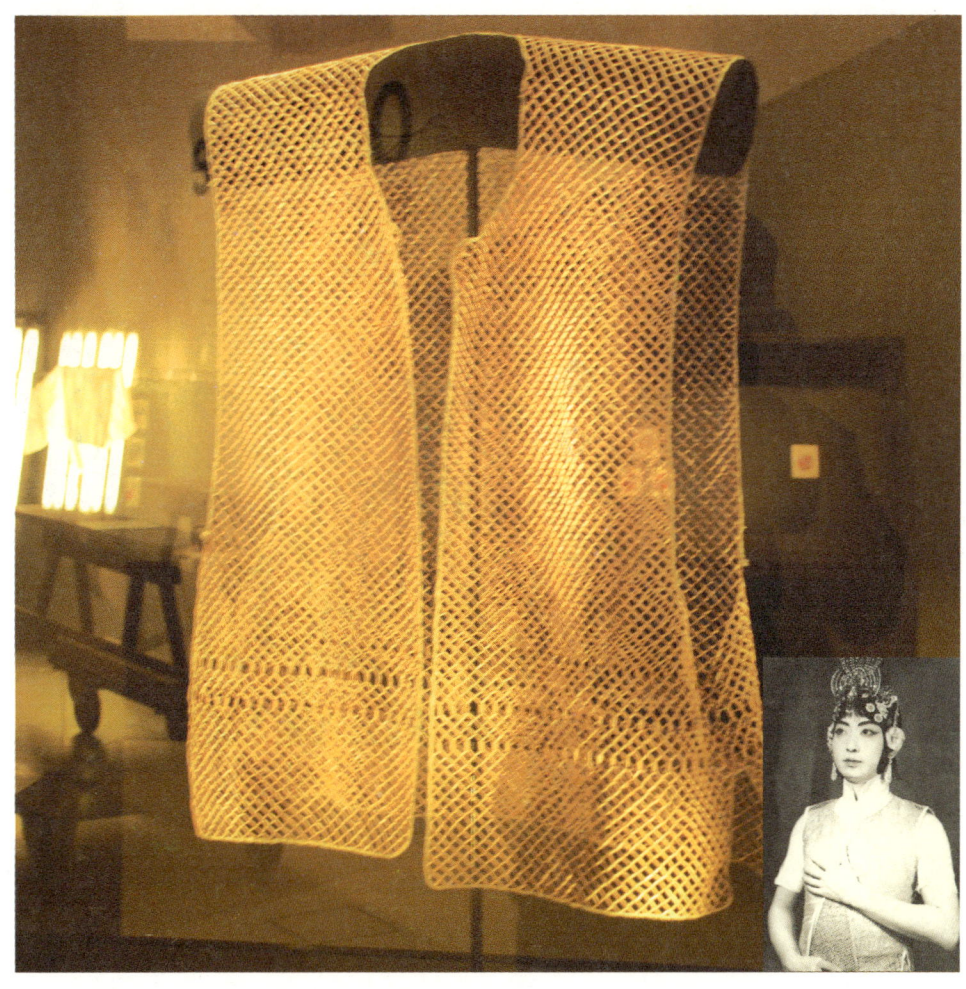

巴塞尔文化博物馆"粉墨登场 —— 中国京剧艺术展"·梅兰芳隔汗竹衫
此竹衫系夏天表演时穿用,右下小图为梅兰芳身穿隔汗竹衫的照片

巴塞尔文化博物馆"粉墨登场——中国京剧艺术展"·梅兰芳扮演《贵妃醉酒》剧照

巴塞尔文化博物馆"粉墨登场——中国京剧艺术展"·梅兰芳与杨小楼演出《霸王别姬》剧照

巴塞尔文化博物馆"粉墨登场——中国京剧艺术展"·"四大名旦"合影
（左起：程砚秋、尚小云、梅兰芳、荀慧生）

巴塞尔文化博物馆"粉墨登场——中国京剧艺术展"·展览论文与图集和多种文字说明书

附录六

民国时期梅兰芳专集专刊目录

书刊名	作者、编者	出版、发行	时间	备注
梅兰芳	北京劝业场缥缃馆	同左	1913	
梅兰芳	穆辰公	《国华报》连载 《群强报》连载	1915	未连载完
黛玉葬花曲本	戡道人	上海开智新书局	1916	
梅兰芳	梅社	上海梅社	1918	
梅兰芳	穆辰公	盛京时报	1919	
品梅记	大岛友直	汇文堂书店	1919	日文版
中国剧与梅兰芳	村田乌江	东京玄文社	1919	日文版
梅郎集	刘豁公	上海中华图书集成公司	1920	
梅陆集	汪兰皋	中华实业丛报社	1920	与陆子美合集
梅欧阁诗录	张謇		1920	合集
梅兰芳戏曲图考（全四册）	刘鸿声	上海沈鹤记书局	1920	
梅氏缀玉轩藏明清脸谱			1922	
梅兰芳	庄铸九、杨右辛、赵君豪、潘毅华	同左	1926	
凌波芳影			1927	梅兰芳演《洛神》特刊
文学周报·梅兰芳号		远东图书公司	1929	第8卷第3期
梅兰芳·中国第一流演员	梁健	上海商务印书馆	1929	英文版
梅兰芳歌曲谱	国剧研究社	同左	1929	
梅兰芳·中国戏剧	EDIEDK. MOY	美国	1930	英文版
梅兰芳与中国剧场		美国	1930	英文版
梅兰芳访美剧目	Gcorgekinleung	美国	1930	访美宣传册

续表

书刊名	作者、编者	出版、发行	时间	备注
缀玉轩所藏戏曲草目	傅惜华	国剧画报	1932	连载
梅兰芳艺术一斑	齐如山	北平国剧学会	1930	
梅兰芳专集	吟梅社	吟梅社	1930	
梅兰芳游美记	齐如山	上海商务印书馆	1933	
梅兰芳戏装锦集	上海裕华化工公司	同左	1936	
中国戏剧研究		美国	1930	内容以梅兰芳为主
梅兰芳剧影		戏剧月刊社	1933	
中华艺术杂志		中华艺术杂志社	1933	梅兰芳专辑
梅兰芳与中国戏剧		前苏联	1935	英、俄文版，访苏宣传册
梅兰芳在苏联所演之六种戏及六种舞之说明		前苏联	1935	英、俄文版，访苏宣传册
美国戏剧界对于梅氏剧艺之批评		前苏联	1935	英文版，访苏宣传册
大剧院梅兰芳所演三种戏之对白		前苏联	1935	俄文版，访苏宣传册
中国戏典	CECILIA S. L. ZUNG	美国	1937	英文版，合集
梅剧团山演特刊	中国大戏院	同左	1946	演出宣传册
梅剧团公演专刊			1946	演出宣传册

说明：

1. 以上所列书刊不含无评论内容的曲本和梅兰芳参与整理、新编的剧本，梅兰芳与他人之合集除《梅陆集》、《梅欧阁诗录》、《中国戏剧研究》、《中国戏典》外，其余均未列入。
2. 国内外收藏民国时期有关梅兰芳书刊较多的图书馆和个人分别为吴开英32种、首都图书馆14种、玉庐13种、姜德明9种、国家图书馆8种；国内最早将民国时期梅兰芳书籍做专题整理的为首都图书馆，该馆于1984年曾油印一册《馆藏梅兰芳资料目录》赠送读者；最早发表有关著述的是藏书家姜德明于2002年撰写的《梅兰芳书话》。
3. 所列民国时期有关梅兰芳书刊尚有遗漏，待查找。本目录为吴开英整理。

附录七

青年时代的梅兰芳（时年21岁） 此为1919年版《梅兰芳》一书中的照片。该书内容最早在1915年的北京《国华报》、《群强报》上连载，1919年由奉天（沈阳）盛京时报社结集出版，作者穆辰公。此照片为梅兰芳1914年第二次去上海演出时所拍的便装照（梅兰芳私家相簿中无此照片），其着装、发型、配饰（戒指）无不折射出那个年代的时尚之风，而梅兰芳俊秀的形象、优雅的姿态和气质更是光彩照人。（吴开英藏）

右页图：最早将梅兰芳表演艺术概括为"梅派"的《梅兰芳小传》

此文系梅兰芳的挚友、梅兰芳演出剧本编剧之一李释戡于1923年撰写，之后很多书刊或全文或部分转载。此影印自1926年出版的《梅兰芳》一书。为了方便读者阅读，特用简体并加标点排出：

兰芳，梅姓，名澜，字畹华。江苏泰州人，世居京师。祖巧玲，咸、同间名伶，掌四喜部。遇同人如子弟。当两遇遏密，全部皆衣食于巧玲。巧玲罄所有以赡之，无德色，故他部伶人星散，惟四喜部独完。同治初元，有选人与之善券贷二千金，未之官而没于京邸。举殡之日，于奠所焚其券，义声传都下。父竹芬，亦善昆曲，早逝。兰芳幼孤，其伯父雨田抚养之，雨田擅弦索，时人呼为大琐儿，尤精胡琴，有当代第一之誉。兰芳天资敏慧，夙承家学，七八龄学曲，十一登场，雅合青衣节奏。幼白皙美丰姿，稍长，色艺与年俱进，宣统末，誉者已甚众。民国二三年间，艺乃大进，色亦愈艳，容光焕发，俯仰如神，盖异禀也。十年以来，每叹中国乐律沦亡，而古舞尤失传，乃与二三同好，别制古装新曲，如《天女散花》之袚舞、虞姬之剑舞、西施之羽舞，皆得独抒新得，融化中外、古今舞态，自成一家，时出新声，能令顾曲家荡气回肠而不能自己（已）。歌舞合一，有复古之功，群以梅派尊之。往岁游日本，彼都士女空巷争看，名公巨卿，每有投缟赠纻之雅。名俊竞效，其舞态谓之梅舞。伶官东渡，此其嚆矢。将赴日本，有缀玉轩话别图，中多名作，过沪复有香南雅集图，一时名流题咏殆遍，故石遗赠诗有"一世名流总附君"之句。后往香港，欧美人士倾倒备至，海滨临送者盖数万人。各西字报极意揄扬，美使曾于总统钱别席次谓兰芳倘能至美一游，以其绝艺表示中国文化，必能使美人增进爱慕中国之心。明年英伦赛会，预以重币来聘赴英演剧，声名洋溢，匪俸致也。性温婉谦和，恂恂儒雅，从无疾言厉色与人，交久而能敬平居相对，如饮醇醪，不期而醉，闻人誉已恒谦抑不能当而人愈重之。喜文字，恒与当代名士游，樊山、实甫交相爱重，一新剧出，每作诗歌以张之。实甫客死都下，赗以巨金，樊山谓其有祖风。演剧助振（赈）百余次，捐金万计，旁及日本震灾。好施不惜，生平少世俗嗜好，惟爱藏书画，究心绘事，其精抚佛像，足入冬心之室。祖母陈氏尚健在，依侍膝下，无异婴儿，已（己）未上己八秩生辰，遍征文词以为寿，以自效报刘之私，人皆称其孝。又曾供养内廷，赐古月轩珍品，且命为庙首，召见养心殿，都人传为佳话。九月念四日，为卅生朝，其门人程砚秋、徐碧云发柬征文，海内名流诗文题赠，盈诸篋笥，簪裾雅集，极一时之胜，于戏盛矣。夫人材缺乏未有如今日者也，苟有一技即可成名，矧协律世家，天赋美质，益以聪颖好学，能于艺坛独树一帜如兰芳者乎？余识兰芳念年，每与谈艺，辄如越女之论剑，曰：妾非受于人也，而忽自得之，过从既久，重其为人，所以著之于篇者。欲世知人贵自立，芝草醴泉，固不必求诸士大夫也。癸亥十月，无盦居士。

梅蘭芳小傳

無畫居士

蘭芳梅姓名瀾字畹華江蘇泰州人世居京師祖巧玲咸同間名伶掌四喜部遇同夥貸二千金未遇遇密全部皆衣食於巧玲巧玲殁於當代民國一奠磬所焚蘭芳義券之無德色故他部伶人星散惟四喜巧玲獨完同治初元有選入宮而沒於京邸者已甚衆代别製邊爽氣迥古所罄蘭芳有以贍之無德色故他伶星散居京師祖巧玲咸同間名伶掌四喜部遇同夥貸二千金未遇遇密全部皆衣食於巧玲殁於當代民國一奠

二三年間藝乃大進歌舞之妙被家學七八齡崑曲惟四喜巧玲孤同治合其伯父雨田撫養之與之善夥貸二千金俱進宣統末胡琴者已有名於國一奠

所謂蘭芳天資敏慧下承父學愈廣姬之容光煥發俯仰如神蓋異禀獨得青衣節奏幼人與之比美丰姿绰约淪亡而古今舞態自成一家尤大琐进尤失傳統酒與豊二三同好競效氣迴古國一奠

有舞態而不能自己如天女散花色亦有舞虞姬之容光煥發俯仰如神蓋異禀獨得青衣節奏幼人比美丰姿綽約淪亡而古今舞態自成一家尤大琐进尤失傳統酒與豊二三同俊佾謂其詩其迴古

芳倘一世名流總附與其綰句後其嘴古之將赴日本梅派之羽蓋皆堪其也岁十年以來幼白皙中外古樂律稍長色藝亡人呼為大官而沒於京精胡琴者已當代第一

裝新曲如天女散花之被有舞虞姬之容光焕發俯仰如神蓋異禀獨得青衣節奏幼養之與雨田撫養中國樂律淪亡而今出新聲統與豊二三同俊俊謂次赠效氣迴古國一

腸而不能自己歌舞合一有復古之譽將俟日西施之羽蓋皆堪其俯仰如神蓋異禀獨得青衣節奏幼養之雨田撫中國音樂稍长色藝亡人呼為大官而沒於精胡琴者已有当代第一

有一世名梅舞伶官舞合之渡此其嘴古之將矢功譽以西梅之羽俯仰如神盖異禀得青衣節撫中國樂律漸佾渐亡而古舞態兮失尤失傳宣統酒與豊二三佾俊佾誚次赠效氣迴古

倖致也至美總附與當代名士遊樊山實甫交廣色必能使人備至海增賓臨圖中多名士女皆集卿每有時尤失傳酒與豊饗二三顧佾俊俊謂其詩贈其

之餘文字恆溫婉謙和惧惧雅表示無疾言厲色必與美人交重新劇出名每作敬愛慕者中國之人數萬人泄復西香名雅公集卿每一時出新聲題贈縉绅之雅曲同好邊

百餘文字捐金萬計當代名士游樊山實甫從戎不偏生平惜愛重新出能自作敬愛慕居相對之如甚甫名著於英伦赛報極揚一美使會赴英法演

依侍膝下無異嬰兒傳為佳話已未上已八月震災辰編文詞以其一為壽惟程豔秋徐碧雲皆稱其孝又曾供給鉅款入冬樊山之助愈振

一時之勝於戲院都人年傳為佳人材缺之未有如今越女苟有一技即可成名矫頬律世家徽天賦美質益以詩文題購盈籤珍品且命為健廟

如蘭芳者乎余識蘭芳夫念年與談藝軛如越女也癸亥十月無画居士論劍曰妾非受於人也而忽自得之過從既久其為人所

知人貴自立芝草醴泉固不必求諸士大夫也

梅兰芳参加正乐育化会欢迎黄兴（克强）、陈其美（英士）时合影　辛亥革命前，黄兴系中国同盟会庶务长，其地位仅次于孙中山先生；辛亥革命后的1911年12月，黄兴、孙中山和黎元洪同被推为中华民国临时大总统候选人，后孙中山先生当选，黄兴出任陆军总长。1912年6月18日，黄兴、陈其美等人来京，北京正乐育化会组织欢迎会，梅兰芳和伯父梅雨田一起参加欢迎活动。一排左八持帽者上方着西装年轻者为梅兰芳，第三排右四为梅雨田，前排右七为黄兴、右六为陈其美。这张照片是梅兰芳早年与革命党人接触的证物，也是现存梅兰芳与伯父梅雨田唯一的一张合影（合影后不久，梅雨田即病故），弥足珍贵。梅兰芳在其口述回忆录和《戏剧界参加辛亥革命的几件事》一文中曾谈及正乐育化会欢迎黄兴一事，但不知何故他本人未存此照，这帧对合影人员、地点有详细注明的照片的发现，无疑为研究梅兰芳又增添了一件重要实物。此照最早刊于1932年《时代》杂志。该杂志注明合影时间为民国二年，经查对，应为民国元年。（原版《时代》杂志为吴开英藏）

梅兰芳《舞台生活四十年》各种版本封面（吴开英藏） 梅兰芳生前著述数量之多和影响之大被公认为梨园界之首，其中由他口述、许姬传记录的《舞台生活四十年》已成为经典之作。该书于1950年至1951年在上海《文汇报》连载，1952年、1954年由上海平明出版社结集出版一、二集（下排右一、右二），中国戏剧出版社于1957年出版一、二集横排并于1981年推出第三集，1987年出版三集合订本，人民文学出版社、团结出版社等也先后出版（上排左二、下排左一、左二）。香港天行出版社则最早推出第三集，时间是1973年，之后又由香港戏剧出版社出版一、二、三合集（下排右三）。台湾里仁书局于1979年出版过三集精装合集，书名改为《舞台生涯》。最早的外文版是前苏联于1963年出版的俄文译本一、二集合订本。目前该书最多的已再版10多次，国内外累计发行100多万册，创造了近现代艺术家个人回忆录出版发行的奇迹。

有一点在这里需要予以说明：梅兰芳1961年去世后，只有中国戏剧出版社是获得出版《舞台生活四十年》合法授权的出版社，其他社出版《舞台生活四十年》第三集或一、二、三合集，大多并未获得合法的授权。此外，梅兰芳生前收藏的照片，其家属于1963年全部捐给了国家，依照有关法律规定，这些照片之发表权属梅兰芳纪念馆。但梅兰芳纪念馆和梅兰芳亲属介绍，近几十年来大量出版物从梅兰芳纪念馆出版的图书中复制有关梅兰芳的图片并未经过其授权。团结出版社2006年版《舞台生活四十年》插图珍藏本，既未说明再版该书的授权者，也未注明书中所使用图片的来源，而且其封底、封面文字也出现多处错误：一是称"黄裳约请梅兰芳写自传体回忆录"，实际上并非黄裳所约，而是时任《文汇报》总编辑柯灵所约，黄裳当时为该报普通编辑，报社作出刊登梅兰芳长篇连载决定后安排他负责与梅兰芳秘书许姬传以及许在上海的弟弟许源来（承担梅回忆录文稿核对史实、修改润色和补充图片）的联络、催稿、校稿等具体工作，梅兰芳在《舞台生活四十年》前记中提及黄裳要他写回忆舞台生活的长篇之事，就是黄裳按照报社安排去见梅兰芳并向梅转达报社约稿邀请的（普通编辑无权决定在报纸上开辟长篇连载），况且黄裳1947年后发表过多篇贬梅文章，特别是嘲讽梅"垂老卖艺"、"嗓子不行了"，要梅"绝迹歌坛"的《钱梅兰芳》一文，曾伤害过梅兰芳，若不是报社安排，黄裳恐怕一辈子都愧见梅兰芳。可参阅《在曲折中行进——〈文汇报〉回忆录》、曹可凡著《悲欢自酬》等书和本书有关内容）；二是称平明出版社出版《梅兰芳和舞台生活四十年》，该出版社从未出过此书；三是称"世界艺苑三大表演体系"，事实上世界戏剧表演体系众多，并非只有三大体系。

梅兰芳民国时期和晚年出版的著作书影（吴开英藏） 梅兰芳民国时期的著述主要有歌曲谱、文章和参与新编和改编的剧本，这些作品目前已很难收集齐全。左图系民国时期出版的一部分书影，右图为新中国成立至1961年（梅兰芳逝世前）出版的著作书影。梅兰芳晚年撰写的新作系他舞台实践的经验总结和有关京剧艺术发展、创新的理论思考，乃是他表演艺术的重要理论成果。

附录七

《梅兰芳演出剧本选集》书名与扉页　艺术出版社1954年初版，梅兰芳签名本（吴开英藏）。

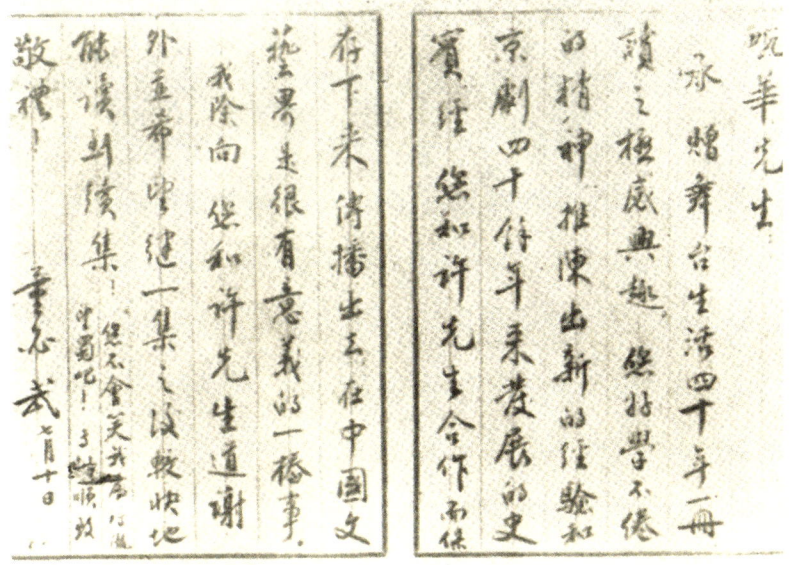

董必武致梅兰芳信函手迹　1952年时任政务院副总理（后为国家副主席、代主席）董必武写信祝贺《舞台生活四十年》（第一集）出版。

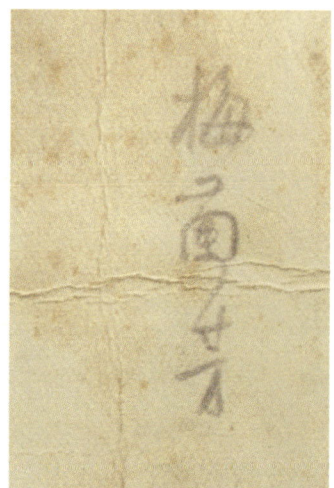

梅兰芳签名剧照（吴开英藏）

附录七

民国时期流行的"百花魁首"照片　此照片系以1918年梅社印行的《梅兰芳》一书中，嵩岩所填赞梅兰芳的《西江月》词句"梅占百花魁首，兰为王者馨香"之词意加工，制作者所选众多明星中包括孟小冬、金少梅（梅兰芳左侧）等在内均为当时之名伶。（吴开英藏）

313

梅兰芳最早的一张着色便装照 这是国内所见梅兰芳最早的着色便装照,系梅兰芳1919年首次赴日本演出时在箱根千条泷前所拍,台下的梅兰芳穿着时尚,儒雅大方。(吴开英藏)

附录七

国内出版物1919年用作插图的梅兰芳着色剧照　这是目前国内所见最早的梅兰芳着色剧照。此为梅兰芳首创红楼戏在《晴雯撕扇》(又名《千金一笑》)中扮演的晴雯，原载盛京时报社1919年出版的《梅兰芳》一书，该书对此照片特别说明系"三色版之照片"。梅兰芳此造型照片有两种，主要区别于眼睛：一为下视，一为平视。下视者较多见，平视者较少见。(吴开英藏)

日本杂志1924年刊载的梅兰芳着色剧照　梅兰芳1924年第二次赴日本演出前，东京《国际写真情报》当年7月号刊载巨幅梅兰芳着色剧照。这是梅兰芳在《麻姑献寿》中扮演的麻姑（该杂志误将其介绍为《嫦娥奔月》中的嫦娥），此是目前国内所见最早的外国刊物登载梅兰芳的着色剧照。（吴开英藏）

附录七

梅兰芳1930年赴美国演出时赠给美方人员的签名剧照 此为梅兰芳在《御碑亭》中饰孟月华剧照。美国1922年曾出版《中国戏剧研究》一书，该书原插图只有4张梅兰芳剧照，梅兰芳赴美演出引起轰动后该书修订再版，专门使用梅在美演出剧照7张（包括此签名照）、便装照1张，梅兰芳在美国的影响由此可见一斑。该书为本书作者收藏，本书书名"梅兰芳"三字即为照片上梅兰芳签名手迹。下图为该书扉页上的版权说明。

1924年日本杂志刊载的梅兰芳着色剧照日文、英文说明。

日本演剧杂志《剧和电影》1924年11月号刊登的梅兰芳演《黛玉葬花》定妆照

附录七

清室收藏的梅兰芳着色剧照　清朝末代皇帝溥仪1911年逊位后仍居住在故宫，而且也经常请名角到宫中唱戏。梅兰芳于1923年曾进宫演过戏。此剧照为梅兰芳进宫演出时赠予清室。清室当时共收藏梅兰芳各种剧照十几帧，可见清室遗老遗少非常喜欢梅戏。（北京故宫博物院收藏）

1915年版　　　　　　1918年版　　　　　　1919年版

MEI LAN-FANG AND THE CHINESE DRAMA
By HU SHIH
(Father of the Chinese Renaissance)

1926年版　　　　　　　　　　1930年版　　　　　　　　　美国印行英文版《梅兰芳·中国戏剧》，1930年版。

国内外早期出版有关梅兰芳的图书　梅兰芳自1913年首次去上海演出崭露头角至今百年间，国内外出版过很多宣传和研究他的书刊，但由于战乱以及其他各种原因，早年的出版物大多现已经散失，这对全面了解和深入研究梅兰芳带来诸多困难。本书作者经过多年不懈的努力，沙里淘金，有幸从国内外寻获数十本早年出版的有关梅兰芳的原版书刊，这里图示的6本以及本书所介绍的《品梅记》（日文版，1919年）、《梅兰芳》（英文版，1929年）、《中国戏典》（英文版，1937年）、《梅兰芳剧影》（1933年）、《梅兰芳戏装锦集》（1936年）、《梨园影事》（1928年）就是其中的一部分。左为胡适1930年为美国出版的《梅兰芳·中国戏剧》所撰写的《梅兰芳和中国戏剧》标题。《胡适全集》未收入此文，全文译文见本书附录一。（吴开英藏）

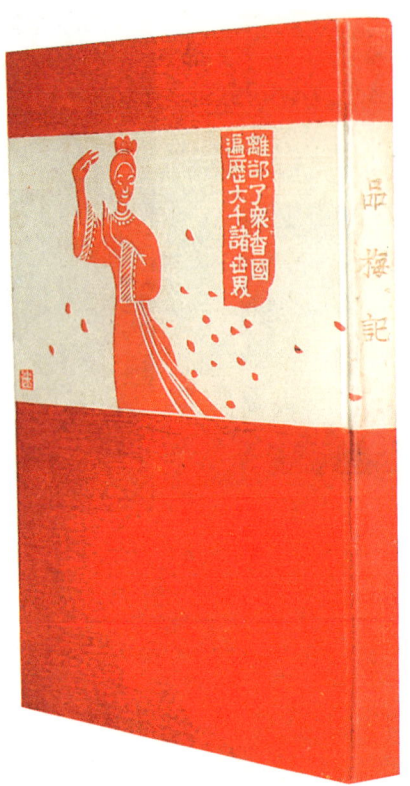

日本汇文堂书店大正八年（1919）日文版《品梅记》封面、扉页与插页（《天女散花》剧照）。（吴开英藏）

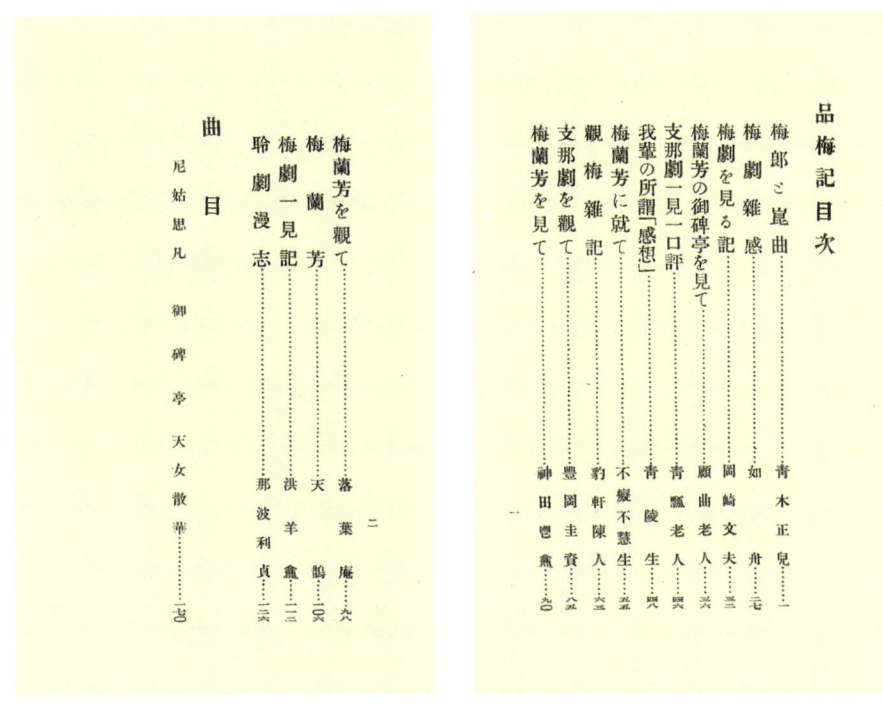

《品梅记》之目录

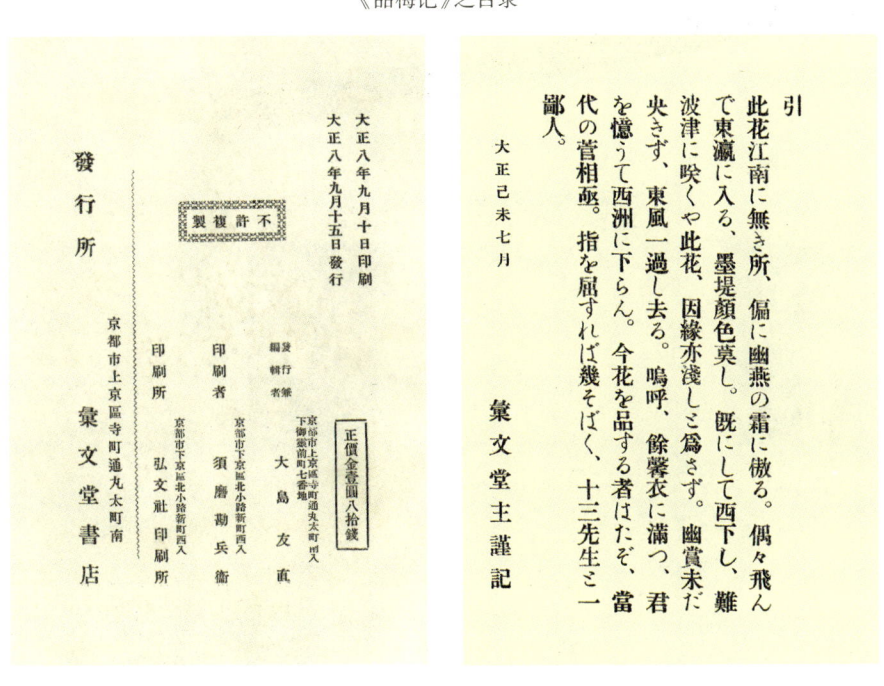

《品梅记》之版权页　　　《品梅记》之引

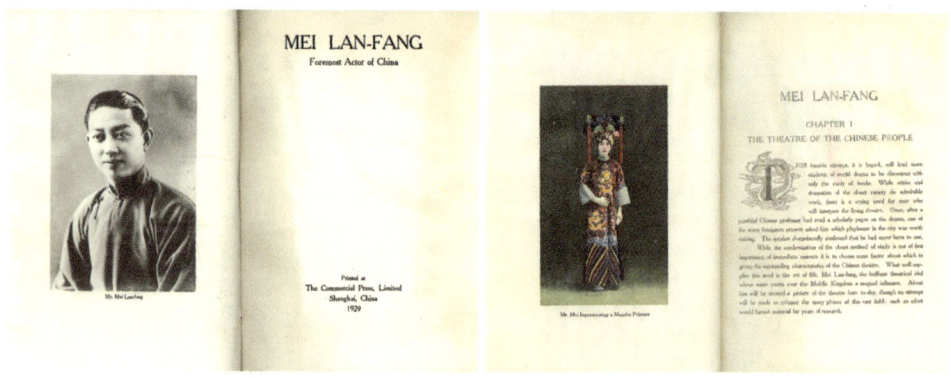

上海商务印书馆1929年英文版《梅兰芳》书影(吴开英藏)

1929年英文版《梅兰芳》插图·梅兰芳绘《普贤菩萨图》 此画系梅兰芳为好友冯耿光祝寿所绘，构图饱满，用笔精到，设色雅致，是梅兰芳早年工笔画的代表作，体现了梅兰芳扎实的绘画基本功和过人的艺术感悟能力。在排练、演出、应酬极为繁忙情况下能不惜花费大量时间和精力作如此繁复精细之图画赠友，更体现了梅兰芳真诚待友的良好修养，也折射了梅兰芳和冯耿光深厚的友谊。

Mr. J. Hormon, Mr. Chayet, Mr. Rhein, Count de Martel, Countess de Martel, Mme. Cosme, Mme.
齐如山　铎尔孟　彬敬斋　戴公使　沙業　存樾坪　韓德威　馬公使　梅畹華　胡惟德　李釋戡　馬公使夫人

附录七

Mme. Duva, Mr. Cosme, Mr. Duva, Mr. Gimel, Mr. Gandon, Mme. Rhein, Mme. Gimel, Mr. Ostrorog

王述勤 胡公使夫人 沙業夫人 徐超侯 戴夫人 盧阿夫人 高代公使 盧阿 任邁爾上尉 康棟 韓德威夫人 任邁爾夫人 劉蘭孫科長 歐司多克

1929年英文版《梅兰芳》插图·梅兰芳在北京无量大人胡同寓所与外宾合影，梅兰芳好友黄秋岳、李释戡、齐如山等陪同接待。

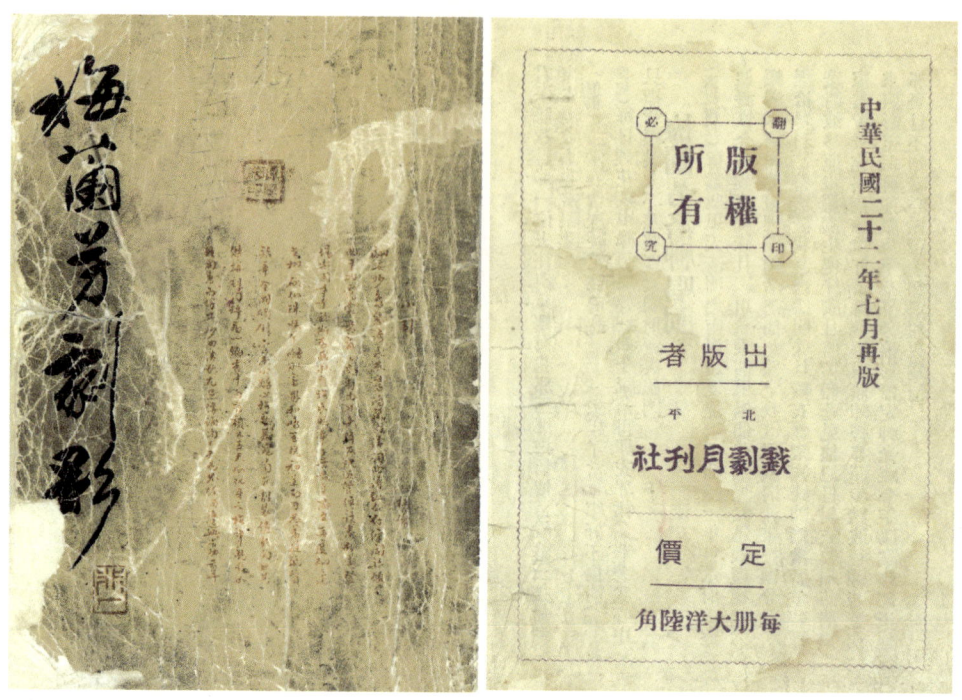

1933年版《梅兰芳剧影》，北平戏剧月刊社出版，封底有这样一段介绍的文字："国剧大王《梅兰芳剧影》，梅艺员生平各种名贵剧装倩影完全刊入并附梅艺员独有佳剧戏调。"全书68页，剧照58帧，便装照2帧。（吴开英藏）

附录七

《梅兰芳剧影》内页梅兰芳《太真外传》化装剧影之四

1937年英文版《中国戏典》 该书收有大量梅兰芳演出剧目和剧照,并刊有国内未见过的12张梅兰芳化装全过程照片(见右页图),颇为珍贵。(吴开英藏)

《中国戏典》刊载的梅兰芳化装顺序图示

尤盼畹能到美一行謂自去年游歷團返之國移美城鄉村鎮遂無不知中國名伶有梅君者若能成行則美國對東方文化之觀察中國戲劇之藝術均可更多興味而國民外交因以輯睦自不待言畹遂定端午日請使團觀劇紅鬃劇以答雅意云別一日美人福小姐（福開森之女公子）特約美國女各畫師造畹居討論藝術又一日南滿駐京所長古仁所丰來謁暢談至三小時之久又一日使芳澤正式宴畹座中均中日兩國之藝術家並陳列華出品於中日藝術會之普賢佛像觀者咸相驚許畹畫固非賣品論者以爲若標定價可以壓倒一切出品也又一日本畫家渡邊氏亦偕日本參贊來謁所談多藝事繪畫渡邊深爲折服英國公使及其夫人女公子參贊等亦於畹招待意使之後二日與西瑞諸公使及其眷屬同來謁畹一切招待如儀十五年六月

綴玉軒招待使團記盛

際茲京華塵刼入事俶擾之秋百業停頓追論官事更遑及外交而梅畹華日前正有招待使團之舉敦槃玉帛蹐蹐踏踏是不可以不書亦固綴玉軒藍皮書中所應具者也

初意大利公使將囘國以久慕畹華聲譽特託人致意介紹一談先期以八承啓綴玉軒請定日期畹示以日矣又謂將偕其夫人同來屆期意使以有他項會議未克如約而夫人則偕美使西班牙瑞典各使及夫人女公子等同來合十八人縱談至二小時門前均使館專用之綠牌汽車畹居本密邇外交部公署使團之約日同蒞爲外部中人深所想望者不圖乃均造比鄰畹居也意使夫人自承夙嗜音律幼時亦嘗登台串戲深知演戲之不易而素觀畹華所演名劇無不傾倒於運用手勢之表情尤嘆爲中外無兩同日並約照相師來合攝一影畹招待至周來者又各索

1926年梅兰芳在缀玉轩接待外国使团留影
此照极其详细说明原载1926年版《梅兰芳》一书，对研究民国时期梅兰芳与各国来华人士开展文化艺术交流有重要价值。（吴开英藏）

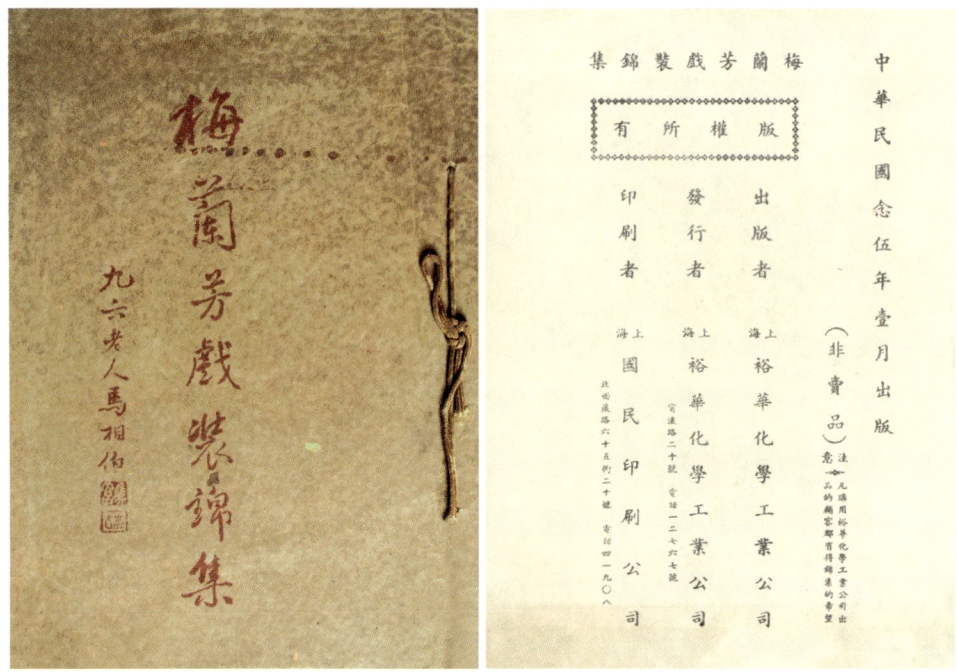

1936年版《梅兰芳戏装锦集》封面、版权页 《梅兰芳戏装锦集》是目前国内见到最早以彩色画册形式出版发行的梅兰芳饰演剧中人物形象影集。该《锦集》出版时间为"念伍年壹月","念"为"廿"之大写,"念伍年"即民国廿五年、公元1936年。该影集收集梅兰芳有代表性的10出戏中人物扮相剧照,分别是《牡丹亭》之杜丽娘,《西施》之西施,《虹霓关》之东方氏,《金山寺》之白蛇,《洛神》之洛神,《红线盗盒》之红线女,《四郎探母》之铁镜公主,《霸王别姬》之虞姬,《刺虎》之费贞娥,《黄鹤楼》之反串周瑜。该《锦集》的编辑和装帧很有特色,每张剧照前均有一张起导览和保护作用的、印有剧目名称的白色透明纸,剧照上沿粘贴在印有梅花图案的特种纸上,照片边沿饰以赭色边框,边框外围铺银灰色,使版面显得高雅大方并将照片衬托得异常醒目。翻开剧照,底下印有剧情简介(《锦集》推出之后有与此图案相同但无序言的标示为某品牌香烟赠品的"烟画",当为仿制品)。《锦集》制作者不惜斥巨资以精心的设计和使用当时最先进的彩色印刷技术制作此影集赠送购买"梅兰芳香皂"的顾客,此特别的创意,其宣扬梅兰芳艺术的作用和影响,已远远超过了推销商品的本身。从此《锦集》完整如新的品相可以看出,当年获赠者视《锦集》的价值远在香皂之上,精心保护并传给子孙后代,由此可见梅兰芳艺术之巨大的魅力。而尤为可贵的是《锦集》保留了梅兰芳鼎盛期舞台艺术形象及其服装、服饰的式样和工艺,是一件研究梅兰芳十分珍贵的形象资料。梅兰芳纪念馆以及梅家相簿中均无此彩照。(吴开英藏)

附录七

《梅兰芳戏装锦集序》书影

梅兰芳与马相伯先生（右二）等合影　马相伯（1840—1939），著名教育家、复旦大学创始人，曾两度出任复旦大学校长。他为《梅兰芳戏装锦集》题签时已经96岁高龄。

《梅兰芳戏装锦集》·《虹霓关》之东方氏

《梅兰芳戏装锦集》·《牡丹亭》之杜丽娘

我国最早建成首邀梅兰芳演出的新式剧场 —— 更俗剧场　该剧场位于江苏南通西公园，于1919年11月落成，系著名实业家、晚清状元张謇所建。剧场设计吸收京、沪以及日本剧场的优点，为当时国内最新式最先进之剧场。在剧场还在建时，张謇就写信邀约梅兰芳来首演，并主持于1919年9月成立的伶工学社（即戏曲学校），后因演出繁忙，梅未出任校长，但依约于1920年1月来南通演出11日，场场爆满，并吸引周边的扬州、泰州等地大批观众前来观看。张謇对梅更是倾力宣传，特在剧场门厅二楼设"梅欧阁"（纪念梅兰芳和欧阳予倩的艺术成就，见右页图），并于梅演出期间邀请当地名流品戏、吟诗，编印《梅欧阁诗录》以记其盛，这就是著名的"梅欧阁"、《梅欧阁诗录》的由来。张謇与梅兰芳所结此忘年之交，张謇摒弃世俗陋习热心助梅之侠义，也成为近百年来广为传颂的佳话。

附录七

最早专为梅兰芳所建之建筑——候亭　该建筑建于1919年，系张謇专门为迎送梅兰芳而在南通城外所建，梅兰芳1920—1922年期间三次到南通演出，每次张謇都亲率各界代表在军乐队陪同下隆重地在此迎送。

梅欧阁内景和1920年版《梅欧阁诗录》　从梅兰芳、张謇的著述、往来书信和张送梅书法、赠梅名人字画等实物分析，张謇既是梅兰芳的伯乐和老师，也是梅派创立的重要推手；南通既是梅兰芳的向往之地，也是梅兰芳的福地。此从梅兰芳1920年1月刊登的《梅澜启事》中也可得到印证，梅称来通"藉献曲之良缘，酬观光之宿愿，甄毧十日，香火三生。……寒云无尽，心犹系于林溪；春水将生，情岂忘乎冠履"。

1920年1月24日，张謇在候亭为梅兰芳送行时合影。

《苏三起解》之苏三（1916），日本·木下杢太郎绘。　《牡丹亭》之杜丽娘（1920），日本·福地信世绘。

外国画家早年绘制的梅兰芳舞台形象　在近现代艺术史上，梅兰芳是我国被外国画家描绘最多的演员，此也是梅兰芳当时在世界上具有巨大影响的佐证。从左至右：梅兰芳扮演的苏三，日本画家木下杢太郎绘于1916年；梅兰芳扮演的杜丽娘，日本画家福地信世绘于1920年；梅兰芳扮演的杨贵妃，日本画家长谷川绘于1925年；梅兰芳扮演的洛神，印度画家难达婆薮绘于1942年。日本画家作品现藏于日本，此作品图片系首次与国内读者见面；印度画家作品原为梅兰芳收藏，现藏北京梅兰芳纪念馆，此画原作2004年曾在中国美术馆展出。（吴开英翻拍）

《贵妃醉酒》之杨贵妃（1925），日本·长谷川绘。 《洛神》之洛神（1942），印度·难达婆薮绘。

民国时期各种器物上的梅兰芳舞台形象 民国时期很多商家都争相使用梅兰芳形象作为其产品标志，现在尚能见到的图片和实物的商品约有20多种，于此可知民国时期梅兰芳巨大的影响力。（吴开英藏）

附录七

绘于瓷器上的梅兰芳舞台形象·《黛玉葬花》之林黛玉

绘于玻璃镜上的梅兰芳舞台形象·《黛玉葬花》之林黛玉

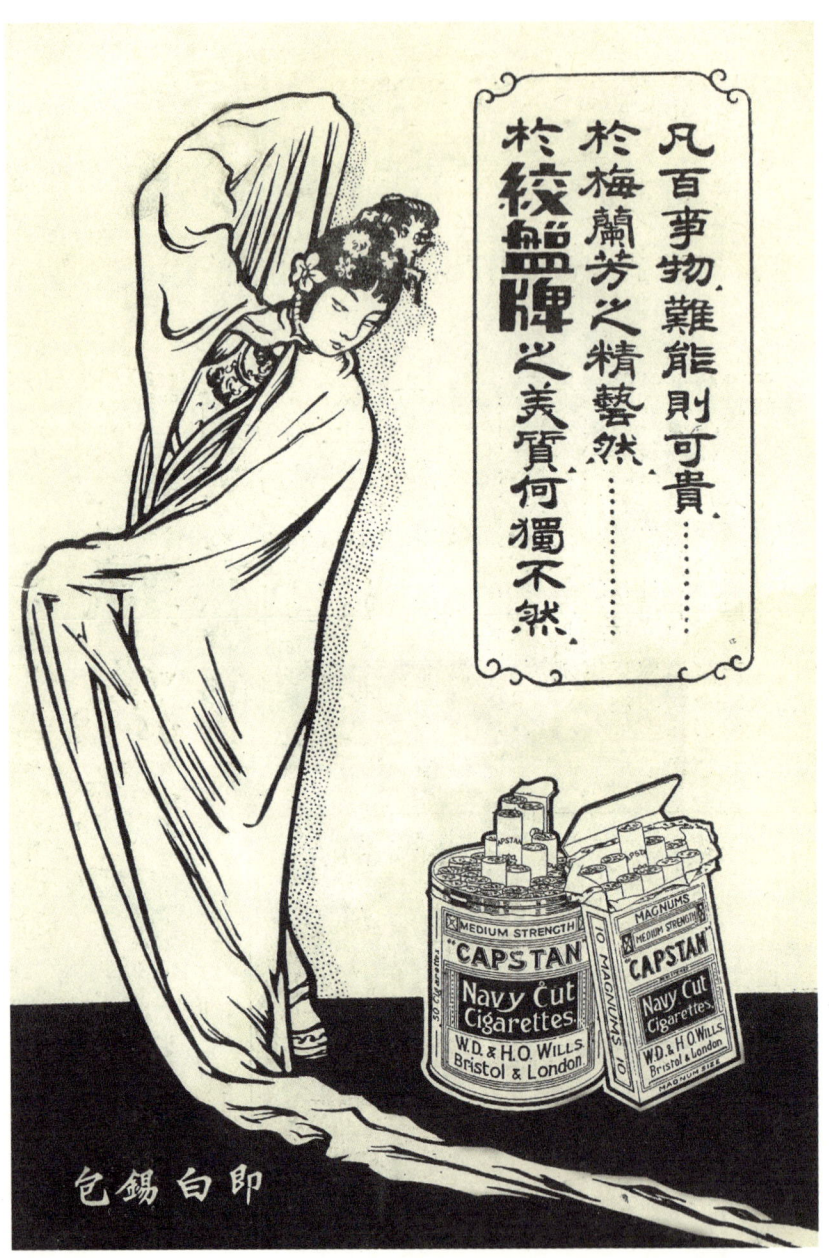

民国时期以梅兰芳舞台形象制作的香烟广告　该广告中的"凡百事物，难能则可贵，于梅兰芳之精艺然……"之话语所蕴含的哲理，百年之后品读，仍可获得颇多启迪。

民国时期为配合梅兰芳赴美演出制作的宣传画《艺化美邦》 梅兰芳曾于1930年1月至7月赴美国演出并获得巨大成功，美国南加州大学和波摩那学院授予他荣誉文学博士学位。1935年，梅兰芳又去苏联演出并游历欧洲，成为我国向西方国家推广京剧的第一人。赴美前，国内众多文人墨客等名流纷纷吟诗作画为梅兰芳赴美进行宣传，吟梅社1930年编印的梅兰芳赴美专辑《梅兰芳专集》，共收录有关诗词文章33篇，书画作品7幅以及梅兰芳在美访问、演出照片24张，此为当时著名画家丁悚制作的宣传画《艺化美邦》。（原版《梅兰芳专集》为吴开英藏）

1930年梅兰芳赴美国演出受到隆重欢迎　　1930年1月至7月,梅兰芳率团赴美国华盛顿、纽约、芝加哥、旧金山、洛杉矶、圣地亚哥、西雅图、檀香山等城市演出,所到之处受到了热烈欢迎。图为旧金山市长小卢尔夫陪同梅兰芳乘车出席欢迎会时,受到热情民众的夹道欢迎。

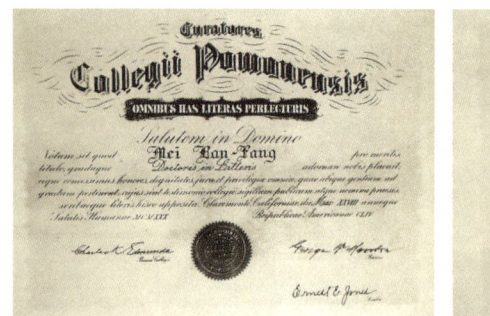 

美国大学授予梅兰芳荣誉文学博士证书　　梅兰芳的演出征服了美国观众,美国波摩那学院、南加利福尼亚大学分别授予他荣誉文学博士证书。

附录七

梅兰芳与美国波摩那学院院长晏文士合影

1930年梅兰芳访美期间发行的"梅博士纪念"金质纪念章

梅兰芳1935年在苏联演出期间著名导演爱森斯坦（中）为其拍摄《霓虹关》电影片段之场景

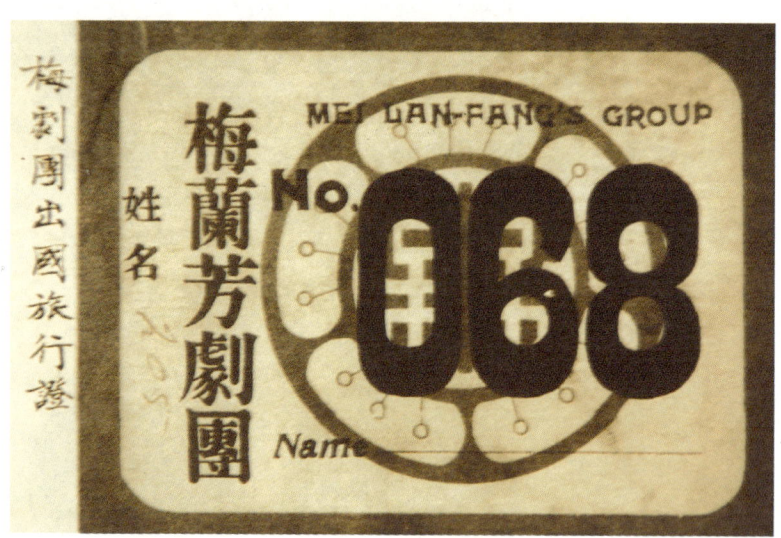

梅兰芳剧团访问苏联旅行证

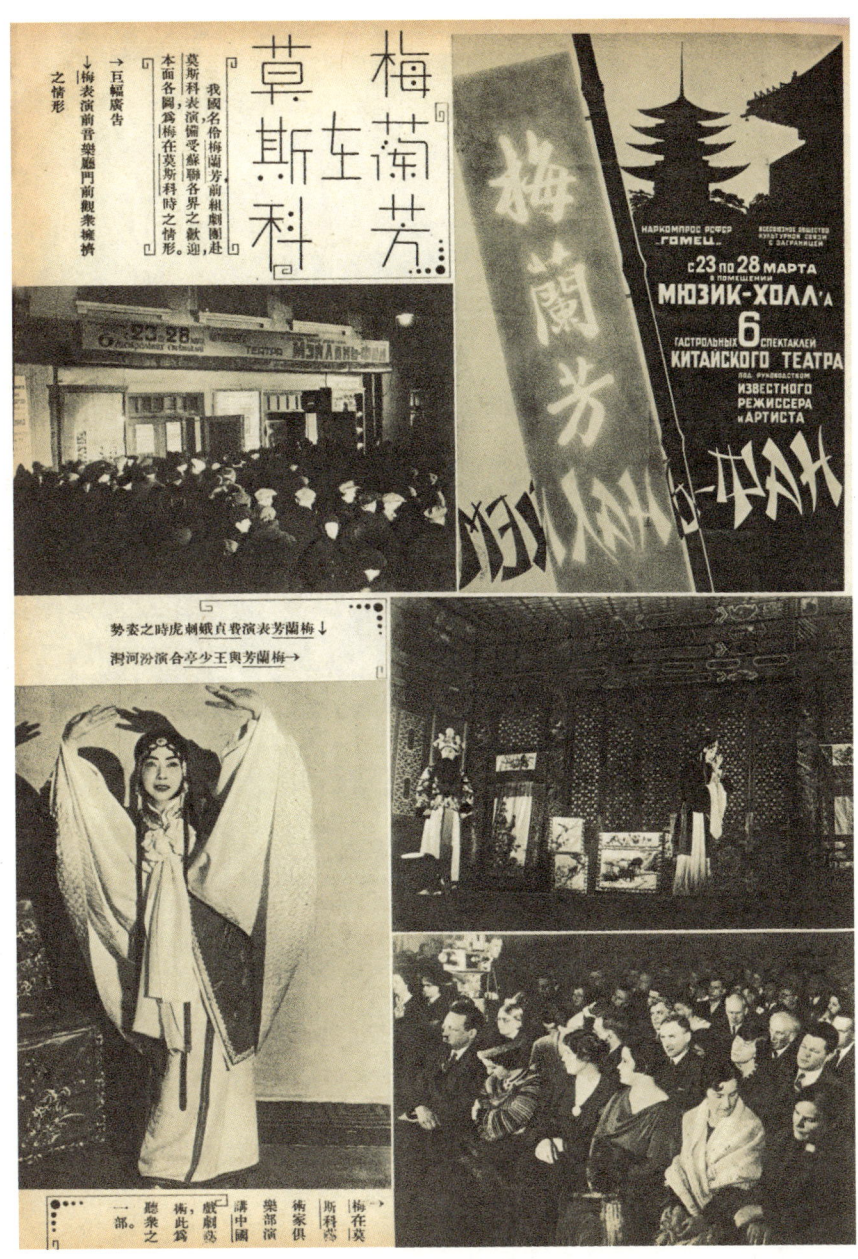

1935年5月16日出版的《东方杂志》刊登梅兰芳访问苏联演出专页（吴开英藏）

梅兰芳拍摄的合影照片　梅兰芳多才多艺，表演之外，他还擅长修理钟表、摄影、书法、绘画、古玩鉴赏等，他曾于1945年4月在上海举办过画展，现留存书画作品100多件（不含流散在外作品），他收藏的明清家具、官窑瓷器、名人字画、碑帖拓片等数百件（现均藏于梅兰芳纪念馆），是梨园界有名的书画家和收藏家。梅兰芳生前曾从商务印书馆购买过摄影器材，也拍过许多作品，可惜大都没有保存下来。这张合影照由于当时照片收藏者周南陔（1893—1967，民国时期任过记者，新中国成立后为上海文史馆馆员，与上海文化艺术界有广泛交往）用文字记录其拍摄过程，故得以知道此乃梅兰芳于1930年1月（即1月17日启程赴美前）在上海所拍，实为一大幸事。（原版照片为谭金土藏）

附录七

梅兰芳演戏之余酷爱书画、收藏与摄影,他这张手持相机的照片拍摄于1935年游欧途中。梅兰芳书画作品留存较多,但摄影作品传世则比较少,左图即为鲜见的梅兰芳拍摄的一张合影照。

 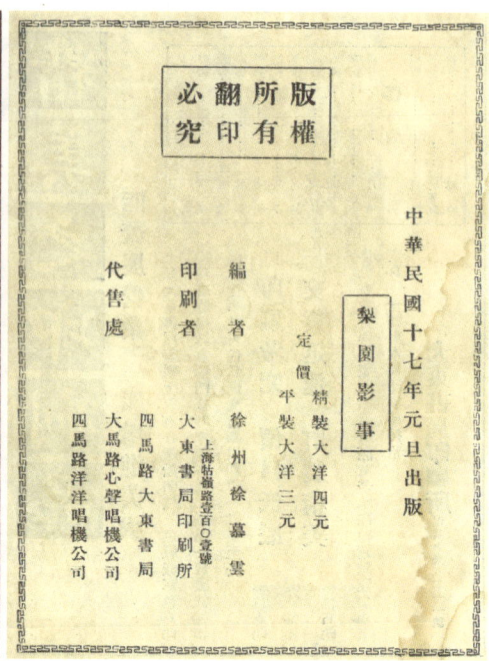

《梨园影事》封面和版权页　民国戏剧史论家徐慕云于1928年出版的《梨园影事》一书，是民国时期收集包括梅兰芳等京剧名家图片和文字资料较多的一部书，由于深受读者欢迎，该书1930年曾修订再版。该书编者为方便读者了解京剧各个流派和众多名角的传承关系，特别制作了"生、旦、净、丑各部统系表"和"生、旦、净、丑各部人名表"附于书前，两表简明、直观，乃是了解梅兰芳创立"梅派"历史背景绝好的参考资料。（吴开英藏）

附录七

梅兰芳之太真外传

梅兰芳赞

花容月貌蕙质兰心冶而不荡乐而不淫有志于发扬国光而其艺术出洵足以迈古而开今

丁卯中冬 钝根题

梅兰芳

无盦居士

梅兰芳名澜字浣华江苏泰州人也世居京师祖巧玲为咸同间名伶父竹芬亦善昆曲惟早年即逝兰芳乃由其伯父雨田抚育之雨田者即名琴师大瑣也兰芳天赋聪慧凤承家学十一岁登场雅合青衣节奏幼白皙美丰姿稍长色艺与年俱进宣统末举者已甚众民国二三年间艺乃大进色亦愈艳容光焕发俯仰如神盖异禀也十年以来每叹我国乐律沦亡而古舞尤失传酒与二三同好别制古装新曲如天女散花之袚舞虞姬之剑舞西施之羽舞皆能独抒心得融化古今中外舞态自成一家时出新声能令顾曲家荡气迴肠而不能自已歌舞合一有复古之功举以梅舞尤传之往岁游日本彼都士女空巷争看名公钜卿多有投稿纡赠蓋数万人各西报上极意态谓之梅舞归国后舞声日隆屡岁往香港欧美人士倾倒备至海滨迎送者蓋数万人各西报上极意揄扬美使曾于总统宴别席次谓兰芳倘能至美一游以其绝技必能使美人增进爱慕中国人之心云现开梅氏正选聘配角明年或拟赴美一行也

《梨园影事》书中之一页

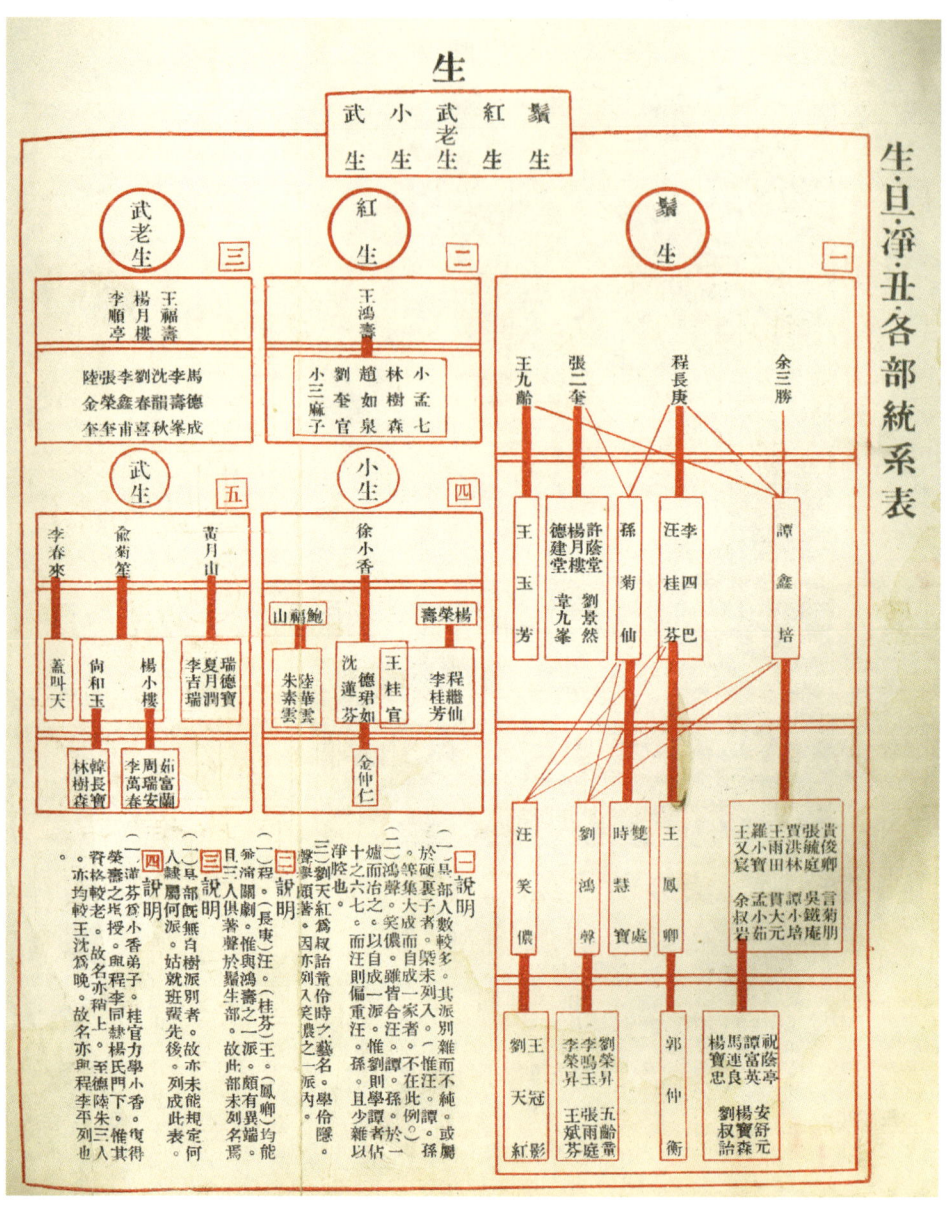

《梨园影事》书中之生、旦、净、丑各部统系表（一）

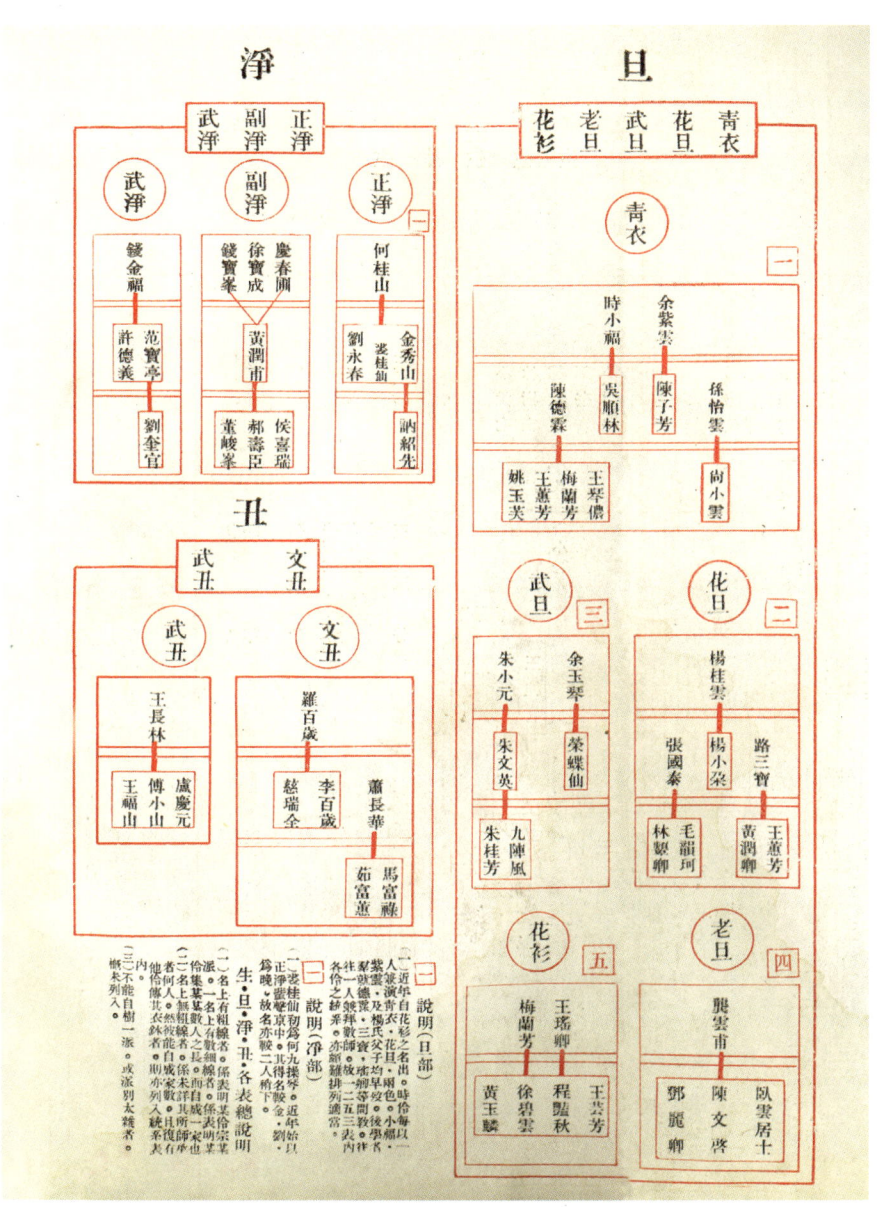

《梨园影事》书中之生、旦、净、丑各部统系表（二）

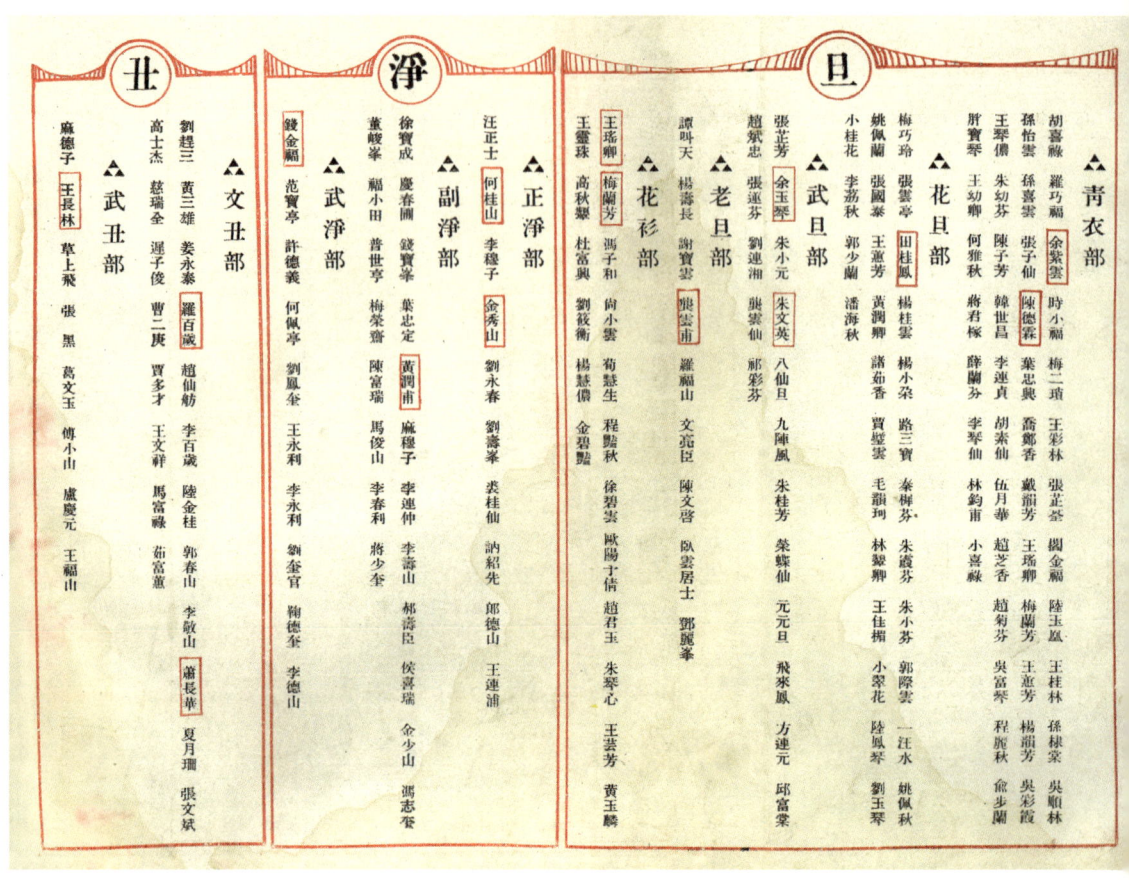

《梨园影事》书中之生、旦、净、丑各部人名表（一）

生

生·旦·淨·丑各部人名表
（凡能自成一派者均加紅格為記）

鬚生部

程長庚	張二奎	余三勝	王九齡	汪桂芬	譚鑫培	孫菊仙
曹六	許蔭棠	章九峯	劉景然	雙處	龍長勝	盧勝奎
葉春善	德建堂	賈洪林	王鳳卿	貴俊卿	陳六十	王玉芳
汪金林	朱天祥	劉鴻聲	言菊朋	時慧寶	沈三元	楊月樓
譚小培	張毓庭	汪笑儂	吳鐵庵	譚富英	王仙舟	李四巴
王雨田	孟樸齋	余叔岩	潘月樵	高慶奎	王又宸	陳繼勝
余勝蓀	賈大元	雷喜福	呂月樵	馬連良	陳韻卿	劉桂慶
郭仲衡	李鳴玉	張春彥	陳子田	王少芳	麒麟童	孟小茹
祝蔭亭	熊文通	趙小樓	陳喜星	楊寶忠	劉榮升	羅小寶
德仁垞	金絲紅	夏榮坡	葛玉庭	楊寶森	賈少棠	譚小寶
李榮昇	白蒼苓	楊四立	安舒元	榮一鳴	唐靜砥	孫盛祐
趙鳳鳴	高百歲	張雨庭	吳崑芳	陸鳳山		
明海山	譚春仲	五齡童	劉天紅	王斌芬		
劉俊庭	宋玉珊	黃智斌	王斌芬			
梅春奎	支鶴卿	張如庭				
劉叔詒	王福連					
曹佑安	王冠影					

紅生部
王鴻壽 　 趙如泉 　 林樹森 　 劉奎官 　 小孟七 　 小三麻子

小生部
楊月樓　王福壽　李順亭　劉春喜　沈韻秋　李鑫甫　李壽峯　張榮奎　馬德成　陸金奎
徐小香　王桂官　鮑福山　江春山　沈連芬　陸雙玉　陸佩香　陸杏林　陸華雲　德珺如　陸小芬
程繼仙　朱素雲　李桂亭　金仲仁　張寶崑　程連喜　姜妙香　李臨儒　王又荃　張彩林　陳桐雲　郭蘭卿
薑俊卿　杜富隆
張聲青

武老生部
楊月樓　汪連寶　姚增祿　范福泰　楊小樓　尚和玉　李春來
俞菊笙　黃月山

武生部
李吉瑞　高福安　李桂春　沈華軒　夏月恆　張淇林　張八十　于得芳　楊瑞亭　周瑞安　俞贊廷　蓋叫天　夏月潤
茹富蘭　康喜壽　林樹森　韓長寶　何月山　小寶義　王俊卿　遲月亭　小寶義　楊桂軒　閻蘭亭　王三黑
張國斌　楊幼樓　俞華亭　常春恆　茹錫九　劉硯芳　小寶廷　張德祿　朱湘泉　張德俊　李玉奎　劉漢臣　小福安
七歲紅　裘雲亭　李萬春　張德祿　張德俊

《梨園影事》書中之生、旦、淨、丑各部人名表（二）

1933年出版的英文版《中华艺术杂志》·梅兰芳专辑

Mei Lan-fang

IN

ONE OF HIS PLAYS:

CHARMING HSI-JEN

Synopsis by
GEORGE KIN LEUNG

Charming Hsi-jen, or **Ch'un Hsi-jen,** is the most recent of the original plays which Mei Lan-fang has based on the novel, **Hung Lou Meng.** Commonly known in English as the "Dream of the Red Chamber." Not only does the drama present a true picture of the events in Chapter XXI but it also uses when possible verbatim, passages from the novel.

The quarrels of youth, the patching up of wounded feelings; the sudden anger, laughter, and tears of the pretty maidservant, Hsi-jen the playful retaliation of her youthful master, Pao-yu, who forgives as quickly as he blames—these form the basis of the play.

Pao-yu, a much spoiled grandson of an aristocratic family, displeased Hsi-jen by spending too much time with his attractive cousin, Tai-yu.

While singing, Hsi-jen sits embroidering, as is often the case in Chinese drama, with an imaginary needle and thread. The girl on hearing the approach of her master pretends to be asleep. When Pao-yu enters and mischievously remarks that Hsi-jen is lazy, the latter at once opens her eyes and exclaims angrily. "Lazy. Then I'll wait on your grandmother."

Later when Pao-yu pretends to sleep, Hsi-jen playfully addresses an imaginary visitor with the result that the youth gets up to see who has come. Hsi-jen gives her victim a triumphant smile. The girl, who acknowledges to herself that she is in the wrong, will not admit her fault to Pao-yu although she confides to the audience in an aside that she is not in the right.

Pao-yu having done his utmost to tease the enraged beauty, falls asleep. Hsi-jen, who arranges a coat over him, stretches herself wearily on the same lounge. The youth on awaking shows an equal solicitude by placing the coat on his fair companion, who ungratefully tosses the garment aside.

With the passing of the night, Pao-yu, who has forgotten their differences, does his best to mend matters. The pair kneel as they become friends again.

Mei Lan-fang portrays the mischievous maidservant, Hsi-jen.

英文版《中华艺术杂志》·梅兰芳专辑内页

1946年《梅剧团出演特刊》封面　此为梅兰芳于抗战胜利后重新登台演出时编印的特刊,封面题字与梅花图为上海著名书画家、梅兰芳同庚挚友吴湖帆的手迹。《特刊》在《梅兰芳小传》中介绍:抗战八年,梅兰芳避地港沪,蓄须明志,闭门谢客,虽敌寇数以威胁利诱,令其登台,曾不稍动,所谓大丈夫之识为,于梅氏盖有焉。胜利来临,山河重光,梅氏欣然而起,于慰劳慈善之演出,靡不参与,发扬艺术,兼以慰爱护戏剧诸邦人君子之雅望也。(吴开英藏)

梅蘭芳小傳

梅蘭芳，字畹華，別署綴玉軒主，江蘇泰州人也。祖巧玲，咸同間名伶，父竹芬，善崑曲，俱早逝，蘭芳幼孤，其伯父雨田撫養之，雨田擅絃索，精胡琴，名滿海內。蘭芳天資敏慧，夙承家學，九齡學曲，十一登場，即博時譽。民初，藝大進，慨乎我國之樂律淪亡，古舞失傳，乃別製古裝新曲若干，斂能抒所心得，臻盡善盡美之境，鎔新舊於一爐，後起藝人，爭相仿效，咸以蘭芳為宗，遂有梅派之目。民十九，率劇團赴美，籌劃經營，費時甚久，歷游名城，所至有聲；彼邦之波摩那大學重其藝術，贈以博士學位，戲劇界文學界贊揚備至，實為我國在美最受歡迎之一人。歸國以後，鑒於國劇之有待改進，乃糾合同志，組織國劇學會，並籌設學校，冀所闡發。民二十三，蘇聯對外文化協會函聘梅氏赴蘇聯表演，幾經接洽，乃由政府補助經費，於二十四年二月成行，在莫斯科列寧格拉兩次表演，報章雜誌，充滿歡迎情緒，目為溝通中俄文化之先著；離蘇聯後，復漫游歐陸，遍經各國，必觀摩當地戲劇，以資借鏡。抗戰八年，梅氏避地港滬，著鬚明志，閉門謝客，雖敵寇數以威脅利誘，屬令登台，曾不稍動，所謂大丈夫之識為，於梅氏蓋有焉。勝利來臨，山河重光，梅氏欣然而起，於慰勞慈善之演出，靡不參與，發揚藝術，兼以慰愛護戲劇諸邦人君子之雅望也。梅氏為人，性情謙和，懷抱恬澹，志向高遠，平居舍研究劇藝音樂而外，志不外騖；惟嗜繪事，近年進境尤速，如梅氏者，誠我國藝術界出類拔萃之人物也矣。

《梅剧团出演特刊》内页之一

發刊詞

鮑庵

梅蘭芳博士。主持國劇壇坫。達三十年。其劇藝之博大精深。早有定論。成爲國際性之藝術家。毋庸喋喋介紹。今略述其遊美之經過。及最近八年之概況。以見梅君一生盡瘁於吾國藝術之苦心。及堅毅不渝之正義。

按梅君遊美之動機。遠在民國十六年。迨十七年。開始籌備。道具、服裝及團員之素質、修養、交際訓練。戲劇上應行改革者。每一極細微之事。必聚集文藝界通達之士。悉心研討。以臻美善。所耗之時間幾達二十閱月之久。抵美後。先至華盛頓由吾國駐美公使伍朝樞博士邀各界名流。為梅君介紹。以宣揚東方藝術。旋至紐約。一鳴驚人。在紐約一地。連續表演全七星期以上。上座不衰。文藝界、戲劇界之名人。均以極精采之文字。批評贊美。（見梅蘭芳遊美錄）復次第在芝加哥、洛杉磯、舊金山、檀香山、等處表演。均受歡迎。至今美洲人士對我國藝術影象之深。胥梅君此行之絕大收穫也。

廿三年蘇聯對外文化協會。經由蘇聯駐華大使館。向我國政府邀請梅君赴蘇表演。作兩國文化上之溝通。其意義全爲重大。梅君幾經考慮。卒以政府之敦促。於廿四年春。蘇聯方面特派北方號專輪來迓。同行者有顏駿人大使、張彭春、余上沅、兩教授。抵蘇後備受隆重之招待。著名之劇作家音樂

《梅劇團出演特刊》內頁之二

祝梅劇團美滿

蘇少卿

梅蘭芳博士為旦角領袖，名滿全球，實至名歸，非由倖致，推考其故，厥有數端：

一、祖德深厚　踠華之祖，相傳一舉子某落第，無顏回鄉，蘭芳之祖暗中助其橐火，得成進士，一家團圓，常作財施，此種陰德，不令人知其姓名，相傳一舉子某落第，無顏回鄉，蘭芳之祖暗中助其橐火，得成進士，一家團圓，此亦其遠因也。報在子孫，踠華性情和善，美似子都，天生旦角佳材，得享從來未有之大名，此亦其遠因也。

二、由苦中得來　梅氏至蘭芳幼時，家中落矣，從師習藝，每受折磨，常以淚洗面，乃立志勤苦，鳳興夜寐，如是數年，始脫穎而出，民國紀元，已有聲平津，民二來滬，一唱而大紅，奠定後日基礎，常言：「受得苦中苦，方為人上人」又云，「不是一番寒澈骨，怎得梅花撲鼻香」，蘭芳妙藝正是苦中得來也。

三、敦品念舊　二黃班伶人，因與市井太接近，行為多不敦品，踠華獨謙虛溫良，尤念舊交，恤孤寡，謹守家風，微時同班諸人，永久不離，同享安樂，絕無涼薄惡習，此次出演中國，召集舊部，不遺一人，故人多歸之，脚色獨稱整齊，得綠葉之助。楊寶森降格加入，亦由於此。

四、創古裝，編本戲，獨樹一幟　踠華於民初以舊劇享名後，延攬賢才，請益老輩，別創古裝戲，梅派古裝美人，獨開一派，戲界耳目為之一新，繼又編製有意義之小本戲，加以新撰聲譜，配以天生甜潤佳喉，於是顯靡一時，後起者無不仿效，至今弗衰。

五、拒絕敵偽，清標可敬　抗戰軍興，渠赴香港，後港粵淪陷，被迫返滬，始終不與敵偽妥協，安貧守志，八年不變，此種清標，雖士大夫亦所難能，而蘭芳獨能之，可謂大智大勇，其可貴在此，劇藝之優秀，猶其次也。今勝利後，重施脂粉，再登氍毹，其嚮往欽遲者，真如恆河沙數，吾料凡屬中華民族，皆一致歡頌擁護，絕無一人例外，即漢奸之眷屬子女，亦將一親顏色為快，此次梅劇團出演中國，成績必可美滿，雖市面未臻繁榮，固無足慮焉。

抗战胜利后,《梅剧团公演专刊》封面(吴开英藏)

·梅蘭芳博士舊顏圖·

·梅花書屋作書圖·

題·梅·影

八年抗戰，萬里歸來，山河無恙，人物已非，獨吮華領袖梨園，盛況猶昔，詩以嚞之。

天風吹海我南還，市井歌臺半改觀，昔日名優皆老去，青衫絕藝待君傳。

·谿公·

梅蘭芳之照片，外間流傳最多，而此兩幀獨可珍貴，蓋一為蓄鬚留影，一為敵騎充斥時韜晦以書畫自遣也。蘭芳居常惝怳若虞子，顧臨大節不可奪如此，斯有以見其志操皎潔，蓄之有素，故猝遇艱阻，卒能以計自全，保持淸白，重待乾坤再朗，他日永留佳話，而庸懦聞風興起，亦深有助世敎焉。然則閱者對此二像，觀感之餘，其欣慕爲何如，詎宜區區以尋常小影，供賞覽者視之歟？

·待雲·

《梅剧团公演专刊》内页之一

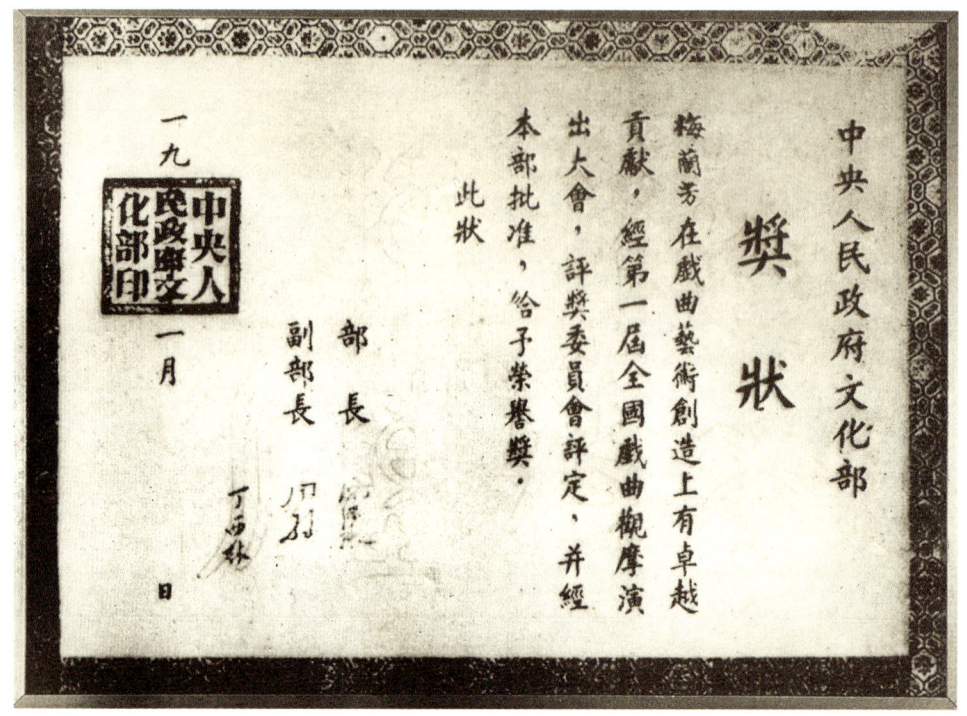

梅兰芳在第一届全国戏曲观摩演出大会上获大会荣誉奖 1952年10月6日至11月14日,中央人民政府文化部在北京举办第一届全国戏曲观摩演出大会,参加大会演出的有京剧、评剧、越剧、川剧、豫剧等23个剧种,参演演员1600多人,共演出剧目82个,是我国近代以来规模最大的一次戏曲展演活动。11月14日,演出大会结束并在怀仁堂举行隆重的闭幕式。闭幕式由时任文化部长沈雁冰主持,周恩来总理到会发表了重要讲话,时任副部长周扬作了题为《改革和发展民族戏曲艺术》的总结报告。梅兰芳、周信芳、程砚秋、袁雪芬、常香玉、王瑶卿、盖叫天7人荣获大会荣誉奖(上图为大会颁给梅兰芳的奖状),也是中国戏曲艺术最高奖。中央人民政府文化部电影局于大会期间给梅兰芳发了一函件(右页图),邀请梅兰芳在这次大会评奖公布后参加筹备拍摄地方戏剧纪录片事宜。这是见证梅兰芳于新中国成立初期参加国家重要文化艺术活动、见证新生的共和国重视发挥旧艺人在艺术领域的作用的一件珍贵实物。

中央人民政府文化部電影局

梅蘭芳同志：

我局在下年度製片計劃中，預定籌攝兩部關於地方戲劇集錦的彩色藝術性紀錄片，用以表現我國優秀的藝術傳統，保存起我們民族由千百年來的戲劇寶藏，使它能在全國範圍內普及交流，和在國際間介紹我國的固有文化。我們認為必須十分慎重而嚴肅地對待這一個工作，才其是在節目的選擇上，要認真而細緻地將一切的優秀節目在影片一定的驚幅中節鍊而又不遺漏地包括進去。因之這將是一件十分繁重而又細緻的工作，經我們研究考慮決定呈請文化部沈周二部長批准後，決定請田漢、歐陽予倩、梅蘭芳、光未然、熙少波、馬彥祥、陳白塵、蔡楚生、史東山、張水華、何士德、羅合如（編劇導演）諸同志等組織一個專為攝製這部影片的劇目編選顧問組，來進行研究和指導的工作。原則上根據這一次觀摩演出大會評獎結果的基礎，再作進一步的選擇（因影片中不可能包括劇目多！兩部影片的時間最多是二百二十分鐘）。

在短期內（在大會評獎公佈後）我們將舉行一次會議，務必請您撥冗參加。日期、地點當另行奉告。希望您先行醞釀，無論是對劇目的選擇、主題與內容、影片的形式和結構，以及應如何着手進行這工作等，屆時都希望您多提寶貴的意見，以期能作進一步的籌劃，而使這一有意義的工作得以付諸實施。

此致

敬禮！

中央電影局藝術委員會
十一月五日

中央人民政府文化部电影局艺术委员会1952年11月5日致梅兰芳的信函（吴开英藏）

1956年第三期《新观察》杂志宣传梅兰芳的彩色封面　梅兰芳1956年5月至7月第三次率团赴日本访问演出归国后,《新观察》杂志又连续6期刊载他的访日游记,在国内外引起很大反响,中国戏剧出版社和日本朝日新闻社分别以《东游记》为名出版单行本。(吴开英藏)

1956年第三期《新观察》杂志彩色插页

梅兰芳经典舞台造型之一：《西施》中饰西施　与此同样的黑白照片流散比较多，但着色剧照则极为罕见，梅兰芳私家相簿、中国艺术研究院图书馆等均无此着色照，目前国内出版物仅见此帧。原载1936年版《梅兰芳戏装锦集》，参见本书38页介绍。（吴开英藏）

《戏剧报》1961年出版的悼念梅兰芳逝世专刊15—16期合刊封面（吴开英藏）

《戏剧报》1961年15—16期合刊封二和第1页

《穆柯寨》中饰穆桂英（1914年）

与路三宝合演《虹霓关》，饰东方氏（1915年）

昆曲 《闹学》 中饰春香（1916年）

《木兰从军》中饰花木兰（1916年）

《戏剧报》15—16期合刊插页之一　插页以"梅兰芳创造的不朽的艺术形象"为通栏标题，高度评价梅兰芳为京剧艺术所作的巨大贡献。

参考文献

主要参考文献除本书插图中和附录六所列民国时期书刊外，尚有以下书刊：

潘光旦著：《中国伶人血缘之研究》，商务印书馆1987年版
江苏文史资料编辑部编：《梅兰芳与故乡》，江苏文史资料编辑部1994年版
江苏戏曲志编辑委员会编：《江苏戏曲志/扬州卷》，江苏文艺出版社1997年版
梅兰芳纪念馆编：《馆藏·梅兰芳往来信件》，1986年版
梅兰芳纪念馆编：《馆藏·梅兰芳藏期刊》，1986年版
梅兰芳纪念馆编：《馆藏·梅兰芳演出戏单》，1986年版
梅兰芳纪念馆编：《馆藏·梅兰芳藏戏曲史料》，1986年版
梅兰芳纪念馆编：《馆藏·梅兰芳藏名人手迹》，1986年版
梅兰芳纪念馆编：《馆藏·梅兰芳私家相簿》，1986年版
梅兰芳口述，许姬传记：《舞台生活四十年》（一、二、三合集），中国戏剧出版社1987年版
梅兰芳著：《梅兰芳戏剧散论》，中国戏剧出版社1959年版
梅兰芳著：《东游记》，中国戏剧出版社1957年版
梅绍武等编：《梅兰芳全集》，河北教育出版社2000年版
穆辰公著：《伶史》（第一辑），何卓然发行，1917年版
印刷所进化社编：《同光朝名伶十三绝传略》，三六九画报社发行，1943年版
戈公振著：《从东北到庶联》，湖南人民出版社1984年版
吴性栽著：《京剧见闻录》，宝文堂书店1986年版

参考文献

王长发、刘华编：《梅兰芳年谱》，河海大学出版社1994年版

齐如山著：《齐如山回忆录》，辽宁教育出版社2005年版

梅绍武著：《我的父亲梅兰芳》，百花文艺出版社1984年版

陈纪滢著：《齐如老与梅兰芳》，（台北）传记文学出版社1969年版

蒋碧薇著：《蒋碧薇回忆录》上册《我与徐悲鸿》，江苏文艺出版社1995年版

许姬传著：《许姬传七十年见闻录》，中华书局1985年版

许姬传著：《忆艺术大师梅兰芳》，中国戏剧出版社1986年版

许姬传著：《许姬传艺坛漫录》，中华书局1994年版

张庚、余从主编：《中国京剧艺术》，京华出版社1996年版

中国梅兰芳研究学会等编：《梅兰芳艺术评论集》，中国戏剧出版社1990年版

梅兰芳周信芳诞辰100周年纪念委员会学术部编：《梅韵麒风——梅兰芳周信芳百年诞辰纪念文集》，中国戏剧出版社1996年版

中国戏剧家协会理论研究室编：《德艺馨芳——纪念梅兰芳周信芳诞辰100周年》，中国戏剧出版社2006年版

翁思再主编：《京剧丛谈百年录》，河北教育出版社1999年版

张绪武/梅绍武主编：《张謇与梅兰芳》，中华工商联合出版社1999年版

李伶伶著：《梅兰芳全传》，中国青年出版社2002年版

梅花馆馆主编：《半月戏剧》，半月戏剧出版社发行，1947年第六卷第七期

张古愚主编：《十日戏剧》，上海国剧保存社出版，1938年第一卷第三十四期

田汉：《苏联为什么邀梅兰芳去演戏》，上海《中华日报》1934年10月28日

后 记

2011年4月，文化部决定将其直属单位梅兰芳纪念馆并入中国艺术研究院，这是国家文化主管部门在新形势下推进京剧大师梅兰芳宣传、研究工作的一项重大举措。中国艺术研究院的前身为1951年成立的中国戏曲研究院，首任院长即为梅兰芳。梅兰芳纪念馆是以梅兰芳晚年寓所为馆舍、以梅家捐赠的3万余件文物资料为基本藏品而建立的。该馆自1986年10月建成开放以来，已累计接待国内外观众1000多万人次，为宣传梅兰芳艺术精神，弘扬国粹京剧发挥了重要作用，已经成为人们缅怀、研究梅兰芳的重要去处。馆、院合并后，文化部要求充实研究力量，依托馆、院多年的学术积累和丰富的馆藏资料，努力将梅馆办成梅兰芳研究中心和梅兰芳艺术展示中心。本书的写作就是馆、院合并之后的一项学术研究工作。

国内对梅兰芳的研究目前仍较为薄弱，诸如梅兰芳之家世，梅兰芳各个时期的思想信仰与艺术思想，梅兰芳主要剧目编创及其艺术特色，梅派形成的时间及其对当时剧坛的影响，"梅党"之称始自何时、主要成员及其对创立梅派的贡献，民国时期梅兰芳参加国民政府组织的各种重大演出、新中国成立后梅兰芳参加的各种重大演出和文化艺术活动，等等，几乎没有机构和人员做系统的整理、研究。近十几年来，梅兰芳研究诸如年谱编撰、传记写作、比较研究与评述（非传记，也非学术研究的作品）等虽然取得一些成果，但总体上较有分量、有影响的研究成果还比较少，而且还出现了三种令人担忧的现象：一是有些作者在编撰有关梅兰芳的文章或书籍时，对一些不确切、不可靠的史料未做查证和甄别而信手引用并"引申"、"发挥"，造成一些重要史实说法不一，乃至以讹传讹；二是有些名流评论梅兰芳表演艺术时信口雌黄，却被捧为准则，严重误导读者、误导后人；三是随着新史料的发现，原先一些似已有定论的说法又出现了新的疑点，而这些疑点若不及时考证予以厘清，必将成为影响梅兰芳研究的新问题。本书就是从调查、考证切入，期望通过对一些莫衷一是或明显讹传的史实的梳理，为深入开展梅兰芳研究提供可靠的依据。

笔者动笔之前曾围绕有关梅兰芳研究列出了若干影响较大的问题，征求专家和朋友们的意见，他们对本书以"梳理史实，厘清疑点"为立意以及要廓清的问题给予了充分肯定。后经研究确定为八个问题。这八个问题虽独立成篇，不过各篇之间仍有关联，尤为明显的是涉及的人物如罗瘿公、冯耿光（幼伟）、李释戡、齐如山、张謇等，在许多篇中都有出现。另，本书所涉虽系若干史实，但犹如滴水之光辉，折射出梅兰芳不平凡的一生和民国时期艺人文人交往的诸多可歌可泣的感人之处。从写作角度讲，其中有三篇较为特殊，需稍作说明。一篇是《梅兰芳祖籍与曾祖考》，这篇涉及的具体问题比较多：一是泰州方面1956年为梅兰芳寻找的曾祖父梅天才，现有证据证明其疑点甚多，但此已为梅先生生前所认可并行过拜祖大礼，现要予以推翻，颇为棘手；二是若认定有误，那么就牵涉到梅家家谱的修订、梅家祖上牌位的放置、有关书刊相关提法的更正、梅家与泰州梅天富家自1956年建立的族亲关系的维系等一系列问题。另一篇是《梅兰芳迁回北京的时间及其故居之原貌》，因涉及2004年、2007年修缮时拆改宅门和拆毁后罩房的调查，故写作过程比较艰难（北京市文物局孔繁峙局长曾表示要查处并恢复其建筑原状，但现仍未落实）。第三篇是《唐德刚〈梅兰芳传稿〉史实勘误》，此篇写作比较费斟酌，这不是因为唐德刚是美籍华裔著名史学家和有众多书评家对《传稿》已有"定评"而不敢批评，而是《传稿》所引用的史料有些似是而非且未注明其出处，现考证起来比较困难，加之本书尚未问世，唐先生却不幸病故，担心此时批评其《传稿》会招致非议。作为前辈，唐先生乃是我敬重的学者，我曾读过他的大部分著作且获益匪浅。本希望唐先生能看到我这篇为他的大作勘误的小稿，并作为参考修改一下他的文章，使其尽善尽美，但这些都已经不可能了，实为一大憾事。

本书写作最大的困难是资料难觅。民国时期印行的有关梅兰芳的书刊是梅兰芳早年在京剧表演上取得辉煌成就的物证和重要遗存，也是研究梅兰芳不可或缺的第一手资料。然而目前国内尚无一家公共图书馆、研究机构藏有齐全的民国时期有关梅兰芳之家世以及他本人早年的资料（国内民国时期有关梅兰芳书籍收藏情况参见本书附录六），笔者虽费尽周折，但尚有少量史料仍无法看到，致使涉及梅兰芳艺事的一些重要问题，诸如潘光旦考证为梅兰芳曾祖父之梅鸿浩的祖籍、梅巧玲江姓义父的名字、身世以及梅巧玲缘何为其设立祭祀牌位、慈禧太后是否观看过梅巧玲的戏并称其为"胖巧玲"、梅兰芳是否与刘喜奎谈过恋爱、蒋介石1946年是否在梅兰芳重新登台时为其书写过"国族之华"题词，等等（后三个问题乃是当下一些热销的有关梅兰芳的书籍当作"信史"，但依据并不充分），仍悬而未定。恳切祈望各位方家不吝赐教或提供有关线索，我们共同努力，早日解开这些疑团。

另有一点也需提及，李释戡1923年撰写的《梅兰芳小传》，胡适1930年撰写的《梅兰芳与中国戏剧》，戈公振、戈宝全1935年撰写的《梅兰芳在苏联》和吴性栽（笔名槛外人）1961年撰写的《在〈舞台生活四十年〉以外谈梅兰芳》等四篇文章与本书内容关系紧密，而此四文发表较早的距今已80多年，最晚的也有半个世纪，现在查找有诸多不便，为方便读者窥其全貌，特照录附于书后。此四文有两大特点：一是文章作者均为梅兰芳挚友和社会名流，他们对梅了解较深，文章内容真实可靠；二是这些文章均系梅在世时所公开发表，曾得到过梅的认可。从内容看，《梅兰芳小传》对梅之身世和早年艺术成就介绍颇详，并最早将梅之表演艺术概括为"梅派"；胡文系用英文专门为美国人撰写，重点介绍中国戏剧和评论梅兰芳表演艺术；戈文主要是记述梅兰芳访苏之演出和影响；吴文则在谈梅之成就时也谈梅之不足，是不可多得的研究梅兰芳的第一手资料。诸如吴文记述梅的伯母1930年去世时，"孟小冬要回来戴孝，结果办不到，小冬觉得非常丢脸，从此不愿再见梅。……梅孟二人断绝来往，主动在孟"，这是比较少见的于梅兰芳尚健在时有关梅孟关系的评说，之所以说"少见"，其原因诚如吴所指出的，梅的友好们都忌讳谈此事，吴则"以为大可不必。因为第一，凡事总是越否认越叫人相信，越不谈便越有人谈（例如英国人A.C.Scott写的书里就提到此事）；第二，便是在梅的这一件错事上，也颇能显出梅氏的为人"，因而他将其所知在文章中如实说明，充分体现了吴、梅至诚相交之情谊和吴为人坦荡、敢于负责的精神。吴性栽和梅兰芳交往30多年，关系密切，梅1948年拍摄第一部彩色戏剧影片《生死恨》，其巨额资金即由吴性栽为之筹集。然而近年有的作者以吴性栽文中将1930年梅之伯母去世写为"梅的祖老太太去世"为由，认为吴所称"梅的祖老太太"当指梅之祖母，而梅之祖母去世时间为1924年，由于时间对不上，故驳吴之说法不可信，然后依据其未经核实和来源不明的资料，作出梅、孟分手的直接原因是"梅兰芳听说在他访美期间，孟小冬身边另有感情介入"所致的结论。显然这个与事实不符的结论对两位大师都是很大的伤害。梅、孟婚恋当年曾轰动北平的梨园内外，现在又成为研究梅兰芳绕不开的一件事，笔者最初曾拟撰写一篇《梅兰芳孟小冬婚变之缘由》，藉以纠正坊间的各种讹传，但在查阅史料之后，笔者对吴祖光关于吴性栽评论梅兰芳艺事"既客观又准确"的评价深信无疑，对吴性栽所讲梅、孟分手的原因也深信无疑，觉得再写也难以达到对梅之为人知根知底的吴性栽文章的水平和说服力，故而放弃了原写作计划，在此也特予说明。

考虑到当下读者比较喜欢图文并茂的书籍，同时为帮助读者尤其是年轻人理解书中内容，本书精选了250余幅历史照片和30余幅新拍的照片作为随文图。这些照片一部分为笔者的藏品（原版照片和有关梅兰芳的旧版书刊中的照片），大多系新中国成立后首次面世，较为少见；另一些照片（署名者除外）为梅兰芳纪念馆提供（这些照片多数为梅兰芳私家相簿中的照片，系梅家于1963年捐给国家）。

北京梅兰芳纪念馆对本书的写作自始至终给予了大力支持，梅兰芳先生重孙、梅兰芳纪念馆文保部的梅玮同志对本书写作也给予很多帮助，我在写作中常与梅玮探讨一些与梅家家世有关的问题，他都很热心地将他所知毫无保留地告诉我。此外，被称为梅兰芳福地的江苏南通，其副市长孙建华先生也非常关心本书写作，于百忙之中为本书作序。这里我要向他们致以诚挚的感谢。

本书部分内容曾在中国香港的《华夏纪实》及国内的《文化艺术研究》、《人民艺术家》、《大舞台》、《艺术界》等刊物连载或摘要发表过。2011年8月8日是梅兰芳逝世50周年纪念日。为了纪念梅先生，中国香港《华夏纪实》杂志社社长、作家王彤先生将我撰写的部分内容（梅兰芳曾祖之谜、梅兰芳鲁迅并无恩怨、梅兰芳赴台和留沪事件考辨、梅兰芳迁回北京时间及其故居建筑之原貌）作为特稿，以《还历史本来面目——关于梅兰芳研究若干史实的重新考证》为总标题，在总第35、36期上连载，并亲自撰写一段"编者的话"："很多时候，人们在宣传历史名人时，由于出发点不同，或因为对史料掌握不够全面，致使许多名人的真实情况或被误传或被掩盖或被歪曲。京剧大师梅兰芳一生跌宕起伏，充满传奇色彩，但在其去世之后，人们对他的宣传也多被他身上耀眼的光环所遮掩而忽略了史料的可靠性，以至一些基本史实有多种说法甚至讹传。吴开英先生认真梳理近几十年来国内外关于梅兰芳研究所涉及的若干史实，细心考证并撰写成书，以还其历史本来面目。征得吴先生同意，本刊先行将其新作部分内容分两期刊登，以飨读者，并以此纪念梅兰芳先生逝世50周年。"王先生年长于我，阅历丰富，其文笔朴实简洁，此"编者的话"虽寥寥数语，但对本人写作之缘由、目的概括准确，可谓"画龙点睛"，且拙作部分内容正是由于王先生的动议而提前问世并随着他主编的杂志发行到世界各国，这让我非常感激。

梅兰芳留给世人的不仅仅是他精湛的艺术，还有他不朽的精神，而梅兰芳的艺术精神已经成为中华民族宝贵的精神财富。"梅兰芳所创造的梅派艺术，是中国京剧发展史上的里程碑。""他在舞台上创造的每一个艺术形象，都是'美'的化身；他在戏剧美学理论上的贡献，更是莎士比亚无法比拟的。"这是曾经观看过梅戏、现已九十高龄，但仍执着地研究梅兰芳的学者任明耀先生在他的《梅兰芳九思》一书中说的话，也是老一辈评梅之心声。"他创造了一个时代。历史创造了他，他也创造着历史。"这是周兵的《梅兰芳影像志》书中的话，也是新生代评梅之话语。随着时间的推移，随着传统文化的复兴和国人怀念大师感情的日益加深，梅兰芳研究工作也愈来愈显得重要，愈来愈显得紧迫。由衷地希望本书的出版对梅兰芳的研究工作中能起到抛砖引玉的作用，以促进梅兰芳研究向更高层次发展，并更好地弘扬梅兰芳的艺术精神。

吴开英

2014年6月16日